AF613778

LE COTENTIN ET L'AVRANCHIN

BIBLIOTHÈQUE NATIONALE R.F. IMPRIMÉS

DU MÊME AUTEUR :

Histoire de Cavelier de la Salle : Exploration et conquête du bassin du Mississipi. Paris, Maisonneuve, éditeur, 1901. 7 50

(Ouvrage recommandé par le Ministère de l'Instruction Publique pour les Bibliothèques des Professeurs des Lycées et Collèges de garçons et de filles.)

Le Cotentin et l'Avranchin, depuis les Origines jusqu'au XIIe siècle. Coutances, 1908. . . . . 3 50

P. CHESNEL

PROFESSEUR AGRÉGÉ AU LYCÉE DE COUTANCES

LE COTENTIN ET L'AVRANCHIN

(DÉPARTEMENT DE LA MANCHE)

SOUS LES DUCS DE NORMANDIE

(911-1204)

Institutions et état social de la Normandie

CAEN

HENRI DELESQUES, IMPRIMEUR-ÉDITEUR

34, RUE DEMOLOMBE, 34

1912

PRÉFACE

L'accueil qui a été fait à mon livre *Le Cotentin et l'Avranchin, depuis les Origines jusqu'au XIIe siècle*, m'a engagé à lui donner une suite.

Au sujet de cet ouvrage, j'ai reçu de divers côtés, et même de pays étrangers, des observations et des communications que j'espère utiliser un jour et dont je remercie dès maintenant les auteurs.

On m'a fait remarquer notamment que, après le traité de Saint-Clair-sur-Epte, le récit se réduisait à la mention de quelques faits et demandait à être complété ou mieux, refait.

Je me suis donc décidé à reprendre l'histoire du Cotentin et de l'Avranchin à la constitution du duché de Normandie. On se rendra facilement compte que ce nouveau livre ne fait pas, même au début, double emploi avec le précédent. J'ai, d'ailleurs, adopté un plan différent, afin de pouvoir étudier séparément les institutions et l'état social. Les cinq derniers chapitres s'appliquent, en grande partie, à la Normandie entière, ce qui justifie le sous-titre que j'ai cru devoir donner à l'ouvrage. Il en est de même du second, consacré spécialement aux guerres entre les Normands et les Bretons, qui, dans notre province, eurent pour principal théâtre l'Avranchin.

J'indique mes sources au bas de chaque page. Je dirai seulement ici que, pour la *Chronique de Robert de Torigny,* je me suis servi de l'excellente édition de M. L. Delisle, en deux volumes; pour le *Roman de Rou* de Wace, de l'édition Pluquet, également en deux volumes; pour les histoires de Guillaume de Jumièges, de Guillaume de Poitiers et d'Orderic Vital, tantôt du recueil des *Historiens des Normands,* d'André du Chêne, tantôt des éditions Guizot : *Les ducs de Normandie,* un volume contenant les ouvrages des deux premiers; l'*Histoire ecclésiastique* d'Orderic Vital, quatre volumes : c'est à ces dernières qu'il faut se reporter quand, pour Guillaume de Poitiers, j'indique seulement la page et, pour Orderic Vital, le tome et la page. Je dois dire encore que, pour le *Cartulaire de l'abbaye du Mont-Saint-Michel,* j'ai adopté la pagination en chiffres arabes, récemment ajoutée et plus facile à lire que l'ancienne, en chiffres romains, qui est à demi effacée.

P. CHESNEL.

LE COTENTIN ET L'AVRANCHIN
SOUS LES DUCS DE NORMANDIE

CHAPITRE Ier

Histoire politique et militaire.

Voir le sommaire à la Table des Matières.

La période la plus intéressante de l'histoire de la Normandie est, sans contredit, celle qui s'est écoulée depuis le traité de Saint-Clair-sur-Epte jusqu'à l'annexion de cette province à la France, en 1204. Pendant ces trois siècles, non seulement elle fut indépendante de fait, mais encore elle joua dans le monde un rôle très important au point de vue politique et militaire. Je me propose seulement de faire l'histoire d'une partie de cette province, de celle qui correspond au département de la Manche; mais, comme la personnalité des ducs domine cette histoire et qu'ils s'y trouvent constamment mêlés, j'ai cru bon de donner d'abord la liste chronologique des successeurs de Rollon, que je fais suivre de quelques observations. Il sera utile de s'y reporter souvent pour mieux comprendre la suite des événements. En regard, je place celle des archevêques de Rouen, les plus importants personnages après les ducs, en donnant la date de leur avènement :

DUCS		ARCHEVÊQUES	
Rollon,	911.	Guitton,	?
Guillaume Ier,	931.	Francon,	?
Richard Ier,	942 ou 943.	Gontard,	919.
Richard II,	996.	Hugues,	942.
Richard III,	1026.	Robert,	989.
Robert Ier,	1027.	Mauger,	1037.
Guillaume II,	1035.	Maurile,	1055.
Robert II,	1087.	Jean,	1067.
Guillaume III,	1096.	Guillaume,	1079.
Robert II,	1100.	Geoffroi,	1110 ou 1111.
Henri Ier,	1106.	Hugues,	1128 ou 1129.
Étienne et Thibaut,	1135.	Rotrou,	1164.
Eustache,	1137.	Gautier,	1184.
Geoffroi,	1144.		
Henri II,	1150.		
Richard IV,	1189.		
Jean,	1199.		

La plupart des ducs ont eu des surnoms ou des sobriquets, dont quelques-uns sont assez pittoresques :

Guillaume Ier fut surnommé	*Longue-Épée.*
Richard Ier	*Sans Peur.*
Richard II	*le Bon.*
Robert Ier	*le Diable, le Magnifique, le Libéral.*
Guillaume II	*le Bâtard, le Conquérant.*
Robert II	*Courte-Heuse, Courtes-Cuisses, Courtes-Bottes.*
Guillaume III	*le Roux.*
Henri Ier	*Beauclerc, Cliton.*

Geoffroi	*Plantagenet* (1).
Henri II	*au Court Mantel.*
Richard IV	*Cœur-de-Lion.*
Jean	*Sans Terre.*

Guillaume *le Conquérant*, Guillaume *le Roux*, deuxième et troisième ducs du nom de Guillaume, Richard *Cœur-de-Lion*, quatrième du nom de Richard, sont dits respectivement Guillaume Ier, Guillaume II et Richard Ier, en tant que rois d'Angleterre. Guillaume *le Roux* ne fut d'ailleurs duc de Normandie que de 1096 à 1100, pendant l'absence de son frère, Robert II, parti à la Croisade.

Plusieurs historiens font mourir Rollon en 917, probablement parce que l'épitaphe que fit graver l'archevêque Maurile sur le tombeau de son fils, Guillaume Ier, dit que ce dernier gouverna les Normands pendant 25 ans, alors que selon l'opinion la plus accréditée, sa mort arriva en 942 : il aurait donc pris le pouvoir en 917. Il est possible que dès l'année 917, Rollon, presque octogénaire, ait associé son fils à la direction des affaires et l'ait chargé notamment des expéditions militaires; mais il est certain que Rollon vivait encore en 928, car Flodoard rapporte que, à cette date, il détenait comme otage, Eudes, fils du comte Héribert (2). Dudon et Guillaume de Jumièges disent que Rollon, après avoir convoqué ses vassaux pour leur faire prêter serment de fidélité à son fils, vécut encore un lustre, ou cinq années (3). Le *Recueil des Historiens de la France* assigne à cette cérémonie la date de 927 et à la mort de Rollon, celle de 931 (4). Ces deux

(1) Parce qu'il avait l'habitude d'arborer une branche de genêt à son chaperon.

(2) *Hist. de la France*, t. VIII, p. 165.

(3) Dudon, *Hist. Norman. script.*, p. 91.— Guil. de Jum., l. II, c. 22.

(4) T. VIII, p. 259, 302, etc.

dates paraissent assez exactes, la première notamment, car, en cette année 927, nous voyons Guillaume agir en duc : il se rend à Saint-Quentin, à une entrevue avec le roi Charles et Héribert de Vermandois, où il fait hommage au premier et conclut un pacte d'amitié avec le second (1).

On n'est pas d'accord sur la date de la mort tragique de Guillaume Ier, qui fut attiré dans un guet-apens par Arnoul, comte de Flandre. Flodoard, Dudon et Guillaume de Jumièges le font mourir en 943: le second, le 20 décembre; le troisième, le 17. D'accord avec la première épitaphe du duc, Robert de Torigny et Ord. Vital disent qu'il périt en 942, le dernier à trois reprises, en indiquant la date du 17 décembre dans un passage et du 18 dans un autre. Si Ord. Vital, qui déclare avoir connu l'ouvrage du moine de Jumièges, n'a pas adopté sa date, c'est qu'il avait pour cela de bonnes raisons. Il dit d'ailleurs que Richard Ier, fils et successeur de Guillaume, régna 54 ans; or, Richard mourut sûrement en 996: si l'on retranche 54 de 996, on trouve 942; parlant de la révolte de Riouf, il dit qu'elle eut lieu 8 ans avant la mort de Guillaume, et Robert de Torigny place cette révolte en 934 (2) : l'addition donne le même résultat que la soustraction. Il est donc probable que ce fut en 942 que périt le deuxième duc de Normandie, entre le 16 et le 21 décembre.

On verra plus loin que ce n'est pas sans raison que j'ai fait figurer sur la liste Thibaut, comte de Blois, et Eustache, l'un, frère, et l'autre, fils d'Étienne, roi d'Angleterre.

(1) Flodoard, *Hist. de la France*, t. VIII, p. 165.

(2) Ord. Vital, l. I; t. I, p. 156, et l. III; t. II, p. 9.— Rob. de Tor., t. I, p. 15 et 17.

Henri II, en 1169, nomma son fils, Henri le Jeune, duc de Normandie, sans cesser de gouverner la province; le jeune prince fit, en cette qualité, hommage au roi de France (1). Il mourut d'ailleurs avant son père, en 1183.

J'ai montré, dans mon précédent ouvrage sur *le Cotentin et l'Avranchin*, que Rollon et son fils, après le traité de Saint-Clair-sur-Epte, durent conquérir ces deux pays sur les Bretons et sur les pirates qui s'y étaient établis antérieurement. Ensuite, si l'on met à part les guerres de Bretagne, auxquelles sera spécialement consacré le chapitre suivant, il s'y accomplit peu d'événements importants jusqu'à la fin du Xe siècle.

Guillaume de Jumièges raconte qu'un roi de Danemark, Harald, chassé de son royaume par son fils, Suénon, et errant sur les mers avec 60 navires, obtint de la générosité du duc Guillaume Longue-Épée, le comté de Coutances, avec l'autorisation d'y rester jusqu'à ce qu'il eût suffisamment augmenté sa flotte et son armée pour pouvoir reconquérir son trône. Mais, bientôt après, Guillaume fut assassiné et le roi de France, Louis d'Outre-Mer, enleva son fils, le jeune Richard, dans le but de le dépouiller de l'héritage paternel. Harald combina alors avec Bernard le Danois, oncle de l'enfant, un plan destiné à faire avorter ce projet. Il mit à la voile et alla débarquer à l'embouchure de la Dives. Puis, à la tête de ses guerriers danois et cotentinais, il s'avança à la rencontre de Louis. Une entrevue eut lieu entre les deux rois au gué d'Herlouin, près de Varaville. Elle se termina par une sanglante mêlée, suivie de la fuite précipitée du roi de France, qui ne tarda pas d'ailleurs à tomber entre les mains des Normands et dut reconnaître Richard comme duc de Normandie (vers 945). Après avoir ainsi payé sa

(1) Rob. de Tor., t. II, p. 10.

dette, Harald put rentrer dans son royaume et se réconcilia avec son fils (1).

Il y a un fond de vérité dans ce récit; mais, sur ce fond, l'historien normand a brodé tout un roman, avec la préoccupation évidente de rehausser le caractère de Guillaume Longue-Épée et de présenter le service rendu par Harald comme un service moralement dû. Suénon, en effet, qui mourut en 1014, n'était pas encore né à l'époque où le moine de Jumièges place sa révolte, qui n'eut lieu qu'assez longtemps après (2). Il vaut donc mieux adopter la version d'Ord. Vital, beaucoup plus vraisemblable : Harald, dit-il, fut appelé, après l'assassinat de Guillaume, par Bernard le Danois, qui gouvernait la Normandie pendant la minorité du jeune Richard; il passa la mer à la tête d'une flotte considérable et s'établit dans la presqu'île du Cotentin, où il fut bien accueilli et où il attendit deux ans une occasion favorable pour attaquer le roi de France (3).

Chez Flodoard, il n'est question ni de roi ni de flotte, mais d'un chef normand ou norois, qui commandait à Bayeux, ville d'ailleurs voisine du Cotentin, dont elle avait pu partager le sort : ce qu'il y a surtout à retenir de son bref récit, c'est que le roi de France fut attiré dans un guet-apens (4).

Que Harald ait été nommé officiellement comte de Coutances ou non, il n'en est pas moins certain que le Cotentin fut alors, pendant au moins deux ans, sous l'autorité d'un prince étranger. Vers la même époque, toute la basse Normandie, c'est-à-dire les anciens comtés

(1) Guil. de Jum., l. III, c. 9; l. IV, c. 7 et 9.

(2) Depping, *Hist. des expéd. marit. des Normands*, t. II, p. 162 et 323.

(3) Ord. Vital, l. VI; t. III, p. 76.

(4) *Hist. de la France*, l. VIII, p. 190.

du Cotentin, d'Avranches, de Bayeux et d'Exmes, faillit même devenir un fief de Hugues le Grand : pour s'assurer la neutralité du puissant duc, le roi de France, qui croyait déjà tenir la Normandie, lui avait abandonné ces territoires (1). Le résultat fut que, au lieu d'une dupe, il y en eut deux : l'ours avait su défendre sa peau ! Le roi de France dut s'engager, non seulement à reconnaître Richard comme duc de Normandie, mais encore à n'exiger de lui que l'hommage, à l'exclusion de tout service, même militaire (2).

Ce Richard fit un voyage au Mont-Saint-Michel en 966. Il en chassa les chanoines de Saint-Aubert, qui menaient une vie scandaleuse, et les remplaça par des Bénédictins. Il y fit élever des constructions nouvelles (3) et probablement des fortifications, pour le protéger contre les attaques des Bretons. La réputation de la nouvelle abbaye ne tarda pas à franchir la mer et les frontières : s'il faut en croire Guillaume de Jumièges, le roi d'Angleterre, Ethelred, en envoyant une armée en Normandie pour y mettre tout à feu et à sang, lui aurait recommandé de n'épargner que le Mont-Saint-Michel (3).

Cette expédition, qui intéresse tout particulièrement l'histoire du Cotentin, eut lieu dans les premières années du XIe siècle. Voici comment elle est racontée par Guillaume de Jumièges et par Benoît de Sainte-More : l'armée anglaise débarqua à l'embouchure de la Saire et commença aussitôt son œuvre de dévastation ; Néel de Saint-Sauveur, vicomte du Cotentin, se mit à la tête des chevaliers du pays et extermina l'armée ennemie avec l'aide des habitants et même de leurs femmes, qui ne mon-

(1) Ord. Vital, l. VI ; t. III, p. 76.
(2) Guil. de Poitiers, p. 314.
(3) Guil. de Jum., l. V, c. IV.

trèrent pas le moins de vaillance et assommèrent les Anglais avec les jougs dont elles se servaient pour porter leurs cruches. Les deux chroniqueurs ajoutent même qu'il n'en resta qu'un seul pour aller porter la nouvelle du désastre à ceux qui gardaient les navires et qui s'empressèrent de mettre à la voile (1).

Cela sent un peu la légende. On est d'ailleurs en droit de s'étonner que le roi Ethelred, qui avait déjà fort à faire avec les Danois dans son royaume, ait songé à envoyer une expédition en Normandie. Ce serait pourtant dommage d'effacer de notre histoire régionale une page si glorieuse, surtout pour nos aïeules! Et ce serait peut-être un tort : car il est bien possible après tout qu'Ethelred, qui avait épousé Emma, sœur du duc de Normandie, avec l'espoir que celui-ci interviendrait pour arrêter les invasions danoises, et qui n'avait réussi qu'à l'irriter par sa conduite envers la reine, ait voulu se venger de ses déceptions et des reproches de son beau-frère; il englobait d'ailleurs tous les Danois dans la même haine, ceux de Normandie comme ceux d'Angleterre, qu'il fit par la suite tous massacrer (2). A moins qu'il ne faille réduire cette expédition à une simple incursion de pirates partis des côtes anglaises: car, par un de ces retours fréquents dans l'histoire, les descendants des pirates de Rollon eurent souvent l'occasion de maudire les pirates!

Dans le Cotentin et l'Avranchin, comme dans le reste de la Normandie, les ducs s'étaient réservé une partie des villes et des terres, et ils les faisaient administrer par des officiers, dont il sera parlé dans le chapitre

(1) Guil. de Jum., l. V, c. 4. — Benoît de Sainte-More, t. II, p. 406-415.

(2) D. Hume, *Hist. d'Anglet.*, t. I, p. 274 et suiv. — Guil. de Jum., l. V, c. 4, 5, 6.

suivant. La plus grande partie avait été inféodée à des seigneurs, dont les plus puissants étaient les comtes.

Sous les Carolingiens, le comte était un officier royal qui administrait un territoire au point de vue militaire, judiciaire et financier. Pour payer ses services, le monarque lui attribuait, dans son comté, des domaines et des revenus, à titre de bénéfices. Mais bientôt l'office du comte prit lui-même le caractère d'un bénéfice, qui ne tarda pas à devenir héréditaire. Dès lors, ce fut pour son propre compte qu'il perçut les impôts, leva des soldats et rendit la justice. En un mot, il s'arrogea les mêmes droits que le roi et alla parfois jusqu'à lui refuser l'hommage.

En Normandie, la conquête avait fait table rase des anciens privilégiés. Les nouveaux comtes furent créés par les ducs, qui les choisirent parmi leurs parents, de préférence parmi ceux qui étaient nés de maîtresses obscures : si les liens du sang et de la reconnaissance n'étaient pas assez forts pour les retenir dans le devoir, leur origine était pour eux une cause de discrédit, par suite d'impuissance. Les comtés se transmettaient héréditairement, mais l'héritier devait prêter serment de fidélité au duc et être confirmé par lui dans la possession de son héritage. Enfin, le comte qui manquait à ses engagements ou était simplement suspect d'infidélité pouvait être traduit devant la cour du duc. Il pouvait même — on verra bientôt le cas se produire — être dépossédé par le duc lui-même, sans autre forme de procès. Enfin, les comtés normands ne furent en général ni très étendus ni très homogènes. Ils étaient pour la plupart situés sur les frontières ou marches de la province et formaient autour d'elle une zone de protection : Arques, Eu, Aumale, Évreux, Ivry, Exmes, Mortain, etc.

Le comté de Mortain comprenait essentiellement le

Mortainais, pays pauvre et stérile, — à Mortain, dit le proverbe, plus de cailloux que de pain, — et qui était alors désolé par les incursions des Bretons, ces ennemis irréconciliables des Normands. Il fut créé au plus tard dans la première moitié du XIe siècle. Un comte Robert octroya une charte à l'abbaye du Mont-Saint-Michel vers 1015 et sa signature se trouve au bas de plusieurs autres chartes de cette époque : M. L. Delisle dit qu'il était sans doute le père et le prédécesseur de Richard, cité comme comte de Mortain dans une charte du duc Guillaume le Conquérant pour la cathédrale de Coutances (1).

Le premier dont parlent les chroniqueurs fut Guillaume Guerlenc. Il avait pour père Mauger, troisième fils du duc Richard Ier et de la fameuse Gonnor (2), créé comte de Corbeil par le roi de France, Henri Ier, en considération des services qu'il lui avait rendus dans ses démêlés avec sa belle-mère. Il était comte de Mortain quand Guillaume le Bâtard, qui était alors duc de Normandie, faillit être renversé par une révolte qui éclata dans le Cotentin et le Bessin en 1047. Guillaume Guerlenc paraît être resté à l'écart de cette rébellion : du moins, il n'est nullement question de lui dans les récits des chroniqueurs contemporains.

On connait les amours de Robert le Diable, qui fut ensuite duc de Normandie de 1027 à 1035, avec la fille d'un tanneur de Falaise, Herlève, plus populaire sous le nom d'Arlette. Il l'avait remarquée un jour qu'elle lavait du linge à une fontaine voisine de son donjon. Frappé de sa beauté, il en avait fait sa concubine et en avait eu un fils, Guillaume, qui lui succéda, quoique bâtard.

(1) *Hist. du château et des sires de Saint-Sauveur*, pièces justif., p. 1, n. 1.

(2) Rob. de Tor., t. I, p. 25.

C'était, d'ailleurs, dans la tradition normande, puisque Guillaume Longue-Épée et Richard Ier avaient eu pour mères des femmes épousées à la manière danoise, comme on disait alors, par les deux premiers ducs. Richard fut même traité par le roi de France de fils de prostituée (1). Mais, à l'époque où nous sommes arrivés, l'idée commençait à s'accréditer, sous l'influence de l'Église, que l'illégitimité de la naissance était une cause d'exhérédation. C'est le prétexte qu'invoqua Gui de Bourgogne, petit-fils, par sa mère, de Richard II, pour se poser en compétiteur de Guillaume le Bâtard. Ni l'un ni l'autre n'avait tenu compte des droits d'un fils de Richard III, nommé Nicolas, qui ne mourut qu'en 1092; il avait d'ailleurs été voué, tout jeune encore, à la vie monastique par son oncle, Robert Ier, et il devint abbé de Saint-Ouen (2).

Néel II, vicomte de Saint-Sauveur, et Renouf, vicomte de Bayeux, prirent secrètement parti pour Gui et entraînèrent avec eux plusieurs seigneurs du Cotentin et du Bessin. Croyaient-ils sincèrement que ce dernier avait plus de droits que le Bâtard ? Cela paraît peu probable, si l'on songe que c'était dans la Normandie occidentale que les mœurs scandinaves étaient restées le plus vivaces. Il faut plutôt chercher la cause de leur défection dans les libéralités de Gui, qui avait donné à Néel le château du Homme, appartenant à sa mère (3), dans ses promesses, plus grandes encore que ses libéralités, et peut-être aussi dans les inquiétudes que causaient aux vicomtes les réformes et les projets du jeune duc.

Le plan des conspirateurs fut arrêté à Bayeux, chez

(1) Guil. de Jum., l. IV, c. 3.
(2) Ibid., l. VI, c. 2.
(3) *Hist... de Saint-Sauveur*, pièces justif., p. 38.

Renouf, où se trouvèrent avec Néel, Hamon le Dentu, seigneur de Torigny, Grimoud du Plessis, Raoul Taisson, qui jura sur les reliques des saints qu'il frapperait le Bâtard partout où il le trouverait. Ayant appris que le duc se trouvait alors à Valognes, ils projetèrent de l'y assassiner, ce qui était le moyen de réussite le plus expéditif et le plus sûr. Guillaume était, en effet, venu passer quelques jours dans cette court de Valognes que, vingt ans auparavant, son oncle, Richard III, avait donnée en dot à Adèle. Il occupait ses loisirs à tirer de l'arc et à chasser. Une nuit, il était couché, quand un bouffon, nommé Golet, qui avait surpris à Bayeux le secret des conjurés et avait pu pénétrer jusqu'à ses appartements, se mit à donner de grands coups de bâton dans le mur, en criant : « Ouvrez et levez-vous, ou vous êtes tous morts! Où es-tu, Guillaume? Pourquoi dors-tu? Tes ennemis ont déjà les armes à la main et te cherchent: s'ils te trouvent, tu ne sortiras pas vivant du Cotentin! » Guillaume, effrayé, comme s'il avait eu le pressentiment qu'il se tramait quelque chose contre lui, n'en demande pas plus long : il se sauve en braies et en chemise et saute sur un cheval, qui part ventre à terre; il traverse les gués de la Vire et, évitant Bayeux, se dirige sur Ryes, par le chemin qui s'appelle encore la Voie du duc. Hubert de Ryes, qui s'était levé de grand matin et prenait l'air sur sa porte, le reconnait et le fait entrer chez lui; puis, il lui donne son meilleur cheval et charge ses trois fils de l'escorter jusqu'à Falaise. Ils n'étaient pas encore loin, quand Hubert vit arriver les conjurés : ceux-ci lui demandèrent quelle route avait prise le Bâtard : « celle-là », leur répondit-il, en leur indiquant une autre route. Le duc était sauvé ! (1)

(1) *Roman de Rou*, t. II, p. 18 et suiv.

Pendant que les rebelles s'emparaient de ses domaines dans le Cotentin et le Bessin, il alla trouver le roi de France à Poissy et obtint son appui (1). Les deux alliés réunirent leurs troupes entre Argentan et Mézidon, puis marchèrent contre les révoltés, qui étaient rassemblés au Val des Dunes, à trois lieues au sud-est de Caen. Ils les attaquèrent sur deux points différents, tandis qu'une troupe de 140 guerriers cotentinais se tenait à l'écart, dans l'expectative. Elle avait à sa tête ce même Raoul Taisson qui, à Bayeux, avait prononcé le serment que l'on sait. Aussi les rebelles comptaient sur lui. Mais ses chevaliers lui conseillèrent de se joindre à Guillaume. Tout à coup, on le vit se diriger vers celui-ci ; il le toucha de son gant et lui dit en riant : « J'ai juré de vous frapper partout où je vous trouverais, je me suis acquitté de mon serment ; vous n'avez plus rien à craindre de moi ». Et il rejoignit sa troupe.

La lutte fut acharnée. Le roi de France fut renversé de son cheval par un guerrier cotentinais :

De Costentin iessi (*sortit*) *la lance*
Ki abati le Rei de France (2).

De son côté, Guillaume fit des prodiges de valeur. Bientôt Hamon de Torigny tomba mortellement blessé avec plusieurs des siens. Alors Raoul Taisson et sa troupe se décident enfin en faveur du duc et se jettent dans la mêlée aux cris de : « Tur aïe ». Renouf, effrayé, s'enfuit. Néel se bat toujours : son impétuosité fait l'admiration des siens, qui le surnomment Chef-de-Faucon. Mais il lui faut lutter aussi contre les défaillances qui se produisent, de plus en plus nombreuses, dans les rangs de

(1) Ord. Vital, l. I ; t. I, p. 167.
(2) *Roman de Rou*, t. II, p. 36.

son armée. Enfin, quand il voit que la déroute est générale, il quitte des derniers le champ de bataille (1047). Il s'enfuit en Bretagne, tandis que les seigneurs de la basse Normandie faisaient leur soumission au vainqueur et que Gui de Bourgogne courait s'enfermer dans son château de Brionne pour y soutenir un long siège (1).

Quant au comte Guillaume de Mortain, s'il ne prit pas parti pour Gui, il ne parait pas, non plus, avoir mis son épée au service du Bâtard. Peut-être, comme petit-fils de Richard Ier, croyait-il avoir des droits supérieurs à ceux de ses deux cousins et attendait-il l'occasion de les faire valoir. Quoi qu'il en soit, Guillaume Guerlenc resta comte de Mortain plusieurs années encore.

Mais, un jour, un jeune chevalier de Mortain, nommé Robert Bigot, se plaignit à lui de sa pauvreté; il parlait d'aller chercher fortune dans la Pouille, près des fils de Tancrède : « Reste ici, lui répondit le comte; avant trois mois, tu auras l'occasion de prendre de force tout ce qui te fera plaisir ». Robert Bigot resta; il entrevit sans doute la possibilité de faire fortune par un moyen auquel son interlocuteur n'avait pas songé. Toujours est-il que, par l'entremise de Richard, vicomte d'Avranches, il entra au service du duc, auquel il rapporta le propos du comte de Mortain. Celui-ci, mandé à Rouen, fut invité par son suzerain à sortir de la Normandie: ce fut lui qui alla dans la Pouille (2).

Il faut probablement placer cette imprudente sortie à l'époque des guerres qui suivirent la révolte de Guillaume d'Arques, fils de Richard II et de sa seconde femme, Papie, qui, poussé par son frère, Mauger, archevêque de Rouen, avait voulu supplanter le Bâtard. Ces

(1) *Roman de Rou*, t. II, p. 43.
(2) Guil. de Jum., l. VII, c. 19. — Ord. Vital, l. IV ; t. II, p. 250.

troubles avaient pu faire naître dans l'âme du comte de Mortain des espérances mal dissimulées. Mais le comte d'Arques, vaincu, fut forcé de livrer son château et de s'exiler (1). Les troupes du roi de France, qui soutenait les rebelles, furent vaincues à Mortemer; Mauger lui-même fut déposé en 1055; la disgrâce de Guillaume Guerlenc suivit sans doute de près. Toujours est-il qu'elle eut lieu entre 1055 et 1060 : on trouve encore sa signature, *Willelmi, comitis de Mauritonio,* au bas d'une charte octroyée en 1055 à l'abbaye de Marmoutier, et celle de son successeur, *Robertus, comes de Mauritonio,* figure au bas de la charte qui fut octroyée, vers 1060, à la cathédrale de Bayeux par le duc Guillaume (2).

On a vu que Guillaume le Bâtard était le fruit des amours libres de Robert le Diable et d'Arlette. Devenu duc, Robert ne voulut pas faire gravir les degrés du trône ducal à la petite pelletière de Falaise, qui épousa un modeste seigneur du nom de Herluin de Conteville. De cette union naquirent deux fils, Robert et Eudes (3), qui étaient donc les frères utérins du célèbre Bâtard. C'est ce Robert qui fut fait comte de Mortain à la place de Guillaume Guerlenc. Ainsi, dit Guillaume de Jumièges, le duc renversait brutalement les orgueilleux parents de son père et élevait au comble des honneurs les humbles parents de sa mère (4). C'était d'une politique très habile. Guillaume connaissait d'ailleurs son demi-frère, brave, capable de reconnaissance et de dévouement, mais chez qui la tête ne valait pas le cœur; il avait, dit Guillaume

(1) Guil. de Jum., l. VII, c. 7.
(2) *Hist... de Saint-Sauveur,* pièces justif., p. 30 et 33.
(3) Ord. Vital, l. VII; t. III, p. 211.
(4) Guil. de Jum., l. VII, c. 19.

de Malmesbury, l'esprit épais et obtus (1). Il fut avant tout un homme d'action et le duc savait qu'il serait entre ses mains un merveilleux instrument contre ses ennemis. Il a sa part de responsabilité dans les cruautés qui furent commises lors de la conquête de l'Angleterre, et il fit souvent mutiler les prisonniers de guerre.

Le vasselage des comtes normands n'est donc pas purement théorique. Ils possèdent leur comté sous condition de foi, d'hommage, de service militaire et de service de cour, on pourrait presque dire de soumission absolue aux volontés du suzerain, surtout quand ce suzerain est Guillaume le Bâtard. Ils peuvent être convoqués, non seulement pour l'accompagner dans ses expéditions, mais encore pour siéger à sa cour, pour assister à ses conseils, aux conciles, etc. Ils ne peuvent même faire de donations importantes sans qu'elles soient confirmées par le duc. Sous ces réserves, ils sont les maîtres chez eux. Ainsi le comte de Mortain a le droit de suzeraineté sur les barons et les chevaliers de son comté, qui lui doivent le service militaire. Il tire de ses terres les mêmes revenus que le duc des siennes. Enfin, il a les plaids de l'épée, autrement dit le droit de haute justice ou droit du sang. On lit, en effet, dans la charte de fondation de la Collégiale de Mortain (1082) que le comte Robert donna aux chanoines le droit de justice dans leurs prébendes, à l'exception du droit du sang, qu'il réserva pour sa justice (2). Les comtes avaient un sénéchal, qui était chargé de les suppléer, surtout pour la justice : c'est ce que Guillaume Avenel des Biards, qui fut sénéchal du comte de Mortain, vers 1120, a pris soin

(1) *Hist. de la France*, t. XI, p. 189.

(2) Voir cette charte dans les *Annales relig. de l'Avranchin*, 8e partie, p. 12, par l'abbé Desroches.

de nous apprendre lui-même dans une charte du cartulaire de Savigny, qui relate une concession faite aux moines « en ma présence, dit-il, dans la cour du comte, dans une assise plénière, en présence des barons... et remise entre mes mains, à moi, qui étais alors sénéchal du comte » (1). Celui de Robert fut pendant longtemps Raoul de la Haye (du Puits).

La charte de fondation de la Collégiale, qui détaille les prébendes données aux chanoines, prouve que le comté de Mortain débordait les limites de l'arrondissement actuel et comprenait notamment Tinchebrai, Condé et Goron; que, de plus, Robert avait de nombreux fiefs dans le Cotentin, à Cérences, Équilly, Montmartin, la Haye-du-Puits, Lingreville, etc. C'est ce qui résulte non moins clairement d'une charte par laquelle il donna à l'abbaye de Marmoutier la dîme de la foire de Montmartin, de la foire de Coutances, du cens et de la foire du Homméel, de la forêt de Cérences, toute la dîme que possédait le chapelain Herbert à Grimouville, la moitié de l'église de Lingreville (2). Enfin, il eut un conflit avec l'évêque Geoffroi de Montbrai au sujet de la terre du Parc, près de Coutances, que tous deux revendiquaient (3). Par contre, il y avait dans le Mortainais même des fiefs indépendants du comté de Mortain : le seigneur de Fougères en possédait plusieurs, qu'il tenait de Guillaume le Conquérant et qui, dans la suite, furent donnés pour la plupart à l'abbaye de Savigny.

Robert avait plusieurs châteaux. Celui de Mortain était sa résidence ordinaire. On ignore à quelle date il fut construit. Tout ce que l'on sait, c'est qu'il existait anté-

(1) *Cartul. de Savigny*, f° XXVII, v°, n° 82.

(2) *Cartul. de Marmoutier*, II, p. 405.

(3) *Gallia christ.*, t. XI, Instrum., col. 219.

rieurement à la charte de Richard II, qui octroyait, entre autres, à l'abbaye du Mont-Saint-Michel le village de Mesnil-Ranger (Mesnil-Adeléo), situé, est-il dit, dans le val du château de Mortain, *in valle castelli Moretoin* (1) : or, cette charte, on le verra plus loin, fut rédigée en 1022. Le château était hardiment campé sur la plate-forme d'un rocher, dont les escarpements imposants montent à pic du fond d'une gorge alpestre. Il a été remplacé par une modeste résidence de sous-préfet, devant laquelle, sur les anciens fossés comblés, s'étend une vaste place. De ce côté, le rocher regarde la petite ville et semble sourire à la civilisation. De l'autre, toujours aussi imposant et aussi farouche, il a pris, sous son manteau de lierre, un air de deuil et semble regretter l'antique forteresse.

La plus belle page de la vie du comte Robert, c'est l'expédition d'Angleterre. Il fut au nombre des barons que Guillaume convoqua pour leur demander conseil et assistance. Il fut aussi un des principaux chefs de l'expédition. La Tapisserie de Bayeux nous présente, dans un de ses tableaux, trois personnages tenant conseil, la veille de la bataille de Hastings, et elle nous en donne les noms : c'est, au milieu, Guillaume lui-même; à droite, Eudes, qui avait été fait évêque de Bayeux, et à gauche, Robert, comte de Mortain. On voit ensuite ce dernier, une bannière à la main, présider à la construction de retranchements dans la plaine où devait se livrer la bataille. Il s'y comporta vaillamment, à la tête de ses chevaliers, et contribua pour une large part à la victoire qui livra l'Angleterre à son frère. Dans la suite, il guerroya contre les Saxons du comté de Lincoln, qui s'étaient révoltés. Il fut aussi chargé, avec le comte d'Eu, d'arrêter

(1) *Cartul. du Mont-Saint-Michel*, f° 20, r°.

une invasion des Danois, qui avaient débarqué sur les côtes : les deux comtes tombèrent à l'improviste sur les envahisseurs et les repoussèrent, l'épée dans les reins, jusqu'à leurs navires (1). En récompense de ses services, Robert fut fait comte de Cornouaille, en Angleterre, et reçut plusieurs centaines de manoirs : un auteur dit 913 ! ce qui n'a rien d'étonnant, si l'on considère que Geoffroi de Mandeville en reçut 118; Hugues de Beauchamp, 47; Baudoin de Reviers, 164; Guillaume de Percy, 119 (2). Il put donner, sans s'appauvrir, le Mont-Saint-Michel de Cornouaille à l'abbaye du Mont (3).

Il partageait son temps entre l'Angleterre et la Normandie. En 1077, il signe, avec le Conquérant, la charte de Saint-Étienne de Caen (4). Cinq ans après, en 1082, « avec l'agrément du duc, la coopération de son épouse et de plusieurs de ses barons, pour le salut de leurs âmes, de celles de leurs ascendants et de leurs descendants », il fonde lui-même la Collégiale de Mortain et il dote les chanoines de copieuses prébendes. Peu après, pour tenir en respect les Bretons, il fait construire le château de Saint-Hilaire, en même temps qu'un prieuré, et il en confie la garde à Harscutus ou Harcouët de Saint-James. La charte de fondation du prieuré porte la date de 1083 (5).

Il assista aux derniers moments de Guillaume le Conquérant, qui mourut le 10 septembre 1087. A force de prières, il obtint du moribond la grâce de son frère,

(1) Guil. de Poitiers, p. 887. — Ord. Vital, l. IV; t. II, p. 185 et 188. — *Roman de Rou*, t. II, p. 128.

(2) D. Hume, *Hist. d'Anglet.*, t. III, p. 307 et 308.

(3) *Cartul. du Mont-Saint-Michel*, f° 33, r°.

(4) *Gallia christ.*, t. XI, Instrum., col. 66.

(5) Cette charte a été reproduite partiellement par l'abbé Desroches, dans les *Annales relig. de l'Avranchin*, 9e partie, p. 28.

l'évêque de Bayeux, emprisonné depuis quatre ans, pour des raisons qu'on verra plus loin (1).

Cette mort le rappela sur les champs de bataille de l'Angleterre, mais pour une lutte moins glorieuse et moins fructueuse que la précédente: elle commence la série des guerres de succession, causées par les compétitions de frères ou de proches parents. Le Conquérant avait laissé le duché de Normandie seulement à l'aîné de ses fils, Robert Courte-Heuse, dont il n'avait guère eu à se louer, et il avait autorisé, en termes assez ambigus, le second, Guillaume le Roux, à prendre la couronne d'Angleterre, ce que celui-ci s'était empressé de faire. Mais Robert argua de sa qualité d'aîné pour revendiquer tout l'héritage paternel. Le comte de Mortain soutint ses prétentions, ainsi que le turbulent Eudes de Bayeux, Geoffroi de Montbrai, évêque de Coutances, Eustache de Boulogne, Robert de Bellême, etc. Ces grands seigneurs possédaient des biens considérables des deux côtés du détroit, et il leur déplaisait d'avoir deux maîtres, entre lesquels il leur faudrait opter, si, comme cela était inévitable, ils venaient à se brouiller. C'était donc surtout par intérêt personnel qu'ils voulaient l'intégrité de l'empire de Guillaume le Conquérant. Ils passèrent en Angleterre et essayèrent de soulever le pays. Le nouveau roi, appuyé par plusieurs seigneurs normands et par les Anglo-Saxons, auxquels il fit de belles promesses, leur tint tête victorieusement. Eudes, Eustache de Boulogne et Robert de Bellême furent pris dans Rochester, dépossédés de leurs biens et expulsés (2). On verra plus loin que Geoffroi de Montbrai ne fut pas plus heureux. Quant

(1) Ord. Vital, l. VII; t. III, p. 211 et suiv.

(2) Guil. de Jum. continué, l. VIII, c. 2 et 3. — Ord. Vital, l. VIII; t. III, p. 229 et suiv.

au comte de Mortain, qui s'était enfermé dans Pevensey, il fut assiégé par Guillaume, qui le força à capituler, puis se réconcilia avec lui (1088) (1). L'entreprise avait complètement échoué, et cela, par la faute du principal intéressé, le duc Robert Courte-Heuse, qui n'avait pas voulu interrompre sa vie de plaisirs pour aller payer de sa personne à la tête de ses partisans.

Robert de Mortain survécut peu de temps à cet échec: il mourut en 1090 et fut inhumé dans l'abbaye de Grestain, que son père, Herluin de Conteville, avait fondée et que lui-même avait enrichie (2). De son mariage avec Mathilde, fille de Roger de Montgommeri, il avait eu un fils, Guillaume, qui hérita de ses possessions de Normandie et d'Angleterre, et trois filles, Agnès, Denyse et Emma. La première épousa André de Vitré, à la suite d'une expédition que fit son père sur le territoire de Vitré: battu, il se réconcilia avec son adversaire, qui devint son gendre (3); la seconde épousa Gui de Laval, et la troisième, le comte de Toulouse: celle-ci fut l'aïeule de la fameuse Aliénor d'Aquitaine (4).

Avant de mourir, Robert avait eu la désagréable surprise de voir le Cotentin et l'Avranchin érigés en comté, sous le nom de comté de Coutances, par le duc de Normandie en faveur de son jeune frère, Henri Beauclerc. Celui-ci, qui était le troisième fils du Conquérant, n'avait eu, pour sa part de l'héritage paternel, que 5.000 livres d'argent. Cela faisait cependant une somme assez considérable, si l'on en juge d'après le *Rôle de la valeur des*

(1) Ord. Vital, l. X; t. IV, p. 13. — Robert de Torigny, t. I, p. 71 et 72.

(2) Rob. de Tor., t. II, p. 201 et 202.

(3) D'Argentré, *Hist. de Bretagne*, f° 179, v°.

(4) Rob. de Tor., t. I, p. 319.

terres des Normands en Angleterre (1204). J'y vois, par exemple, la terre des chanoines de Coutances à Winterburn : sans le bétail, elle est estimée par les experts jurés à 7 livres et, avec le bétail, à 16 livres 10 sous, soit, en chiffres ronds, à 10 livres de plus. Or, ces 10 livres représentent 462 brebis, 30 bœufs, 10 vaches et 5 veaux (1). D'où l'on peut conclure qu'une livre anglonormande de ce temps-là avait un pouvoir d'achat au moins égal à 2.000 francs de notre monnaie.

Mais, disait Henri, me voilà bien avancé ! J'ai un trésor, et pas une place forte pour le mettre en sûreté ! Heureusement pour lui, le duc Robert se trouva bientôt à court d'argent. C'était un prince qui ne manquait ni de bravoure ni d'esprit ; mais il était insouciant, débauché, prodigue et d'une faiblesse de caractère honteuse : il était souvent obligé, dit Ord. Vital, de rester couché une bonne partie de la journée, parce que les courtisanes et les libertins dont il faisait sa compagnie ordinaire lui dérobaient ses vêtements et jusqu'à ses culottes (2). Il consentit à vendre à son jeune frère, pour 3.000 livres d'argent, le comté de Coutances avec la suzeraineté sur les évêques (1088) (3).

Ce comté comprenait, avons-nous dit, le Cotentin et l'Avranchin; comme le Mortainais avait déjà été érigé en comté, tout le territoire qui a formé le département de la Manche se trouvait soustrait à la suzeraineté directe du duc. Ce n'était d'ailleurs pas la première fois que le fait se produisait pour le Cotentin. On se rappelle que Harald, roi de Danemark, y avait exercé le pouvoir environ deux ans, entre 942 et 945. Moins d'un siècle

(1) *Grands Rôles*, etc., p. 181, col. 2.
(2) L. X ; t. IV, p. 84.
(3) Ord. Vital, l. VIII ; t. III, p. 228.

après, en 1027, Richard III, qui venait d'épouser Adèle, fille du roi de France, lui donna, par une charte célèbre, la cité de Coutances, avec le comté, les châteaux forts, etc. (1). Mais elle n'en jouit pas longtemps, car bientôt le duc mourut empoisonné et, avec lui, elle perdit sans doute son comté. Le Cotentin resta ensuite sous la suzeraineté directe des ducs jusqu'à la convention entre Robert Courte-Heuse et son frère Henri.

Cette convention faillit ne pas avoir d'effet durable. Elle donna d'abord lieu à une protestation très énergique de l'évêque de Coutances, Geoffroi de Montbrai, dont le grand âge et les récents revers n'avaient pu abattre la fierté. Il refusa de reconnaître la suzeraineté d'un vassal du duc : « L'Église de Coutances, dit-il, dont je suis le ministre pendant ma vie, ne doit avoir d'autre maître que celui que reconnaît l'Église de Rouen » (2). Plutôt que de céder, il laissa dévaster ses terres par les partisans de Henri, parmi lesquels se faisait remarquer Richard de Reviers.

Ensuite, le jeune comte étant allé en Angleterre, pendant l'automne de 1088, pour réclamer à Guillaume le Roux sa part des biens de leur mère, Robert le soupçonna d'avoir fait ce voyage pour conclure une alliance avec son frère, et, à son retour, il le fit arrêter et jeter en prison. Mais, à la prière de plusieurs seigneurs, il le rendit à la liberté peu de temps après (3).

Également irrité contre Robert, qui l'avait fait emprisonner, et contre Guillaume, qui ne lui avait accordé sa part de l'héritage maternel que pour la lui reprendre bientôt après, Henri se retira dans son comté de Coutances, où il comptait des amis puissants; il établit sa

(1) *Spicilegium* Acherii, t. III, p. 390.

(2) *Gallia christ.*, t. XI, Instrum., col. 221.

(3) Ord. Vital, l. VIII; t. III, p. 251, 252, 265, 307.

résidence à Avranches, où il trouva un évêque d'humeur plus accommodante que Geoffroi de Montbrai et surtout un vicomte qui ne lui marchanda pas son dévouement, Hugues le Loup. Là, il se prépara aux éventualités qu'il prévoyait. Il n'eut regret ni à l'argent ni surtout aux promesses pour accroître le nombre de ses partisans, et il est probable que ce fut à cette époque qu'il fit construire les châteaux dont la fondation lui est attribuée par Robert de Torigny: Vire, Gavrai, Pontorson, le donjon de Coutances: Ord. Vital dit, en effet, qu'il possédait alors Avranches, Cherbourg, Coutances, Gavrai et quelques autres forts (1).

Ces occupations n'absorbaient pas tout son temps. Avranches avait alors une école florissante, où, vers le milieu du XIe siècle, avait enseigné quelque temps l'illustre Lanfranc (2). Henri s'y fit la réputation d'un Mécène et recherchait le commerce des savants. D'un esprit vif, ayant eu pour maître Lanfranc, il était lui-même versé dans les lettres et dans les sciences, tant naturelles que morales (3), chose rare dans le monde de la féodalité et dans la famille ducale, où presque personne ne savait ni lire ni écrire. C'est pour cette raison qu'il avait été surnommé Beauclerc. On lui a même fait honneur des vers suivants, qui sont gentiment tournés :

> Seiez debonere et corteis;
> Sachez aussi parler franceis,
> Car molt est langage alosée (prisée);
> De gentilhome est molt amée.

Malheureusement, il était destiné à manier plus souvent l'épée que la plume et, lui qui recommande d'être débon-

(1) Ord. Vital, l. VIII; t. III, p. 908. — Rob. de Tor., t. I, p. 165 et 197.
(2) *Normanniæ nova chronica*, an. 1042.
(3) Ord. Vital, l. VIII; t. III, p. 228.

naire et courtois. il se déshonora par sa froide cruauté et ses perfidies.

Ses prévisions n'avaient pas tardé à se réaliser. A peine affermi sur son trône, Guillaume le Roux se souvint des difficultés que son frère Robert lui avait suscitées, et il songea à prendre sa revanche. Il commença par provoquer la défection de plusieurs de ses vassaux dans la haute Normandie, en particulier des comtes d'Eu et d'Aumale. Il noua même des intelligences avec les bourgeois de Rouen, indignés de la légèreté et des exactions du duc. Menacé jusque dans sa capitale, celui-ci fit appel à Henri, qui, oubliant ses ressentiments, accourut au secours de son frère aîné : il écrasa les bourgeois rebelles dans la ville même, fit prisonnier leur chef, Conan, et, après s'être amusé de lui comme le chat s'amuse de la souris, il le précipita, de sa propre main, du haut d'une tour de la citadelle (1).

Mais, bientôt après, Guillaume passa lui-même en Normandie à la tête d'une flotte imposante. Robert, effrayé, acheta la paix en lui cédant Fécamp, Saint-Valery, Eu, Aumale et Cherbourg (2). Or, cette dernière ville appartenait à Henri : c'est ainsi que Robert reconnaissait les services de son jeune frère ! Il marcha même contre lui avec Guillaume pour le dépouiller. Le comte de Coutances, abandonné par la plupart de ses barons, même par le vicomte Hugues (3), s'était retiré, avec une petite troupe de Normands fidèles et de Bretons, au Mont-Saint-Michel, où il avait des partisans dévoués parmi les moines et où il s'apprêta à résister. Robert et Guillaume

(1) Ord. Vital, l. VIII; t. III, p. 308 et suiv.

(2) Rob. de Tor., t. I, p. 77.— Guil. de Jum. continué, l. VIII, c. 8. — Ord. Vital, l. VIII ; t. III, p. 321. — *Chron. saxonne*, an. 1091.— Florent Wigorn., an. 1091. — Guil. de Malm., p. 121.

(3) Ord. Vital, l. VIII; t. III, p. 333.

allèrent l'y assiéger vers le milieu du carême de l'année 1091 (1). Le premier établit son quartier général à Genet et le second, à Avranches.

C'était une belle arène que le blanc et moelleux tapis de sable des grèves immenses qui entourent le Mont. Là, ce fut, pendant deux ou trois semaines, un fourmillement d'hommes et de chevaux, parmi les lances et les bannières, dans les miroitements de l'acier des heaumes et des hauberts. Semblable à un grand sphinx accroupi, au regard narquois, Tombelaine fut témoin de mêlées furieuses, de fuites éperdues devant la marée montante, d'enlisements dans les sables perfides. Le roi d'Angleterre, en chargeant seul un groupe nombreux d'ennemis, eut son cheval blessé sous lui, fut renversé et traîné par les pieds. Malgré sa cuirasse, il allait être percé d'un coup d'épée par le cavalier qui l'avait désarçonné, quand il s'écria : « Arrête, vaurien, je suis le roi d'Angleterre ». Tous les combattants restent interdits en reconnaissant la voix du roi. Le premier mouvement de surprise passé, on s'empresse autour de lui, on le relève respectueusement et on lui présente un autre cheval. Il saute lestement dessus et demande : « Quel est celui qui m'a renversé ? — C'est moi, répond un chevalier au milieu du silence général, je ne savais pas que vous étiez le roi. -- Par le voult de Lucques, reprend Guillaume, tu seras mon homme ; ton nom sera inscrit sur mes rôles et tu recevras la récompense de ta bravoure ». Bientôt le drame tourna à la comédie. L'eau étant venue à manquer dans le Mont. Henri en fit demander à Robert. Celui-ci lui envoya un tonneau de vin et laissa les assiégés s'approvisionner d'eau. Guillaume l'apprit et lui en

(1) Guil. de Malm., p. 121. — *Chron. saxonne*, an. 1091. — Florent Wigorn., an. 1091. Ce dernier dit que le siège dura tout le carême.

fit des reproches : « Je ne puis pourtant pas, répondit-il, laisser mourir notre frère de soif; nous n'aurons plus de frère, si nous le perdons ! » (1) Plus de frère !! contre qui se battraient-ils à l'avenir ? Frappé de cette idée, Guillaume en vint sans doute à penser que, s'il était méritoire d'envoyer du vin à un frère altéré, il serait mieux encore de lui permettre d'aller boire et manger tout son soûl, d'autant plus que la fin du carême approchait; et bientôt Henri obtint la permission de se retirer librement et honorablement avec ses hommes (2). Mais il dut renoncer à son comté de Coutances.

Robert céda alors une bonne partie de la Normandie à Guillaume (3). Ensuite, il consentit à l'accompagner en Angleterre pour l'aider à réprimer une sédition et à repousser une attaque du roi d'Écosse (4) : la guerre était un jeu peu dangereux pour les princes et ils y allaient comme à une partie de plaisir. Quant à Henri, il s'était retiré dans le Vexin avec la permission du roi de France, attendant l'occasion de rentrer en scène. Deux ans ne s'étaient pas écoulés qu'il en revenait, à l'appel des habitants de Domfront, qui voulaient secouer le joug tyrannique de leur comte, Robert de Bellême. Il fut introduit par eux dans le château, audacieusement bâti sur un rocher, entouré de fossés creusés dans le roc et flanqué de quatre tours formidables. En retour, il dut leur promettre de ne rien changer à leurs lois et coutumes et de ne jamais céder ses droits sur la ville (5). De

(1) Guil. de Malm, p. 121 et 122. — *Roman de Rou*, t. II, p. 315 et suiv.

(2) Ord. Vital, l. VIII ; t. III, p. 334.

(3) Ibid.

(4) Ibid., p. 336 et 347.

(5) Guil. de Jum. continué, l. VIII, c. III. — Ord. Vital, l. VIII : t. III, p. 338.

là, il se mit à faire des incursions dans l'Avranchin, se vengeant par le pillage et l'incendie de ceux qui l'avaient trahi, et entreprit de reconquérir son comté, avec l'appui de Richard de Reviers, de Roger de Mandeville et de Hugues, vicomte d'Avranches (1). Il fut d'ailleurs favorisé par les événements.

Plusieurs barons normands se révoltèrent contre Robert Courte-Heuse et appelèrent le roi d'Angleterre. Ce dernier, qui avait de nouveaux griefs contre Robert, ne se fit pas prier longtemps et passa le détroit (1094). Le différend entre les deux frères fut, avec leur assentiment, soumis à des arbitres, qui donnèrent tort à Guillaume. Celui-ci en appela au droit du plus fort et s'empara du château de Bures. Robert, obligé de se défendre, montra enfin quelque activité : il prit Argentan et le fort du Hommet (2). Puis, avec le roi de France, qui était venu à son secours, il marcha sur Eu, où se trouvait le roi d'Angleterre. Peu rassuré, celui-ci appela à son secours Henri, qui était à Domfront. Comme il était peu sûr de traverser la Normandie à ce moment, Henri fit partir des navires sous les ordres de Hugues d'Avranches. Mais, au lieu de se diriger vers l'embouchure de la Bresle, la petite flotte cingla vers l'Angleterre, où Henri la suivit bientôt. Il y trouva le roi, rappelé par le bruit qu'une conspiration avait été ourdie contre lui et que les Gallois s'étaient soulevés. Guillaume eut assez facilement raison des rebelles et des conspirateurs; mais il jugea prudent de rester en Angleterre.

Toutefois il ne renonça pas à ses projets contre Robert et, dès l'année suivante (1095), il renvoya son jeune frère

(1) Ord. Vital, l. VIII; t. III, p. 838.
(2) Robert de Torigny, t. I, p. 80.

en Normandie, avec une grosse somme d'argent, pour continuer les hostilités (1).

Le retour de Henri fut le signal d'un soulèvement général. Tous les seigneurs étaient en armes, se battant les uns pour le duc; les autres pour Henri, les autres enfin pour leur propre compte. Les vassaux profitaient de ces troubles pour se révolter contre leurs suzerains et se rendre indépendants sur leurs fiefs. La terreur régnait dans les campagnes et la misère était effroyable. Les moissons étaient détruites avant d'arriver à maturité et les paysans, pour ne pas mourir de faim, en étaient réduits à chercher leur vie sous les chênes et les hêtres.

Le comte de Coutances finit par dominer dans la basse Normandie, et une grande partie de la haute reconnaissait l'autorité de Guillaume. C'est alors que Robert, voyant que le reste allait lui échapper, se décida à prendre la Croix. Il se réconcilia avec le roi d'Angleterre et lui céda la Normandie pour tout le temps de son absence, moyennant 10.000 marcs d'argent, qu'il s'engageait à lui rembourser en reprenant possession de son duché (1096) (2). Le nouveau duc de Normandie remit Henri en possession de son comté de Coutances et y ajouta même le Bessin, moins les villes de Bayeux et de Caen (3). Puis tous deux retournèrent en Angleterre.

Robert était déjà en route pour la Palestine avec l'infatigable Eudes, évêque de Bayeux. Plusieurs seigneurs du Cotentin et de l'Avranchin les accompagnaient. Les paysans virent partir sans regret ces maîtres, qui s'entendaient mieux à les pressurer qu'à les protéger; eux-mêmes

(1) Rob. de Tor., t. I, p. 81. — *Chron. sax.*, p. 201, 202, 203.

(2) Ord. Vital, l. IX; t. III, p. 420. — Guil. de Jum. continué, l. VIII, c. 7. — Robert de Torigny, t. I, p. 81.

(3) Rob. de Tor., t. I, p. 82.

quittèrent avec enthousiasme leurs terres ravagées, tout frémissants du désir de conquérir le ciel à la pointe de l'épée, et aussi hantés de visions de paradis terrestres, de harems voluptueux et de Pactoles, car ces grands enfants, mobiles et impressionnables, tournaient au gré de leurs passions, comme des girouettes au gré des vents. Robert se signala en Asie par de nombreuses prouesses et se vit offrir la couronne de Jérusalem, qu'il ne voulut pas accepter. Il dut bien regretter dans la suite ce refus, que Robert de Torigny lui reproche presque comme une impiété qui appelait une expiation.

Il n'était pas encore de retour en Normandie, quand, le 2 août 1100, le roi Guillaume fut tué, dans une partie de chasse, par une flèche destinée à un cerf, qui ricocha contre un arbre. Le comte de Coutances, qui assistait à cette chasse, ne perdit pas son temps à verser des pleurs inutiles sur le corps de son frère. Il préféra courir, à bride abattue, à Winchester, où était le trésor royal, pour mettre la main dessus. Il savait que l'or est un levier puissant. Trois jours après, il se faisait sacrer roi, à Westminster, par Maurice, évêque de Londres (1).

Quelques semaines plus tard, Robert faisait sa rentrée en Normandie. Il ramenait d'Italie une épouse, Sybille, dont la dot devait lui servir à dégager son duché : elle était fille de Geoffroi de Conversano et petite-nièce du fameux duc Guiscard, originaire de Hauteville-la-Guichard (2). Après avoir fait avec elle un pèlerinage au Mont-Saint-Michel, il reprit possession de la Normandie sans opposition : Henri paraissait disposé à se contenter de son royaume et à ne lui réclamer ni terres ni argent. Mais, au lieu de se tenir tranquille, ce prince, qui était

(1) Ord. Vital, l. X; t. IV, p. 74.
(2) Ibid., p. 63.

incapable de gouverner la Normandie, voulut encore régner sur l'Angleterre. Dans l'automne de 1101, il mit à la voile pour détrôner l'usurpateur : c'est ainsi qu'il appelait Henri. Une partie de la flotte que ce dernier avait envoyée contre lui passa de son côté. Il débarqua à Portsmouth et marcha contre son frère. Plusieurs seigneurs anglo-normands vinrent le rejoindre et bientôt les deux armées se trouvèrent en présence. Mais, sur l'intervention des barons, une réconciliation eut lieu. Robert se désista de ses prétentions sur l'Angleterre ; Henri abandonna son comté de Coutances et tout ce qu'il possédait en Normandie, sauf toutefois la ville de Domfront, envers laquelle il avait pris des engagements solennels. Mais il promit de payer à son frère une rente annuelle de 3.000 livres sterling, d'après les uns, 4.000 ou 3.000 marcs d'argent, d'après les autres (1).

Ainsi finit l'important comté de Coutances et Avranches, dont le comte, déjà roi d'Angleterre, devait devenir encore, dans la suite, duc de Normandie, sous le nom de Henri Ier.

Restait le comté de Mortain, qui était passé entre les mains de Guillaume II, deuxième comte de ce nom. Guillaume II était aussi brave que son père Robert, mais beaucoup plus intelligent; il semble avoir eu beaucoup des qualités de son oncle, le Conquérant, et, dans sa courte carrière, il montra qu'il avait au moins celles d'un chef militaire.

Il possédait le comté de Cornouaille et de nombreux domaines en Angleterre. Mais, à la suite de l'expédition du duc Robert, il en fut dépossédé par Henri, qui le soupçonnait d'avoir favorisé secrètement la tentative de

(1) Ord. Vital, l. X; t. IV, p. 63. — Rob. de Tor., t. I, p. 121 et 122. — *Chron. sax.*, p. 200. — Guil. de Malm., p. 156. — Roger de Hoveden, p. 469.

son frère (1). Il devait être victime jusqu'au bout de leur rivalité, qui ne tarda pas à se manifester de nouveau par des actes hostiles. Déjà, en 1102, un voyage malencontreux que le duc fit en Angleterre pour faire des remontrances à Henri au sujet des confiscations dont ses partisans avaient été victimes, lui coûta sa rente, à laquelle il fut obligé de renoncer pour ne pas être retenu prisonnier (2).

D'autre part, comme ses maladresses et ses exactions avaient soulevé plusieurs de ses barons, Henri les encourageait et faisait de son mieux pour augmenter l'anarchie. En 1104, il passa lui-même la mer à la tête d'une flotte nombreuse et alla visiter en grande pompe sa bonne ville de Domfront. Hugues, vicomte d'Avranches et comte de Chester, plusieurs autres seigneurs, qui avaient des fiefs en Angleterre, se déclarèrent ouvertement pour lui. Dans la Normandie occidentale, il n'y eut guère que le comte de Mortain et son oncle, le féroce et puissant Robert de Bellême, qui prirent le parti du duc. Celui-ci n'osa pas engager les hostilités : il fit des démarches auprès de son frère en vue d'une réconciliation, qu'il n'obtint qu'en lui cédant le comté d'Évreux (3).

Mais, après le départ de Henri, qui était retourné dans son royaume, le comte de Mortain prit les armes avec le comte de Bellême, infligea plusieurs échecs à ses troupes et harcela ses partisans (4). Toute la basse Normandie fut mise de nouveau à feu et à sang. Le roi d'Angleterre fut obligé d'y revenir au printemps de 1105. Il débarqua à Barfleur et arriva le samedi de Pâques à Carentan, où

(1) Rob. de Tor., t. I, p. 126. — *Chron. sax.*, p. 212. — Roger de Hoveden, p. 469. — Guil. de Malmesbury, p. 157.

(2) Ord. Vital, l. XI ; t. IV, p. 146.

(3) Ibid., p. 75 et suiv.

(4) Robert de Torigny, t. I, p. 125 et 126. — Ord. Vital, l. XI ; t. IV, p. 178.

il s'arrêta quelques jours. Il avait traversé des campagnes désertes, d'où toute vie semblait s'être retirée. Les paysans, fuyant l'incendie et le massacre, étaient venus chercher un refuge dans la ville. Le concile de Rouen, en 1096, avait déclaré inviolables les édifices consacrés au culte et leurs parvis (1). Aussi l'église de Carentan était pleine de gens de la campagne, qui y avaient entassé leurs meubles, leurs paillasses et des paniers de provisions.

Cela n'empêcha pas Serlon, évêque de Séez, d'y faire un sermon, en présence du roi et de ses courtisans, assis au milieu des paniers. Ce prélat avait dû quitter son évêché, donné par le duc au comte de Bellême, pour se soustraire à la tyrannie de ce dernier, et il était venu rejoindre Henri. Dans son sermon, il commença par attaquer violemment le duc, qu'il rendit responsable de tous ces maux et à qui il fallait faire une guerre sans merci. Puis, s'inspirant des contrastes qu'il avait sous les yeux, il invectiva les seigneurs présents, qui portaient sur leur tête des chevelures de femmes et au bout de leurs pieds des queues de scorpion. Il termina en invitant le roi à se faire tondre pour donner le bon exemple. Serlon était un homme de précaution : il avait apporté des ciseaux, cachés dans sa manche. Avec la gravité d'un perruquier, qui tiendrait au bout de ses doigts le salut du monde, et au grand ébahissement des assistants, il fit lui-même tomber au pied de l'autel l'opulente chevelure du roi et des principaux seigneurs. Tous leurs compagnons se firent tondre aussitôt les uns par les autres (2). Quel spectacle ! qu'on se figure, dans la nef, les paysans, sales, déguenillés, hébétés par la peur et la misère, au milieu

(1) Ord. Vital, l. IX ; t. III, p. 416.
(2) Ibid., l. XI ; t. IV, p. 179 et suiv.

d'un fouillis de choses minables et du grouillement des enfants criant la faim; dans le chœur, l'évêque, revêtu de ses ornements pontificaux, et les plus grands seigneurs, en habits de cour, fourrageant, à larges coups de ciseaux, dans les chevelures soigneusement peignées et parfumées de vingt têtes aristocratiques! je doute qu'on puisse imaginer une scène à la fois plus tragique et plus burlesque. Ce jour-là. l'église de Carentan contenait en raccourci toute la société du temps, avec ses contrastes violents, ses misères et son faste, sa corruption et sa naïveté.

Voilà donc le moyen qu'avait imaginé Serlon pour soulager les maux du peuple! Après avoir ainsi fait pénitence et allégé leur conscience avec leur tête, Henri et ses fidèles allèrent saccager et brûler la ville de Bayeux. De là, ils marchèrent sur Caen, qui leur fut livrée par trahison, puis sur Falaise, où se trouvait Robert. Près de cette ville, le roi eut avec son frère une nouvelle entrevue, qui n'aboutit point. Forcé de battre en retraite, il regagna l'Angleterre au mois d'août, se promettant de revenir avec des forces plus considérables (1).

Au printemps de l'année suivante (1106), Robert fit le voyage d'outre-mer pour tenter une réconciliation. Il dut repasser le détroit sans avoir réussi, et fut suivi de près par Henri (2). Celui-ci dirigea ses premiers coups contre le comte de Mortain, qui était, avec Robert de Bellême, le plus solide appui du duc. Il ordonna d'attaquer sa forteresse de Tinchebrai et fit construire un château de blocus, dont il confia le commandement à Thomas de Saint-Jean (3). Guillaume de Mortain réussit à faire

(1) Ord. Vital, l. XI; t. IV, p. 191 et suiv. — Rob. de Tor., t. I, p. 126.
(2) Robert de Torigny, t. I, p 127.
(3) Ord. Vital, l. XI; t. IV, p. 195.

entrer dans la place un convoi de vivres et de munitions. Par son courage et sa décision, il jeta l'effroi dans la garnison du château de blocus. A cette nouvelle, Henri, plus irrité que jamais contre l'habile et valeureux capitaine, recruta de nouvelles troupes parmi les Normands, les Bretons, les Manceaux, etc., et se rendit en personne au siège de Tinchebrai. De son côté, le duc de Normandie accourut, avec Robert de Bellême et Robert d'Estouteville, au secours des assiégés. Les deux partis se trouvaient donc là avec le gros de leurs forces et la lutte devait être décisive. Mais, tandis que le duc et le comte de Mortain n'avaient que 6.000 ou 7.000 combattants, l'armée ennemie en comptait près de 40.000 (1).

Ce fut en vain que le moine Vital, qui, l'année précédente, était venu chercher une retraite à Savigny, accourut, avec d'autres religieux, pour faire entendre des paroles de conciliation; en vain que Henri fit porter à son frère des propositions de paix, qui, d'ailleurs, étaient inacceptables : la bataille s'engagea le 29 septembre 1106. Henri avait fait placer en première ligne ses fidèles guerriers du Cotentin, de l'Avranchin et du Bessin, sous le commandement de Renouf de Bayeux. Il était appuyé par une troupe d'un millier de cavaliers manceaux et bretons, sous les ordres du comte du Mans et d'Alain Fergant, duc de Bretagne, qui devaient se tenir prêts à charger au premier signal. Lui, le duc et leurs barons étaient descendus de cheval, pour ne pas être tentés de prendre la fuite. Bientôt, le son rauque des trompettes se

(1) Ms. d'Oxford, n° 51 du Collège de Jésus, cité par M. L. Delisle, dans son édit de Rob. de Tor., t. I, p. 129. Les historiens anglais exagèrent donc quand ils disent que Henri fit 10.000 prisonniers. C'est à tort également qu'Ord. Vital dit que Robert avait plus d'hommes de pied que son rival : « cum paucis multos audacissime aggressus est », dit Rob. de Torigny (t. I, p. 128).

fit entendre, faisant courir un frisson dans tous les rangs. Aussitôt, le duc Robert, escorté d'une élite, se jeta sur l'armée ennemie, avec la même impétuosité qu'autrefois sur les Sarrasins, et la fit reculer. De son côté, le comte de Mortain faisait des prodiges de valeur, culbutant tout sur son passage. Pendant une heure, la mêlée fut épouvantable, au milieu de cris et de hurlements affreux. Les combattants étaient si pressés qu'ils se battaient corps à corps, voisins contre voisins, parents contre parents, et ceux-ci n'étaient pas les moins acharnés. Enfin, une charge de la cavalerie mancelle et bretonne, qui prit en flanc les troupes normandes, décida rapidement de la victoire en faveur du roi. Robert de Bellême s'enfuit. Le duc de Normandie et le comte de Mortain furent faits prisonniers (1).

Tous les deux furent, dans la suite, emmenés en Angleterre et emprisonnés. Le premier ne quitta sa prison que pour entrer dans la tombe, 28 ans après. Quant à Guillaume de Mortain, son sort fut plus triste encore : Henri, avec cette froide cruauté qui le caractérise, lui fit crever les yeux dans sa prison (2). Il laissait dans le Mortainais, avec le souvenir de son courage et de ses malheurs, un monument qu'il avait trouvé le temps de faire construire entre les deux phases de cette guerre, en 1105, près des rochers qui dominent la cascade de la Cance : l'abbaye du Neubourg, destinée à des religieuses.

Peut-être sans s'en rendre bien compte, Guillaume se montra le représentant de la tradition normande et française, en restant fidèle au duc de Normandie, vassal du roi de France. Il y a toute une série de faits qu'il ne faut

(1) Ord. Vital. l. XI ; t. IV, p. 195 et suiv. — Rob. de Tor., t. I, p. 127 et suiv.
(2) Brompton, dans Twysden, col. 1021.

pas perdre de vue pour bien juger ces guerres : c'est que Henri Ier et, avant lui, Guillaume le Roux s'étaient appuyés sur les Anglo-Saxons pour établir et maintenir leur pouvoir en Angleterre, qu'ils leur avaient fait des concessions ou tout au moins de belles promesses pour se les concilier, qu'ils avaient affecté d'oublier leur origine normande et que Henri Ier avait même épousé une femme d'origine saxonne. Avec le vainqueur de Hastings, c'était la Normandie qui avait conquis l'Angleterre; maintenant, c'était l'Angleterre qui faisait la conquête de la Normandie. Le comte de Mortain avait voulu ou du moins avait agi comme s'il avait voulu éviter cette humiliation à ses compatriotes.

Le roi d'Angleterre, devenu duc de Normandie, laissa subsister le comté de Mortain et le donna à Étienne, fils du comte de Blois, qui avait fait Guillaume prisonnier à la bataille de Tinchebrai (1). Cet Étienne était d'ailleurs son neveu par sa mère, Adèle, fille du Conquérant. Nous venons de voir un comte de Coutances qui était devenu roi d'Angleterre et duc de Normandie. Nous allons voir maintenant un comte de Mortain qui aura presque la même fortune. Henri avait dépouillé son frère; Étienne dépouillera la fille de Henri.

Étienne ne prit pas possession de son comté sans coup férir; il lui fut disputé par Robert de Vitré, qui le réclamait comme neveu de Guillaume II et petit-fils, par sa mère, Agnès, du comte Robert de Mortain. Mal accueilli par les habitants, le prétendant se retira chez le baron des Biards; puis, vaincu par Étienne, il dut renoncer à ses prétentions et rentrer en Bretagne (2). Le nouveau

(1) Ord. Vital, l. XI; t. IV, p. 166. Ord. Vital dit ailleurs, l. XI, t. IV, p. 200, que c'étaient les Bretons qui avaient pris Guillaume. Il est possible de concilier les deux versions.

(2) *Chroniques de Vitré*, p. 17.

comte de Mortain fut aussi comte de Boulogne, après Eustache, dont il avait épousé la fille, Mathilde (1). Enfin, il posséda quelque temps les villes d'Alençon, de Séez et plusieurs autres, enlevées à Robert de Bellême par Henri Iᵉʳ, puis données par ce prince à Thibaut, comte de Chartres, qui les rétrocéda à son frère Étienne, pour sa part de l'héritage paternel (1118) (2). Mais il se fit détester des habitants, surtout des bourgeois d'Alençon, qu'il traitait avec le plus grand mépris et accablait d'exactions. Il les força à lui remettre leurs enfants comme otages et livra une jeune femme de bonne famille à des gardes débauchés, qui l'outragèrent odieusement. Les bourgeois, indignés, appelèrent alors à leur secours Foulques, comte d'Anjou, qui vint assiéger la citadelle d'Alençon, battit une armée de secours amenée par Thibaut et Étienne, et força la garnison à capituler (3). Dès l'année 1119, il ne restait plus rien à Étienne des biens de Robert de Bellême, qui furent rendus à son fils, Guillaume Talvas (4).

Cette même année, nous le trouvons au siège d'Évreux avec Henri Iᵉʳ. Celui-ci avait fort à faire en Normandie depuis quelque temps. Un parti nombreux et qui eût été redoutable s'il avait eu plus de cohésion, s'était formé autour du fils de Robert Courte-Heuse et de Sybille de Conversano, qui est connu dans l'histoire sous le nom de Guillaume Cliton. Il comprenait les seigneurs qui avaient été dépouillés de leurs biens en Angleterre, ceux qui avaient le respect du principe de l'hérédité, ceux enfin qui préféraient, à la suzeraineté d'un roi d'Angleterre,

(1) Guil. de Jum., l. VII, c. XXXIV. — Ord. Vital, l. VIII; t. III, p. 351.

(2) Ord. Vital, l. XII; t. IV, p. 277.

(3) Ibid., p. 284.

(4) Ibid., p. 298.

celle du roi de France. Ce dernier profita habilement de ces dispositions pour créer des difficultés à son rival et se déclara le protecteur de Guillaume Cliton. La situation fut un moment critique pour Henri Ier. Le comte de Mortain fut au premier rang des seigneurs qui lui restèrent fidèles et l'aidèrent à ressaisir la Normandie, ainsi que Robert de Glocester, seigneur de Torigny, et Néel d'Aubigny, qui lui amenèrent du Cotentin de nombreuses et vaillantes recrues (1).

Vers la fin de novembre 1120, Étienne était à Barfleur, se préparant à passer en Angleterre avec l'unique fils légitime du roi, Guillaume Adelin, et l'élite de la noblesse anglo-normande. Il était déjà monté sur le vaisseau la *Blanche-Nef*, quand il fut pris d'une diarrhée, qui le força à débarquer. Peut-être cette diarrhée n'était-elle qu'un prétexte, car il avait été mal impressionné par la légèreté de la folle et brillante jeunesse qui avait pris passage sur le navire, et surtout par l'état d'ébriété des matelots et des 50 rameurs, à qui Guillaume Adelin avait payé trois muids de vin. Le pilote lui-même avait la tête troublée par les fumées de l'ivresse. On voulut, par fanfaronnade, rattraper et dépasser le vaisseau du roi, qui avait une légère avance. La *Blanche-Nef* démarra à toute vitesse, à la clarté blafarde d'une lune de novembre, au milieu des acclamations de nombreux spectateurs, parmi lesquels se trouvait Roger, évêque de Coutances, venu pour embarquer son fils, chapelain du roi. Déjà, elle franchissait le Raz de Galteville. Tout à coup, un choc violent, suivi d'un craquement sinistre, deux planches enfoncées, la mer s'engouffrant dans le vaisseau : tout cela fut rapide comme l'éclair. De trois cents poitrines sortit une immense clameur d'angoisse, bientôt étouffée

(1) Ord. Vital, l. XIII ; t. IV, p. 332.

par l'eau. Cependant, Guillaume Adelin avait réussi à sauter dans une chaloupe et s'éloignait déjà, quand, aux appels déchirants de sa sœur, la comtesse du Perche, il se rapprocha du navire pour la prendre avec lui. Mais, à ce moment, plusieurs personnes sautèrent dans la barque, qui chavira et coula, suivie presque aussitôt au fond de l'abîme par la *Blanche-Nef*. Bientôt, il ne resta plus rien qu'une vergue, émergeant comme pour marquer le lieu de la catastrophe et à laquelle s'accrochaient désespérément deux hommes, un chevalier et un boucher, devenus égaux sur cette perche. Un seul échappa à la mort, et ce fut le boucher. Les cris des naufragés avaient été entendus de l'évêque de Coutances, resté sur les quais à suivre des yeux le navire qui emportait son fils aux rivages éternels. Le roi lui-même les entendit aussi de son vaisseau et en fut tout troublé. Il ne s'attendait cependant pas à la terrible nouvelle qu'il apprit après son débarquement en Angleterre et qui, comme un coup de foudre, le jeta par terre, évanoui. Ce naufrage, qui eut lieu le 25 novembre 1120, lui enlevait, outre son fils héritier et sa bru, tous les deux à l'aurore de la vie, une fille et un fils naturels qu'il aimait beaucoup. Avec eux périrent également Richard, vicomte d'Avranches et comte de Chester, ainsi que sa jeune femme, Guillaume de Pirou, sénéchal du roi, et presque tous les barons du comte de Mortain (1).

Ce dernier dut à son opportune diarrhée de ne pas partager leur sort, et à ce naufrage, de monter sur le trône d'Angleterre. Et pourtant, d'autres y avaient plus de droits que lui : d'abord, il avait deux frères plus âgés, dont l'un, Thibaut, était comte de Blois; ensuite,

(1) Ord. Vital, l. XII; t. IV, p. 353 et suiv. Cet historien place par erreur le naufrage en 1119. — Guil. de Malmesbury, p. 165.

Henri Ier avait une fille légitime, Mathilde l'emperesse, veuve de l'empereur de l'Allemagne, qui, en 1120, s'était remariée avec Geoffroi Plantagenet, comte d'Anjou. C'était elle que, d'après les usages féodaux, le roi destinait à lui succéder et il avait invité ses barons à lui prêter serment de fidélité. Étienne de Mortain avait disputé à Robert de Glocester l'honneur d'être le premier à faire ce serment. Il fut aussi le premier à lui disputer la succession du roi, qui mourut inopinément le 2 décembre 1135, à Lions-la-Forêt, en Normandie. Il estimait que la couronne d'Angleterre valait bien un parjure. Quand il apprit la mort de Henri Ier, il se trouvait justement dans son comté de Boulogne : passer le détroit, courir à Westminster, s'y faire sacrer roi par l'archevêque de Cantorbéry ; tout cela fut accompli avant même que Mathilde eût fait ses préparatifs de départ. La cérémonie du sacre, qui faisait de l'usurpateur l'élu de Dieu et de ses ministres, lui assurait un grand avantage. Aussi Mathilde et Geoffroi se bornèrent-ils pour le moment à faire en Normandie une expédition, qui inaugura une nouvelle et longue guerre de succession. Quant à Thibaut, il vint en Normandie, à l'appel de plusieurs barons, pour prendre possession du duché. Mais, en présence des hésitations qui se produisirent et des difficultés auxquelles il se heurta, il parut s'en désintéresser et, dès l'année 1137, il céda ses droits à Étienne, moyennant une rente annuelle de 2.000 marcs d'argent (1). Ce dernier donna alors la Normandie à son fils Eustache, qui fit hommage au roi de France pour cette province (2).

Quant au comté de Mortain, il le donna, avec celui de

(1) Ord. Vital, l. XI ; t. IV, p. 168, et l. XIII, t. IV, p. 465.— Rob. de Tor., t. I, p. 200 et 206.

(2) Rob. de Tor., t. I, p. 207.

Boulogne, à son autre fils, Guillaume, qui fut le troisième comte de ce nom. On a prétendu qu'Eustache avait été comte de Mortain avant lui : les historiens normands n'en disent rien ; en tout cas, il ne le fut pas longtemps. Robert de Torigny dit que ce Guillaume fut *comte de Coutances, c'est-à-dire de Mortain* (1). Cela ne veut pas dire que le Cotentin avait été annexé au comté de Mortain, mais simplement que de nombreux fiefs du Cotentin relevaient de ce comté, ce que nous avons montré précédemment et ce qui résulte aussi de l'*État des fiefs de Normandie* inséré dans le *Livre rouge de l'Échiquier*, sous Henri II (2). Toutefois, il est hors de doute, quoi qu'en dise M. L. Delisle, que le comté de Mortain n'eut pas, au XIe siècle, alors surtout que Henri était comte de Coutances, des dépendances aussi importantes et aussi nombreuses dans le Cotentin que par la suite, surtout au XIIIe siècle (3). Robert de Torigny nous apprend encore que Guillaume III devint comte de Varenne, parce qu'il avait épousé la fille de Guillaume de Varenne (4).

Il ne tarda pas à se voir enlever son comté de Mortain. A la première nouvelle de l'usurpation d'Étienne, Mathilde et Geoffroi avaient commencé les hostilités. Ils avaient envahi la Normandie par le sud-ouest et s'étaient fait livrer plusieurs places : Domfront, Argentan, Exmes, Ambrières, Goron, Colmont (5). Les seigneurs de notre pays se divisèrent de nouveau en deux partis. Du côté d'Étienne : Roger, vicomte de Saint-Sauveur ; Algar, évêque de Coutances ; Jourdain Taisson ; Bertrand de

(1) T. I, p. 305.

(2) Ducarel, édit. Lechaudé, p. 225 et suiv., notamment p. 232 et 233.

(3) Voir le *Cartulaire normand* de M. L. Delisle, p. 66, n° 412.

(4) T. I, p. 311.

(5) Rob. de Tor., t. I, p. 199.

Bricquebec ; Richard et Raoul de la Haye, petits-fils du sénéchal de Robert, comte de Mortain. Du côté de Geoffroi : Engelger et Alexandre de Bohon, qui furent nommés gouverneurs d'Argentan et de Domfront et, de là, firent de fréquentes incursions dans le val de Mortain et le Cotentin, tuant les habitants, pillant et brûlant leurs maisons ; Étienne de Mandeville ou de Magneville, *de Magnavilla* — et non, comme on l'a dit, de Granville, en latin *de Grandivilla ;* — Baudoin de Reviers et deux frères consanguins de Mathilde, Renaud de Dunstanville et Robert, comte de Glocester, qui avait épousé la petite-fille de Hamon le Dentu, seigneur de Torigny (1).

D'autres seigneurs enfin profitèrent de l'anarchie pour se livrer au brigandage ou satisfaire leurs vengeances, sous prétexte de soutenir l'un ou l'autre des deux rivaux. Tel fut Richard Silvain, qui, après la mort de Henri Ier, avait bâti une forteresse à Saint-Pair-le-Silvain, aujourd'hui Saint-Pois, dans l'arrondissement de Mortain, et non pas Saint-Pair-sur-Mer : Ord. Vital dit, en effet, que cette localité se trouvait dans le pays d'Avranches ; or, le Mortainais faisait partie de l'ancien comté d'Avranches, tandis que Saint-Pair-sur-Mer était dans le Cotentin. Richard Silvain réunit dans son château une troupe de brigands et rançonna les environs, semant partout la terreur et la mort. Un jour que, selon sa coutume, il était sorti pour se livrer au pillage, les chevaliers du roi Étienne qui tenaient garnison dans les places voisines, après s'être concertés, vinrent saccager et brûler la bourgade de Saint-Pair. Richard aperçut les flammes et tourna bride aussitôt pour courir au secours des siens. Une rencontre eut lieu, dans laquelle il tomba, percé

(1) Voir Jean de Marmoutier, *Hist. de la France,* t. XIII, p. 531, et Ord. Vital, l. XIII ; t. IV, p. 507 et 510.

d'un coup de lance. Les vainqueurs sommèrent ensuite la garnison de se rendre et, pour l'effrayer, jetèrent le cadavre de Richard devant la porte de la forteresse, ce qui produisit un effet immédiat (1137) (1).

En cette même année 1137, des opérations plus importantes et plus régulières eurent lieu dans la Normandie. Au mois de mars, Étienne, jugeant son pouvoir suffisamment affermi en Angleterre, passa la mer et conclut avec Thibaut l'arrangement dont il a été parlé. Débarrassé d'un de ses compétiteurs, il se mit en campagne contre l'autre, au mois de mai suivant. De son côté, Geoffroi, qui, pendant l'automne précédent, avait fait une seconde expédition en Normandie, y pénétrait une troisième fois. Jusque-là, il n'avait trouvé devant lui que quelques troupes de chevaliers et des paysans, qui lui avaient d'ailleurs fait plus de mal que les chevaliers (2). Il allait maintenant se mesurer avec son rival. On pouvait s'attendre à une grande bataille, quand Étienne tomba de nouveau malade. Cette fois encore, la peur n'était peut-être pas étrangère à sa maladie : il avait vu, en effet, la discorde se mettre dans son armée et la plupart de ses seigneurs l'abandonner. Réduit à l'impuissance, il fit demander une trêve à Geoffroi, qui l'accorda. Elle fut conclue pour trois ans. Le roi paya au comte d'Anjou 2.000 marcs d'argent pour la première année et s'engagea à lui en payer autant pour chacune des deux autres (1137) (3). Fut-il fidèle à ses engagements ? Toujours est-il que la trêve ne fut guère observée qu'un an par Geoffroi, qui, au mois d'octobre 1138, assiégea Falaise pendant quinze jours avec Robert de Glocester et soumit l'Hiesmois et le Bessin (4).

(1) Ord. Vital, l. XIII ; t. IV, p. 492 et 493.
(2) Ibid., p. 477.
(3) Rob. de Tor., t. I, p. 207.
(4) Ibid., p. 213.

Elle ne fut pas mieux observée par ses partisans. Avant de regagner l'Angleterre, Étienne avait chargé quelques-uns des grands de Normandie de rendre la justice et de procurer la paix aux habitants, ce qu'il n'avait pas eu le temps, disait-il, de faire lui-même. Parmi eux, se trouvait Roger, vicomte de Saint-Sauveur (1). Par son énergie, il sut tenir en respect les partisans de Geoffroi, qui cherchaient à agiter le Cotentin. Alors, Renaud de Dunstanville, Baudoin de Reviers et Étienne de Mandeville eurent recours à la ruse pour se défaire de lui. Ils cachèrent quelques chevaliers dans une embuscade et en envoyèrent d'autres au pillage vers l'endroit où se tenait Roger. Celui-ci se mit à la poursuite des pillards, qui l'entraînèrent du côté de l'embuscade. Les chevaliers apostés s'élancèrent de leur cachette, fondirent à l'improviste sur Roger et l'égorgèrent sans pitié, indifférents à ses promesses comme à ses prières (1138) (2). Il fut vengé par Enguerrand de Say, qui, avec d'autres partisans du roi Étienne, attaqua Renaud et Baudoin près du château du Hommet. Baudoin fut pris et plusieurs des meurtriers périrent dans la mêlée, tués par des parents et des amis de Roger, qui étaient leurs compagnons d'armes, mais qui sacrifièrent l'intérêt de leur parti à leur désir de vengeance (3), et peut-être à des sentiments plus égoïstes; car tout cela sent la trahison.

Pendant que le comté de Mortain et les territoires adjacents étaient ainsi désolés par la guerre et le brigandage, de graves événements s'accomplissaient de l'autre côté de la mer. En 1139, Mathilde avait passé le détroit

(1) Ord. Vital, l. XIII; t. IV, p. 494.

(2) Ibid., p. 507 et 508.

(3) Ibid., p. 509.

avec Robert de Glocester (1). Peu de temps après, Renouf II, vicomte d'Avranches et comte de Chester, se révoltait contre Étienne avec son frère utérin, Guillaume de Roumare, et ils s'emparaient par surprise de la forteresse de Lincoln. Le roi et Robert accoururent, le premier pour les attaquer, le second pour les secourir, et une grande bataille eut lieu le jour de la Chandeleur de l'année 1141. Elle fut fatale à Étienne, qui fut vaincu et fait prisonnier (2). Toutefois la victoire de Robert n'eut pas pour Mathilde de résultats décisifs, car, peu après, il fut pris lui-même à Winchester par les partisans du roi (3), et l'emperesse, pour ravoir son meilleur capitaine, consentit à rendre la liberté à Étienne.

Après cela, les hostilités languirent en Angleterre pour reprendre avec plus de violence en Normandie. Cette fois, le comté de Mortain fut avec le Cotentin le principal théâtre des opérations. Guillaume III y prit une part peu active, si même il y prit part. Peut-être était-il en Angleterre ou dans son comté de Boulogne. Donc, Robert de Glocester, rendu à la liberté, passa la mer, prit Bayeux, Caen et plusieurs autres places. Il fut bientôt rejoint par Geoffroi Plantagenet, qu'il voulut entraîner en Angleterre. Geoffroi refusa, parce qu'il craignait une rébellion des Angevins. Mais il lui confia son fils aîné, Henri, pour l'emmener avec lui, et, commençant aussitôt les opérations, il assiégea et prit le château d'Aunay. Ensuite, ayant renforcé son armée, il se dirigea vers le Mortainais et s'empara des châteaux de Mortain, de Tinchebrai, de Cérences et du Teilleul, qui appartenaient au comte

(1) Rob. de Tor., t. I, p. 215.

(2) Pour plus de détails sur cette bataille et les opérations qui la précédèrent, voir plus loin, chapitre III.

(3) *Gesta Stephani*, apud *Histor. Norman. script.*, p. 956.

de Mortain. Puis, il reçut la soumission de l'Avranchin et du Cotentin (1142) (1).

Tel est le récit par trop succinct que fait Robert de Torigny des opérations consécutives à la prise du château d'Aunay. Nous le compléterons avec celui du moine Jean de Marmoutier qui a écrit en latin, vers la fin du XIIe siècle, une *Vie du comte Geoffroi* : il a pris soin de nous avertir qu'il tient ses renseignements d'hommes qui avaient été témoins des actions de Geoffroi et, parmi eux, il cite Engelger de Bohon, Jourdain Taisson et Osbert de la Heuse. Son histoire, comme beaucoup d'autres de ce temps, a souvent les allures d'un panégyrique et il vante un peu trop, en particulier, l'humanité de son héros. Ceci dit, voici la substance de son récit (2).

En 1142, Geoffroi — probablement après la prise de Tinchebrai, dont l'historien ne parle pas — alla assiéger Mortain et, au bout de deux jours, força la garnison à capituler. Il consentit à recevoir l'hommage des chevaliers et traita les habitants avec beaucoup d'humanité. De là, il marcha sur Saint-Hilaire, forteresse bien défendue par sa situation, par ses remparts et par une garnison résolue, d'autant plus qu'elle comptait être secourue par les Bretons. Mais Geoffroi refoula les Bretons et, après avoir fait dresser des machines, il allait ordonner

(1) Ord. Vital, l. XIII ; t. IV, p. 510. — Rob. de Tor., t. I, p. 225 et 226. Deux manuscrits de la *Chronique* de Robert de Torigny donnent *Cereces* au lieu de *Cerences*, que portent les autres ; et de *Cereces* A. du Chesne a fait *Cruces* dans son recueil des *Historiens normands* (p. 980), où il a inséré une partie de cette *Chronique* sous le nom de *Chronica Normanniæ*. Il existait bien un château de Crux (*Cruces*) à Tirepied. Mais c'est certainement le château de Cérences, appartenant au comte de Mortain, que l'auteur a voulu désigner, d'accord en cela avec Jean de Marmoutier, qui écrit *Cerentias*.

(2) *Histor. de la France*, t. XII, p. 531-534.

l'assaut, quand les assiégés se rendirent; malgré l'irritation que lui avait causée leur résistance, il leur fit grâce. Sans perdre un moment, il se dirigea sur Pontorson, qui était au pouvoir des Bretons. Les habitants, bien disposés en faveur d'un chef si humain, sortirent au-devant de lui et l'accueillirent comme un libérateur. A cette nouvelle, Henri de Fougères et les Bretons, reculant devant une lutte ouverte, firent demander au comte d'Anjou de leur confier la garde de Pontorson, promettant en retour de l'aider à conquérir la Normandie. Mais il ne se laissa pas prendre à leurs finesses : il les invita à rester chez eux et à cesser leurs empiètements sur le territoire normand. Il poussa ensuite une pointe vers le nord, prit sans difficulté le château de Cérences qui appartenait au comte de Mortain, et revint sur Avranches. L'évêque, le clergé et les habitants sortirent au-devant de lui processionnellement et l'introduisirent comme un triomphateur dans leur ville, où il reçut l'hommage des seigneurs de la contrée. L'Avranchin soumis, il marche sur la ville de Saint-Lô, que son seigneur, Algar, évêque de Coutances, avait fortifiée. Deux cents chevaliers se portent à sa rencontre pour lui barrer le chemin : ils cèdent au premier choc et courent se réfugier dans la ville, pour y soutenir un siège. Dès le troisième jour, ils ouvrent les portes à Geoffroi et lui font leur soumission. Après Saint-Lô, c'est le tour de Coutances, qui, en l'absence de l'évêque, n'essaye même pas de résister. Tous les barons du Cotentin viennent lui jurer fidélité, sauf les frères Raoul et Richard de la Haye (du Puits) : Raoul fortifie ses châteaux et Richard, avec plus de 200 chevaliers, court s'enfermer dans Cherbourg. Le comte d'Anjou dévaste les terres du premier, s'empare de ses châteaux et de sa personne et lui accorde sa grâce. Il marche ensuite sur Cherbourg, où Richard a organisé la résistance. Ce dernier, après avoir excité la garnison et les habitants à tenir jusqu'à son retour, s'embarque pour aller chercher des secours en Angleterre. Mais il est pris par une bande de pirates; à cette nouvelle, les assiégés, qui jusque-là avaient résisté vaillamment, tombent dans le désespoir. C'est alors que les frères Engelger et Alexandre de Rohon, Jourdain Taisson et Guillaume de Verneuil s'entremettent auprès de Geoffroi en faveur des assiégés et négocient une capitulation, qui leur accorde la vie sauve.

La Normandie occidentale était au pouvoir de Geoffroi; elle y gagna d'être délivrée de la guerre civile. Il était temps: la population était réduite de moitié; les bestiaux avaient été enlevés; la plupart des maisons brûlées avec les instruments de labour; un grand nombre de paysans mutilés; car ils étaient traités comme des bêtes de rapport, et les seigneurs, dans leurs luttes sauvages, n'hésitaient pas, pour ruiner leurs adversaires, à mettre les vilains dans l'impossibilité de travailler. Dans les campagnes, des malheureux traînaient lamentablement leurs moignons saignants, cherchant en vain un peu de nourriture, jusqu'à ce qu'ils tombassent d'inanition dans quelque coin, où leurs cadavres pourrissaient sans sépulture. Jamais peut-être la guerre, le brigandage et la famine n'avaient fait autant de victimes, non seulement dans les campagnes, mais encore dans les villes, où la misère était presque aussi effroyable.

Heureusement, Geoffroi ne tarda pas à achever la conquête de la province; après la prise de Rouen, en 1144, il se fit proclamer duc de Normandie à la place d'Eustache, qui était retourné en Angleterre, et la paix fut enfin rétablie. Guillaume III avait cessé d'être comte de Mortain; nous verrons bientôt qu'il le redevint neuf ans plus tard. On a dit qu'il avait été remplacé, dans cet intervalle, par un autre Guillaume, le troisième fils de Geoffroi. Mais cela est invraisemblable : d'abord, en 1144, ce Guillaume n'avait qu'une dizaine d'années; ensuite, les historiens normands n'en disent rien et l'un d'eux, Robert de Torigny, était mieux placé que personne pour être renseigné à ce sujet. Ils nous apprennent seulement que Geoffroi, qui mourut le 7 septembre 1151, laissait trois fils, Henri, Geoffroi et Guillaume. A l'aîné il avait déjà cédé, l'année précédente, le duché de Normandie et les droits de sa femme au trône d'Angleterre; il lui laissait, de plus, l'Anjou, qui devait revenir à Geoffroi, quand il serait entré en possession de l'héritage de Mathilde. En attendant, Geoffroi n'avait que quatre châteaux : Loudun, Chinon, Loches et Mirebeau. De Guillaume, il n'est nullement question pour le comté de Mortain (1).

Après avoir affermi son autorité dans ses États du continent, Henri passa en Angleterre, au mois de janvier 1153, pour enlever à Étienne le trône que sa mère lui avait disputé vainement. Il trouva un auxiliaire précieux dans la personne de Renouf, vicomte d'Avranches et comte de Chester, qu'il confirma dans tous ses titres et toutes ses possessions de Normandie et d'Angleterre. Il avait déjà commencé les hostilités, quand, au mois d'août, mourut Eustache, l'héritier présomptif. Alors, à la demande des Anglais, fatigués de cette guerre interminable, l'archevêque de Cantorbéry négocia un traité entre Étienne et Henri : il fut convenu que le premier conserverait la royauté jusqu'à sa mort et que le fils de Mathilde lui succéderait. De plus, par ce traité, qui fut signé le 25 décembre 1153, Henri reconnaissait les droits de Guillaume III sur le comté de Mortain et lui garantis-

(1) Guil. de Jum., l. VII, c. XXV. — Rob. de Tor., t. I, p. 253, 256 et passim. — Guil. de Neub., l. II, c. VII.

sait tous les biens que possédait son père, Étienne, avant de monter sur le trône, ainsi que tous ceux qu'il tenait de sa femme, tant en Normandie qu'en Angleterre (1).

Henri n'attendit pas longtemps la succession d'Étienne. Il apprit sa mort à la fin d'octobre 1154, alors qu'il assiégeait le château de Torigny, dont le seigneur, Richard, fils du vainqueur de Lincoln, s'était révolté contre lui (2). Après l'avoir réduit à faire sa soumission, il passa en Angleterre, vers Noël, et prit la couronne sans opposition, sous le nom de Henri II. Il respecta fidèlement le traité de 1153 en ce qui concernait Guillaume III, comte de Mortain. Il faut croire que le fils de Mathilde et le fils d'Étienne entretinrent de bonnes relations, car celui-ci fut au nombre des barons que le roi emmena avec lui dans son expédition de Toulouse. Or ces barons étaient peu nombreux et choisis parmi les principaux et les plus dévoués. Ce fut, en effet, à l'occasion de cette expédition que Henri II inaugura une de ses grandes réformes. Jusque-là, chaque baron commandait ses chevaliers, souvent sans avoir l'expérience et les aptitudes voulues; de plus, les vassaux militaires n'étaient obligés qu'à quarante jours de service. Henri dispensa ses vassaux de Normandie de l'accompagner à Toulouse, à la condition qu'ils lui payeraient une taxe de 60 sous d'Angers par chevalier. Tout le monde fut satisfait: les seigneurs, de ne pas se déranger, surtout pour une expédition si lointaine; le roi, d'avoir de l'argent pour recruter une armée plus docile, plus sûre, mieux disciplinée et soumise à un service plus long. En réalité, Henri II se défiait de l'aristocratie féodale et cherchait à l'affaiblir.

Guillaume III mourut au retour de cette expédition, en

(1) Rymer, *Fœdera, etc.*, vol. I, pars I, p. 18.

(2) Rob. de Tor., t. I, p. 286.

1159 (1). Avant son départ, en 1158, étant à Tinchebrai, il avait confirmé aux religieuses de l'Abbaye Blanche une donation du roi Étienne, son père (2).

Il ne laissait pas d'enfants. Henri II, fidèle à sa politique antiféodale, ne lui donna pas de successeur et garda pour lui le comté de Mortain. En 1168, il acheta, moyennant une rente annuelle, la renonciation de Mathieu, comte de Boulogne, qui le réclamait en sa qualité de gendre du roi Étienne (3). On sait, par les rôles de l'échiquier, qu'il le possédait encore en 1180 (4). Peu après, il le donna à son plus jeune fils, Jean, qui ne perdit pas pour cela son surnom de *Sans Terre*. Mais, dans l'intervalle, il s'était passé des faits mémorables dans le Mortainais et l'Avranchin.

Le 16 mai 1172, l'abbaye de Savigny présentait une animation extraordinaire : l'archevêque, les évêques et les abbés de Normandie s'y trouvaient réunis sous la présidence de deux cardinaux, légats du pape. Bientôt on vit arriver, en compagnie de quelques chevaliers, un homme à l'air pensif et inquiet, devant lequel tous les prélats s'inclinèrent. Cet homme était Henri II, roi d'Angleterre et d'Irlande, duc de Normandie, de Bretagne et d'Aquitaine, comte d'Anjou, de Touraine et du Maine, qui venait humblement demander l'absolution du meurtre de Thomas Becket, archevêque de Cantorbéry (5).

De courtisan souple et habile, ce Saxon, obéissant à ce qu'il croyait être son devoir et peut-être aussi à de sourdes rancunes ataviques, était devenu le plus intran-

(1) Rob. de Tor., t. I, p. 326.

(2) Ibid., p. 306, note de M. L. Delisle. — Desroches, *Annales...*, p. 109.

(3) Rob. de Tor., t. II, p. 7.

(4) Ibid., t. I, p. 326.

(5) Ibid., t. II, p. [illegible].

sigeant des prélats et l'adversaire le plus rédouté du roi, son bienfaiteur. Celui-ci, voulant soumettre la juridiction ecclésiastique à la sienne, avait fait décider par l'assemblée de Clarendon (1164) que les appels iraient de l'archidiacre à l'évêque, de l'évêque à l'archevêque et de l'archevêque au roi, qu'aucune cause ne pourrait être portée plus loin — c'est-à-dire au tribunal du pape — sans l'assentiment du roi (1). Ce statut et quelques autres, qui restreignaient les privilèges de l'Église, furent l'objet de vives protestations de la part de Thomas Becket, soutenu par une partie du clergé et secrètement encouragé dans son opposition par le pape et le roi de France. Désespérant de vaincre la résistance de son irréductible adversaire, ayant toujours présent à l'esprit un propos au moins imprudent de l'archevêque de Cantorbéry, qui lui avait dit que, tant que Thomas vivrait, il n'aurait jamais la paix (2), Henri II s'était écrié un jour devant ses courtisans : « Parmi tous les fainéants que je nourris, il ne s'en trouvera donc pas un pour me venger des insolences de ce prêtre ! » (3) Peu de temps après, Thomas Becket tombait sous les coups de quatre seigneurs, dont l'un, Hugues de Morville, appartenait à une famille du Cotentin. Ce crime, habilement exploité contre le roi d'Angleterre par ses ennemis, eut un retentissement énorme et le pape voulut profiter de l'indignation générale pour lui dicter ses conditions.

Mais, à Savigny, on ne parvint pas à s'entendre : le roi trouva qu'on voulait lui faire payer trop cher l'absolution. Il rompit brusquement les pourparlers, invita, non peut-être sans ironie, les légats à aller en paix sur ses

(1) Mat. Paris, p. 71.
(2) Fitz Stephen, p. 78.
(3) *Vita B. Thomæ quadripartita*, l. II, c. 11.

terres, puis sauta à cheval et s'éloigna comme pour passer en Angleterre. Cela ne faisait point l'affaire des prélats, marris de voir leur échapper la gloire et les avantages d'un triomphe retentissant. Ils le firent relancer par leurs meilleurs limiers et, après des négociations laborieuses, il fut convenu que la cérémonie de l'amende honorable aurait lieu publiquement à Avranches le dimanche suivant, 21 mai.

Ce n'était peut-être pas sans dessein que cette ville avait été choisie. De la place la plus élevée, sur laquelle était bâtie la cathédrale, on domine un vaste panorama; on aperçoit la mer, au delà de laquelle on devine la patrie de Thomas Becket. Il fallait que le ciel, la terre et la mer fussent témoins de l'humiliation du plus puissant monarque du monde. Là, raconte un témoin, sous les yeux des prélats et d'une foule immense, le roi jura, la main sur les Évangiles, qu'il n'avait ni ordonné ni voulu le meurtre de l'archevêque, qu'il en avait éprouvé plus de douleur que de joie. Il ajouta même spontanément qu'il en avait ressenti plus de douleur que de la mort de son père et de sa mère. Il reconnaissait toutefois qu'il avait causé la mort de l'archevêque, sans l'avoir ordonnée, parce que certaine irritation qu'il avait laissé paraître et ses plaintes contre lui avaient pu, mal interprétées, laisser croire qu'il serait heureux d'en être débarrassé. Les légats lui dictèrent alors les conditions de Rome et lui ordonnèrent notamment de révoquer les statuts de Clarendon. Le roi ne fit point d'objection : « Voici mon corps, dit-il aux légats; il est entre vos mains; quoi que vous ordonniez..., je suis prêt à obéir ». Son repentir était si profond — ou si bien joué — que les assistants ne pouvaient retenir leurs larmes. Il fut ensuite conduit de sa propre volonté — ou plutôt d'après un programme tracé d'avance — devant la porte de la cathédrale; là, il se mit à genoux sur une pierre et, sans avoir été dépouillé de ses vêtements ni flagellé, il reçut l'absolution des légats; après quoi on lui ouvrit les portes de la cathédrale (1).

Cette pierre historique se voit encore à Avranches, sur la place de la Plateforme, à l'endroit même où elle se trouvait en ce jour mémorable. Auprès, est une colonne, sur laquelle on lit l'inscription suivante :

SUR CETTE PIERRE
ICI, A LA PORTE DE LA CATHÉDRALE D'AVRANCHES,
APRÈS LE MEURTRE DE THOMAS BECKET,
ARCHEVÊQUE DE CANTORBÉRY,
HENRI II,
ROI D'ANGLETERRE ET DUC DE NORMANDIE,
REÇUT A GENOUX
DES LÉGATS DU PAPE
L'ABSOLUTION APOSTOLIQUE,
LE DIMANCHE XXI MAI MCLXXII.

Henri était aussi retors que ses adversaires; la formule de son serment laissait dans le vague les points auxquels ils attachaient le plus d'importance : « Quoi que vous m'ordonniez, avait-il dit, soit de partir pour Jérusalem ou pour Rome ou pour l'Espagne, soit n'importe quoi... » Lorsqu'il s'agit de préciser le *n'importe quoi,* il est probable qu'il y eut de nouvelles discussions. Toujours est-il que le roi quitta Avranches sans avoir rien signé et sans que l'accord fût complet. L'affaire ne fut définitivement réglée que le 30 mai, à Caen, mais cette fois avec des précisions qui ne permettaient plus d'équivoquer ni

(1) *Rec. des Hist. de la France,* t. XVI, p. 484 et suiv. — Roger de Hoveden, p. 530.

d'ergoter. Le roi se soumettait enfin à toutes les volontés de Rome. Seulement, avant d'apposer son sceau, il demanda un délai, prétextant que les affaires d'Irlande réclamaient sa présence immédiate. De cette façon, il gagnerait du temps, et il savait par expérience, lui qui s'était vanté un jour de tenir le pape et tous les cardinaux dans sa bourse, que l'or est un puissant dissolvant. Mais, cette fois, tout fut inutile. Les légats ne s'éloignèrent pas de la Normandie, et il lui fallut, au bout de quatre mois, retourner à Avranches, où ils l'attendaient avec les prélats de la province. Le 27 septembre, dans l'église Saint-André, qui n'était autre que la cathédrale, il donna satisfaction complète pour la mort de Thomas Becket. Il confirma solennellement les engagements formels qu'il avait pris à Caen : tout ce qui, dans les statuts de Clarendon, était contraire aux droits du pape fut abrogé et les appels à la cour de Rome furent autorisés pour les affaires ecclésiastiques. Il en fut dressé un acte en bonne forme, au bas duquel furent apposés le sceau du roi et celui de son fils, Henri le Jeune. Le lendemain, eut lieu, sous la présidence des légats, un concile auquel n'assista pas le roi, qui était tombé malade (1).

Tel fut le dénouement d'un drame, dont plusieurs scènes s'étaient jouées dans la coulisse et qui avait souvent tourné à la comédie. Si Henri II disait la vérité — et il est prouvé qu'il n'avait donné d'autre ordre aux meurtriers que de forcer Thomas Becket à comparaître devant les juges royaux — il n'était pas coupable, ou du moins sa culpabilité était très atténuée; et alors on ne

(1) Benoit de Peterb., *Hist. de la France*, t. XIII, p. 147. — Gervais de Cantorb., dans Twysden, col. 1422. — Rob. de Tor., t. II, p. 32 et 33. — Gervas. Dorobern., *Hist. de la France*, t. XIII, p. 135 et 136. — Bessin, I, p. 85.

s'explique ni cette amende honorable ni cette absolution publique; ou plutôt, c'était une mise en scène destinée à humilier le plus puissant prince de la chrétienté, qui serait désormais comme un témoignage vivant de l'omnipotence du pape et du clergé. Fait digne de remarque, parce qu'il a sans doute une corrélation avec ceux qui précèdent: alors que, jusqu'en 1172, le début des chartes de Henri II est simplement: *Henricus, rex Anglorum...*, Henri, roi des Anglais..., après 1172, il devient: *Henricus, Dei gratia rex Anglorum,* Henri, par la grâce de Dieu, roi des Anglais. C'est ce qui a été fort bien mis en évidence par M. L. Delisle, dans son *Recueil de 109 chartes originales de Henri II* (1).

La pénitence de Henri II ne lui ramena point les sympathies et ne lui rendit point son prestige. Elle causa plutôt une sorte de malaise, surtout dans les pays voisins d'Avranches. Ce sentiment paraît avoir été celui de Robert de Torigny, protégé du roi, qui, en sa qualité d'abbé du Mont-Saint-Michel, avait dû assister aux scènes de Savigny et d'Avranches et qui reçut au Mont la visite de plusieurs des prélats; il glisse très rapidement sur les démarches et les entrevues qui eurent lieu, dit-il, « pour la cause de la pieuse mémoire de Thomas », sans parler des cérémonies d'Avranches ni de la pénitence publique, comme s'il eût ressenti lui-même l'humiliation de son protecteur (2).

En réalité, Henri II était un vaincu et les grands ne s'y trompèrent point. Ceux qui avaient des griefs contre lui crurent le moment venu de se révolter. Ce fut d'abord son fils héritier, Henri le Jeune, à qui il avait cédé, en 1169, les duchés de Normandie et d'Anjou, sans cesser

(1) *Bibliothèque de l'École des Chartes*, année 1908, p. 541 et suiv.
(2) Rob. de Tor., t. II, p. 32.

pour cela de les gouverner, et qu'il avait même fait sacrer roi par l'archevêque d'York (1170) ; il était excité par sa mère, la fameuse Aliénor d'Aquitaine, jalouse des concubines de son royal époux, et par les jeunes seigneurs de son entourage, au nombre desquels se faisait remarquer Hascoul de Saint-Hilaire, qui le poussaient à réclamer la royauté. Henri II, ayant conçu des soupçons, éloigna Hascoul et les autres de son fils (1). Celui-ci, mécontent, se retira auprès du roi de France, Louis VII, dont il avait épousé la fille, Marguerite, à qui il avait fait hommage pour la Normandie et l'Anjou et qui soutenait ses prétentions, autant sans doute par politique que par affection. Il fut bientôt rejoint par ses frères, Richard et Geoffroi, comte de Bretagne. Il essaya de se concilier aussi le pape et lui adressa une lettre, qui est un chef-d'œuvre d'hypocrisie. Hascoul de Saint-Hilaire; Hugues, vicomte d'Avranches et comte de Chester; Raoul de la Haye (2) et un grand nombre de seigneurs de la Normandie occidentale allèrent le rejoindre à la cour du roi de France ou lui envoyèrent leur adhésion. Dans l'Avranchin et le Cotentin, il n'y eut guère à rester fidèles à Henri II que Richard du Hommet, son connétable, Guillaume de Mandeville et Jourdain Taisson. Pour encourager les défections, Henri le Jeune, qui agissait déjà en roi, se mit à faire des donations — donations de peaux d'ours — à ses partisans : c'est ainsi qu'il donna le comté de Mortain au comte de Boulogne, qui prit les armes en sa faveur et l'aida à assiéger Neuchatel, pendant que le roi de France investissait Verneuil avec 7.000 chevaliers (juillet 1173). En même temps, des mou-

(1) Rob. de Tor., t. II, p. 35.

(2) Et non, comme on l'a dit, Richard de la Haye, qui était mort en 1169.

vements séditieux avaient lieu, non seulement en Normandie, mais dans tous les États de Henri, aussi bien en Angleterre que sur le continent (1).

Au fond, cette révolte avait d'autres causes que la jalousie d'Aliénor, les convoitises de ses fils et les intrigues du roi de France. Henri II avait voulu soumettre non seulement le clergé, mais encore l'aristocratie féodale; le clergé était sorti vainqueur de la lutte : les grands seigneurs crurent qu'ils auraient la même fortune. C'était donc la haute féodalité qui se soulevait contre un monarque, coupable, à ses yeux, de battre en brèche ses privilèges, de raser ou de confisquer ses forteresses, de restreindre ses droits de juridiction, de lui demander de l'argent pour solder des mercenaires, de prendre contre elle la défense de ceux qu'elle était habituée à opprimer (2). Aussi, il eut l'honneur d'avoir pour lui, dans cette lutte, le peuple et les communes, *communiones* des villes et des places fortes (3). Ce qui avait encore contribué à lui aliéner les seigneurs, du moins en Normandie, c'est que, en 1171, il avait ordonné de rechercher, dans cette province, les domaines que possédait son aïeul, Henri Ier, au moment de sa mort, et de faire rentrer dans le domaine royal les terres, les forêts et les autres biens de la couronne usurpés par les barons (4). Cette enquête avait abouti à la confection des fameux rôles de 1172.

En présence de tant d'ennemis, la situation du ro

(1) Rob. de Tor., t. II, p. 35, 38, 39 et 40. — Roger de Hoveden, p. 533 et 534. — Gervais de Cantorbéry, dans Twysden, col. 1424. — Benoit de Peterb., *Hist. de la France*, t. XIII, p. 151.

(2) Raoul de Dicet, *Hist. de la France*, t. XIII, p. 191.

(3) *Normanniæ nova chronica*, an. 1173, dans le tome VIII (2e série) des *Mém. de la Soc. des Antiq. de Normandie*.

(4) Rob. de Tor., t. II, p. 28.

paraissait désespérée. Il tint cependant tête à l'orage et il déploya une activité et une habileté prodigieuses. Afin d'empêcher le pape Alexandre III de se déclarer pour son fils, il lui écrivit une lettre très humble, dans laquelle il se disait son vassal (1), faisant en cela comme le capitaine de navire qui jette à la mer une partie de la cargaison pour sauver le reste. D'ailleurs, ce sacrifice ne devait guère lui coûter après ses récentes concessions, et il lui faisait gagner l'appui précieux des évêques. Déjà, pour renforcer ses troupes, il avait enrôlé 20.000 Brabançons, ou routiers originaires du Brabant et d'ailleurs, bandits en temps de paix, excellents soldats en temps de guerre; puis, secondé par Richard du Hommet, connétable de Normandie, par Jourdain Taisson, Guillaume de Mandeville, Guillaume d'Arondel, Richard de Verson, il marcha contre le roi de France et le força à lever le siège de Verneuil, le 9 août 1173 (2).

La fortune se déclarait en sa faveur. Peu de jours après, il apprenait que ses troupes venaient de remporter une victoire décisive, près de Dol, sur les rebelles. Le principal foyer de la révolte avait été l'Avranchin et les environs, et des opérations importantes y avaient eu lieu. D'abord, Henri II, craignant que de là l'insurrection ne gagnât toute la Bretagne, avait convoqué les barons de cette province pour lui renouveler le serment de fidélité. Au lieu d'obéir, un des plus puissants, Raoul de Fougères, se mit à rebâtir son château, détruit naguère par le roi. A cette nouvelle, Hascoul de Saint-Hilaire, Renouf de Chester, Eudes, vicomte de Rennes et comte de Porhoet, Guillaume Patri et ses trois fils vinrent le rejoindre. Le

(1) *Hist. de la France*, t. XVI, p. 650.

(2) Rob. de Tor., t. II, p. 39 et 42.— Benoit de Peterb., *Hist. de la France*, t. XIII, p. 154.

roi envoya une troupe de Brabançons pour dévaster l terres du rebelle. Ils s'acquittaient consciencieuseme d'une mission qui leur agréait fort, quand une parti d'entre eux, qui escortaient un convoi de vivres, fure surpris et massacrés par Raoul, entre Saint-James Fougères, probablement à la Bataillère. Le vainqueur al ensuite brûler le château de Saint-James, puis celui d Teilleul. En apprenant cela, Henri II se porta rapideme sur Fougères et s'empara d'une quantité considérable chevaux, de bœufs, de moutons et de vivres de tou sorte que les paysans de Raoul se préparaient à cach dans les bois. Mais, à l'approche de ce dernier, qui rev nait défendre ses terres, il se retira, non sans emport son butin. Raoul de Fougères n'essaya pas de le poursu vre; il se dirigea sur le château de Combourg et ville de Dol, qu'il se fit livrer à force de prières et de la gesses par les garnisons royales. Inquiet de ses progrè Henri II, qui s'occupait alors de délivrer Verneuil, partir contre lui une nouvelle troupe de Brabançons av quelques chevaliers, auxquels se joignirent, dans l'Avra chin, beaucoup de gens du peuple. Raoul de Fougère accompagné du comte de Chester, de Hascoul de Sain Hilaire, de Guillaume Patri, de tous ses chevaliers d'une multitude de piétons, marcha à leur rencontre; bataille se livra près de Dol, le 20 août 1173. Le désord se mit dans les rangs des rebelles dès le premier cho les chevaliers s'enfuirent, tandis que les piétons étaie massacrés au nombre de 1.500. Hascoul de Saint-Hilair Guillaume Patri et quelques autres furent pris et enfe més au château de Pontorson. Mais Raoul de Fougère le comte de Chester et 60 chevaliers réussirent à s'e fermer dans le donjon de Dol, où ils furent aussit assiégés par les troupes victorieuses.

Après avoir chassé le roi de France, Henri II éte

revenu à Rouen : c'est là qu'il apprit la victoire de ses troupes et le siège du donjon de Dol. Il résolut d'aller lui-même diriger les opérations. Chose qui paraîtra à peine croyable de nos jours, même aux meilleurs cavaliers, il partit de Rouen le mercredi matin 22 août, après le lever du jour, et il était à Dol le lendemain 23, à la troisième heure, c'est-à-dire vers neuf heures du matin. Il y a des trains qui ne vont pas plus vite ! Il fit dresser des machines contre le donjon et, dès le 26, les assiégés durent se rendre à discrétion. Le roi les envoya prisonniers dans ses forteresses, sauf quelques-uns, qu'il garda près de lui, dans une demi-liberté, après avoir reçu d'eux des otages. Raoul de Fougères, qui était de ces derniers et avait livré ses deux fils, ne voulut pas rester à la discrétion de son vainqueur : il s'enfuit et alla se cacher dans les bois. Quant à Raoul de la Haye, qui avait commandé pour Henri le Jeune une armée en Angleterre, il put rentrer dans le Cotentin, où il continua quelque temps encore à ravager les terres du roi, avant de faire sa soumission (1).

Ainsi se termina cette guerre, qui tient une place importante dans notre histoire régionale et qui nous fait voir dans les armées des éléments nouveaux : des mercenaires, des routiers et des hommes du peuple. Tandis que Henri II est abandonné par la plupart de ses chevaliers, la *plèbe* avranchinaise lui fournit des combattants; les paysans de Raoul de Fougères se font tuer à la bataille de Dol, tandis que les chevaliers tournent bride (2).

(1) Benoit de Peterb., *Hist. de la France*, t. XIII, p. 156. — Rob. de Tor., t. II, p. 42 et suiv. — Roger de Hoveden, p. 535. — Mat. Paris, p. 91.

(2) Milites se fugæ tradiderunt et multi de plebe occisi sunt (Rob. de Tor., t. II, p. 43).

Henri II n'était pas encore au bout de ses peines. D l'autre côté du détroit, la situation était même plus grav que jamais: un grand nombre de seigneurs appelaien Henri le Jeune; d'autre part, les Anglo-Saxons s'agitaien et voulaient profiter de ces discordes pour se débarras ser du joug étranger. Sachant combien la mémoire d Thomas Becket leur était restée chère, il les rattacha sa cause par une comédie supérieurement jouée sur l tombeau du prélat, où il se fit même flageller (1174) (1) Avec leur appui, il eut facilement raison des seigneur rebelles d'Angleterre. Puis il repassa la mer, força se ennemis à lever le siège de Rouen et ses fils à se sou mettre à ses conditions. Un traité de paix le réconcili avec le roi de France et avec ses fils (2). Ces derniers s firent ensuite les instruments de ses vengeances contr ceux qui les avaient soutenus. C'était l'usage, au moye âge, que les petits payassent pour les fautes des grand

Les dernières années de sa vie furent troublées par d nouvelles révoltes de ses fils. Il avait donné, comm nous l'avons vu, le comté de Mortain au plus jeune, Jea sans Terre, sur lequel il avait reporté toutes ses affe tions de père. Mais Jean ne valait pas mieux que se frères. Quand le vieux roi, qui était tombé malade d honte et de chagrin, après avoir été obligé de signer u traité humiliant avec le roi de France et son fils rebell Richard, eut réussi à se procurer la liste de ceux q l'avaient trahi, il ordonna de la lui lire : le premier no qu'il entendit prononcer fut celui de Jean! (3). Il ne s releva pas de ce coup. Trois de ses fils, l'aîné, qui mour

(1) Gerv. Dorobern., *Hist. de la France*, t. XIII, p. 138 et 139.

(2) Benoit de Peterb., *Hist. de la France*, t. XIII, p. 160 et 161. Rymer, *Fœdera*, vol. I, pars I, p. 30.

(3) Giraud le Cambrien, *Hist. de la France*, t. XVIII, p. 154 et 15 — Roger de Hoveden, p. 654.

encore enfant, Henri le Jeune et Geoffroi, l'avaient précédé dans la tombe.

Ce fut Richard, dit Cœur-de-Lion, qui lui succéda. Il se montra généreux à l'égard de Jean, son complice : il le confirma dans la possession du comté de Mortain ; en Angleterre, il lui fit avoir le comté de Glocester en le mariant avec l'héritière de ce comté, Arisa, et lui donna en outre ceux de Cornouaille, de Devonshire, de Sommerset, de Nottingham, de Lancastre (1). Malgré cela, Jean trahit son frère, comme il avait trahi son père. Pendant que Richard s'illustrait à la troisième croisade et se voyait, à son retour, arrêté par le duc d'Autriche, puis retenu en prison par l'empereur d'Allemagne, il mettait tout en œuvre pour s'emparer de ses États. A la fin de décembre 1192, il passa en Normandie et voulut se faire prêter le serment de fidélité par les grands. Ayant essuyé un refus, il alla trouver le roi de France, lui fit hommage, non seulement pour la Normandie, mais encore pour l'Angleterre, et lui céda Gisors et tout le Vexin normand ; en retour, Philippe-Auguste lui promit de l'aider à s'emparer des États de son frère (2). Ensuite, il repassa en Angleterre et, après avoir pris quelques châteaux, il alla à Londres demander la couronne aux grands justiciers, affirmant que son frère était mort. Mais ils ne se laissèrent pas prendre à ce mensonge et réprimèrent énergiquement toutes ses tentatives. Bientôt, il apprit, par un message du roi de France, qui avait eu vent de la libération prochaine, moyennant une forte rançon, de Richard Cœur-de-Lion, que « le diable était déchaîné » (3), ce qui n'était pas encore vrai. Jean s'em-

(1) Mat. Paris, p. 107. — Roger de Hoveden, p. 655.
(2) Roger de Hoveden, p. 724.
(3) Ibid., p. 729.

pressa alors de quitter l'Angleterre; au mois de janvier 1194, il renouvela et resserra son alliance avec Philippe-Auguste, et tous les deux offrirent à l'empereur d'Allemagne l'équivalent de la rançon promise par Richard, soit 150.000 marcs d'argent, pour le leur livrer ou le garder encore un an en prison. Cette machination ne réussit point : Richard était rendu à la liberté le 4 février et, le 23 mars suivant, il débarquait à Sandwich. Il prononçait aussitôt la confiscation de tous les biens du traître et envoyait des troupes assiéger ses châteaux (1).

Mais déjà Jean n'avait plus qu'un souci : rentrer dans les bonnes grâces de son frère. Philippe-Auguste lui avait donné la ville d'Évreux, où il avait mis une garnison; l'historien Guillaume le Breton l'accuse d'avoir fait égorger par surprise cette garnison : 300 chevaliers, dont les têtes auraient été, par son ordre, empalées sur des pieux plantés autour de la ville (2). L'intervention de sa mère fit plus que toutes ses lâchetés; Richard, ayant passé en Normandie dans le courant du mois de mai, consentit, sur les instances d'Aliénor, à accorder une entrevue à son frère et lui pardonna (3). Dans la suite, il lui rendit les comtés de Mortain et de Glocester, et lui fit une rente annuelle de 8.000 livres pour ses autres fiefs, qu'il garda (4).

Jean jugea prudent de ne pas recommencer ses intrigues et se montra désormais, sinon reconnaissant, du moins soumis. Il prit part à la guerre contre Philippe-Auguste et alla assiéger le Vaudreuil, mais battit précipitamment en retraite à l'approche du roi de France (5).

(1) Roger de Hoveden, p. 729, 733, 735.

(2) Par. 72.

(3) Roger de Hoveden, p. 740.

(4) Ibid., an. 1195.

(5) Rigord, par. 100. — Guil. le Breton, par. 74.

En 1197, il signa, comme comte de Mortain, avec les évêques de Coutances et d'Avranches, le connétable Guillaume du Hommet, Raoul Taisson, etc., une transaction entre Richard et l'archevêque de Rouen au sujet du domaine d'Andeli, qui appartenait à l'archevêché de Rouen et sur lequel le roi avait fait bâtir le Château Gaillard (1). L'année suivante, il confirma la donation d'une église faite à l'abbaye de Blanchelande (2).

En 1199, Richard mourut tragiquement, ne laissant point d'héritiers directs. Jean était à Carentan, quand il apprit cette nouvelle. Il n'eut rien de plus pressé que de courir à Chinon mettre la main sur le trésor royal, qui devait lui servir à acheter des concours précieux; puis il passa en Angleterre et se fit sacrer, à Londres, par l'archevêque de Cantorbéry. C'était le deuxième comte de Mortain qui montait sur le trône. Mais ses adversaires lui opposèrent un compétiteur, le jeune Arthur de Bretagne, fils d'un de ses frères aînés, Geoffroi, et, pour cette raison, considéré par beaucoup comme l'héritier légitime.

L'Anjou, le Maine et la Touraine se déclarèrent pour Arthur. Celui-ci, qui n'avait que treize ans, fit hommage pour ces provinces au roi de France, qui le prit sous sa protection et l'envoya à Paris (3).

Jean sans Terre commença aussitôt les hostilités; mais elles furent bientôt interrompues par un traité conclu en 1200 entre les deux rois: il était convenu qu'Arthur ferait hommage à Jean pour la Bretagne et celui-ci, à

(1) Rymer, *Fœdera...*, vol. I, pars I, p. 68 et 69. — Cette convention se trouve aussi dans le *Gallia christ.*, t. XI, Instr., col. 27, qui lui attribue la date de 1196 et dans *Histor. Norman. script.* d'A. du Chesne, qui la place à tort en 1190.

(2) Dupont, *Hist. du Cotentin*, t. I, p. justif., p. 489.

(3) Guil. le Breton, par. 101. — Roger de Hoveden, an. 1199. — *Normanniæ nova chronica*, an. 1199.

Philippe-Auguste, pour tous ses fiefs du continent. Neuf barons de chaque côté, parmi lesquels Guillaume du Hommet, jurèrent que si leur souverain n'observait pas ce traité, ils passeraient avec leurs fiefs du côté opposé (1). Malgré tout, la guerre recommença dès 1202. Philippe-Auguste prit plusieurs places en Normandie et envoya Arthur, qui lui avait de nouveau fait hommage, au secours des Poitevins, soulevés contre Jean sans Terre. Mais pendant que le jeune prince assiégeait sa grand'mère, la vieille Aliénor, dans le château de Mirebeau, son oncle tomba sur lui à l'improviste et le fit prisonnier, le 1er août 1202 (2). Il le fit conduire et emprisonner à Falaise. Un jour, il alla l'y trouver et essaya, par les caresses et par les menaces, de lui arracher une renonciation à ses droits. Mais il se heurta à une fermeté inébranlable. Des émissaires qu'il envoya pour lui crever les yeux et lui faire subir une mutilation odieuse n'eurent pas le courage d'accomplir leur sinistre mission. Jean se décida alors à faire transporter son neveu au château de Rouen : ce fut la dernière étape du calvaire du malheureux prince, qui disparut sans qu'on ait jamais su exactement ni quand ni comment. Mais ce que l'on sut, c'est que Jean, traître à son père, traître à son frère, traître au roi de France, était de plus un lâche assassin !

Il avait cru, en supprimant son neveu, raffermir son pouvoir, qui croulait de toutes parts; en Normandie, depuis quelque temps, des défections se produisaient chaque jour : le rôle de l'échiquier de la quatrième année de son règne contient de nombreux brefs par lesquels il

(1) *Histor. Norman. script.*, p. 1056.

(2) Rigord, par. 138. — Guil. le Breton, par. 112 et 113. — Roger de Hoveden, an. 1202.

donne à ses fidèles les fiefs des seigneurs qui avaient quitté son service pour celui du roi de France (1). Même dans son ancien comté de Mortain et dans l'Avranchin, où il avait eu autrefois des amis dévoués, il ne pouvait plus compter sur personne. Un jour, il avait été informé que Renouf de Chester, Foulques Payenel et d'autres seigneurs projetaient, eux aussi, de l'abandonner; il se transporta au château de Vire pour les surveiller : ceux-ci, l'ayant appris, payèrent d'audace; ils allèrent le trouver pour essayer de se justifier, mais ne réussirent pas à dissiper ses soupçons. Il exigea d'eux des gages de fidélité : Renouf lui donna pour plège Guillaume du Hommet, connétable de Normandie, et pour otage Roger, connétable de Chester; de plus, il lui remit le château de Sémilly, dont il avait le commandement. Foulques Payenel lui livra comme otage son propre fils (2).

La séquestration, puis la disparition d'Arthur provoquèrent de nouvelles défections. Le crime de Jean sans Terre ne profita qu'à Philippe-Auguste, qui, connaissant l'état des esprits, entra en Normandie à la tête d'une armée. Jean, apathique et insouciant de sa nature, ne paraissait pas s'en émouvoir beaucoup. Il allait de château en château, suivi de ses chiens et de ses faucons, en compagnie de sa chère Isabelle, fille du comte d'Angoulême, qu'il avait enlevée à son fiancé, le comte de la Marche, puis épousée, après avoir répudié Arisa. Il se décide enfin à se séparer de sa femme, de sa meute et de ses oiseaux : du 11 au 15 août 1203, il assiège Alençon, dont le comte, Robert, s'était rallié au roi de France, et s'enfuit à l'approche de ce dernier. Vers la fin de sep-

(1) *Grands Rôles...*, p. 105 et suiv.

(2) *Ibid.*, p. 123.

tembre, il entre en Bretagne, prend Dol et dévaste le territoire de Fougères (1).

Fatigué de ce grand effort, il passe la plus grande partie de l'automne dans son ancien comté de Mortain et surtout dans le Cotentin, où il se trouve sans doute plus en sûreté que partout ailleurs. Pendant que Philippe-Auguste assiège le Château Gaillard, il erre, comme une âme en peine, de château en château, apprenant tous les jours de mauvaises nouvelles : ses barons, son connétable, son sénéchal l'abandonnent les uns après les autres. Il commence à perdre de son flegme et renvoie la reine en Angleterre. Le 27 novembre, du château de Montfarville, il écrit aux barons de l'échiquier de compter 7 livres d'Angers au prévôt de Barfleur, qui a payé le passage de ses oiseaux en Angleterre (2). Le 29, du château de Gonneville, il leur mande de payer 20 livres 16 deniers à l'abbé de Caen, pour avoir nourri ses chiens (3). Le matin du 5 décembre, il est à Cherbourg, et le soir, à Barfleur, d'où il date ses derniers brefs et s'embarque à son tour pour aller retrouver ses chiens, ses faucons et sa femme.

Les routiers qu'il laissait pour défendre la Normandie passèrent au service de Philippe-Auguste (4) et presque toutes les villes lui ouvrirent leurs portes ou, comme Coutances, lui envoyèrent leurs clefs. Mais le Mont-Saint-Michel et Avranches résistèrent aux Bretons, qui faisaient campagne dans la Normandie occidentale pour le compte du roi de France. Nous nous étendrons plus longuement sur cette campagne dans le chapitre suivant. Nous nous bornerons à dire ici que, en 1204, toute la Normandie —

(1) Guil. le Breton, par. 117 et 120. — *Chron. Britan.*, dans D. Brial, XVIII, 330.

(2) *Grands Rôles, etc.*, p. 129.

(3) *Ibid.*, p. 129, c. 2.

(4) *Ibid.*, p. 130, c. 2. — Guil. le Breton, par. 132.

moins les îles anglo-normandes — passa sous la domination du roi de France.

Jean confisqua, en Angleterre et dans les îles, les terres des seigneurs qui s'étaient ralliés à son adversaire, comme Guillaume du Hommet, son ancien connétable, Raoul Taisson, son ancien sénéchal, Foulques Payenel, etc. L'abbaye du Mont-Saint-Michel et quelques autres, les évêques de Coutances et d'Avranches, les chapitres de ces deux villes perdirent également leurs biens d'outre-mer. De son côté, Philippe déposséda, en Normandie, ceux qui optèrent pour Jean, comme le comte Renouf de Chester, comme le seigneur de Saint-Jean (le Thomas), dont le château fut démoli et les terres attribuées à Foulques Payenel et au Mont-Saint-Michel. Quant au comté de Mortain, il le donna, avec Domfront et le Cotentin, les comtés d'Aumale et de Varenne, à Renaud de Dammartin, qui avait épousé Ida, comtesse de Boulogne (1). Mais Renaud étant devenu suspect et ayant même refusé obéissance au roi, en 1211, celui-ci prit Mortain et donna le comté à son fils, Philippe Hurepel, qui, en 1216, épousa Mahaut, ou Mathilde, fille de Renaud et d'Ida, à laquelle il avait été fiancé dès 1201, à peine âgé d'un an (2).

(1) *Grands Rôles, etc.*, p. 160. — Guil. le Breton, par. 190.

(2) Guil. le Breton, par. 162.

CHAPITRE II

Guerres entre les Normands et les Bretons.

Voir le sommaire à la Table des Matières.

Les guerres entre les Normands et les Bretons méritent un chapitre à part dans cet ouvrage, d'abord parce qu'elles durèrent depuis Rollon jusqu'à Philippe-Auguste, ensuite et surtout parce qu'elles eurent pour principal théâtre l'Avranchin et les environs.

Le traité de Saint-Clair-sur-Epte fut conclu verbalement. La première rédaction normande qu'on en connaisse se trouve dans l'ouvrage de Dudon, chanoine de Saint-Quentin, qui vécut longtemps à la cour de Richard Ier. Cet ouvrage, intitulé *Des mœurs et des actes des premiers ducs normands*, est un véritable pot-pourri, où l'on trouve, mêlés au récit, des discours, des dissertations morales et religieuses, même des pièces de vers, dans lesquelles l'auteur laisse déborder son admiration pour les ducs et sa colère contre leurs ennemis. A son appel, Clio descend de l'Hélicon sur les rives de la Seine pour chanter la gloire du fils et du petit-fils de Rollon. En visant à faire des apothéoses, Dudon verse dans le ridicule et le mensonge.

Son traité de Saint-Clair fut plagié, sans discrétion aucune, par Guillaume Calcul, moine de Jumièges, qui écrivit, sous Guillaume le Conquérant, en un latin onctueux et emphatique, une histoire des ducs de Normandie. Comme son prédécesseur, il est moins un historien qu'un panégyriste qui cherche à faire passer les ducs pour des modèles de piété et de droiture. Il faut donc se défier de ces auteurs, qui trempent leur plume dans de l'eau bénite, pour édulcorer la vérité, et rendent en flatteries les faveurs qu'ils reçoivent.

Voici quelles auraient été, d'après eux, les clauses du traité de Saint-Clair: Rollon jura par serment fidélité au roi de France, Charles le Simple; celui-ci lui donna sa fille Gisèle en mariage et tout le territoire qui s'étend depuis la rivière Epte jusqu'à la mer, dit Dudon, jusqu'aux confins de la Bretagne, dit avec plus de précision Guillaume de Jumièges; il y ajouta encore la Bretagne elle-même, pour qu'il en tirât des vivres; le moine de Jumièges dit de plus que Bérenger et Alain, comtes bretons, prêtèrent serment à Rollon (1). J'ai déjà montré dans un précédent ouvrage (2) que Dudon et Guillaume de Jumièges, ayant besoin d'une fille de roi de France pour la marier à Rollon et relever ainsi le prestige du pirate norois, ces habiles magiciens avaient fait apparaître sur la scène de l'histoire ce pâle fantôme de Gisèle pour la replonger ensuite dans l'ombre, d'où elle n'aurait jamais dû sortir. J'ai prouvé également que Charles le Simple n'avait pu donner sérieusement à Rollon ni la Bretagne, ni même le Cotentin et l'Avranchin, qui avaient été conquis par la Bretagne, pour la bonne raison que ces contrées échappaient à sa domination.

Dudon a donc fabriqué à loisir son traité de Saint-Clair,

(1) Dudon, *Hist. Norman. script.*, p. 83. — Guil. de Jum., l. II, c. XVII.

(2) *Le Cotentin et l'Avranchin depuis les origines...*, p. 196.

avec la double préoccupation de rehausser le prestige des ducs de Normandie et de justifier leurs prétentions sur la Bretagne, même certains brigandages qui auraient pu faire croire que le Rollon chrétien n'avait pas dépouillé le Rollon païen. Guillaume de Jumièges trouva la rédaction de son goût et se l'appropria sans vergogne, mais en y faisant, comme il a été dit, une addition d'une grande portée: les comtes bretons Alain et Bérenger prêtèrent serment à Rollon. Voyons si cela est possible.

Il y avait bien, à l'époque du traité, un Bérenger, descendant du roi breton Salomon, qui était comte de Rennes; il y avait aussi un Alain, qui était comte de Dol. Mais l'Alain de Guillaume de Jumièges reparaîtra, dans son récit, à plusieurs reprises, notamment à propos des événements de 931 et de 937: l'absence de toute distinction, de toute désignation plus précise, fait croire, en effet, qu'il s'agit toujours du même personnage; or, cette identité est impossible; comme on le verra, l'Alain de 931 et de 937 est Alain Barbetorte, fils de Mathuedoi, comte de Poher, et petit-fils par sa mère d'Alain le Grand: il n'avait qu'une vingtaine d'années en 937 (1) et n'avait pu assister à l'entrevue de Saint-Clair. Quels que fussent d'ailleurs, en 911, les chefs de ces intrépides et tenaces Bretons, qui avaient vaincu les Normands et les rois de France, il est inadmissible que, sans avoir été vaincus eux-mêmes, ils soient venus s'humilier devant le pirate norois et donner leur adhésion à un traité si funeste et si honteux pour leur patrie. Comment admettre, d'autre part, que Dudon ait omis un fait si glorieux pour Rollon, si propre à justifier ses prétentions et celles de ses successeurs?

Et pourtant, Guillaume de Jumièges n'a pas même le

(1) D'Argentré, *Hist. de Bretagne*, f° 158, v°.

mérite de l'avoir inventé ! Il l'a trouvé dans Dudon, mais placé à une date de plus de quinze ans postérieure. C'était vers 927 : Rollon, accablé par l'âge et par les fatigues d'une vie si bien remplie, voulut se décharger sur son fils Guillaume du poids des affaires et convoqua ses vassaux pour lui faire hommage. Dudon profite de l'occasion pour faire venir à Rouen les comtes bretons Alain et Bérenger, qui, dit-il, prêtèrent serment de soumission, de fidélité et de service militaire (1). Or, Guillaume de Jumièges a tout simplement transposé cette prestation de serment : il l'a avancée de quinze ans pour la placer, dans un but facile à deviner, à la suite du traité de Saint-Clair; ce qui ne l'a pas empêché de la faire renouveler à l'occasion de l'investiture de Guillaume (2), commettant ainsi probablement une seconde erreur, après en avoir certainement commis une première.

Il faut donc s'en tenir, au sujet du traité de Saint-Clair-sur-Epte, à ce qu'en dit un auteur du temps, né en 894, Flodoard, prêtre de Reims : « Rollon et ses compagnons s'engagèrent à recevoir la foi du Christ, en échange de certains *pagus* maritimes avec la ville de Rouen et autres territoires dépendant de cette ville » (3). Cette rédaction, d'ailleurs très vague, a au moins le mérite de pouvoir se concilier avec les faits antérieurs ; elle est aussi la seule qui ne soit pas contredite par les événements postérieurs : ainsi, en 924, à la suite d'une guerre, les Français conclurent un traité avec les Normands et, du consentement du roi Raoul, qui était absent, leur abandonnèrent le Maine et le Bessin (4). Cette cession du

(1) *Hist. Norman. script.*, p. 91.
(2) Guil. de Jum., l. II, c. XXII.
(3) *Hist. de la France*, t. VIII, p. 163.
(4) Flodoard, *Hist. de la France*, t. VIII, p. 163. L'assertion de

Bessin, absolument inconciliable avec la rédaction de Dudon, s'explique très bien, si l'on admet celle de Flodoard.

Il est probable que, à Saint-Clair, les dépendances de la ville de Rouen ne furent pas nettement précisées, ce qui ouvrait le champ à toutes sortes de contestations et de revendications, et il est bien possible que Rollon ait fait demander l'hommage aux chefs bretons pour l'Avranchin et le Cotentin, sous prétexte que ces pays faisaient partie de la province dont Rouen était la capitale. Mais point n'est besoin d'aller chercher là la cause des premières hostilités. Les sujets de Rollon avaient conservé leurs instincts de pirates; ils connaissaient le chemin de la Bretagne; cette province n'avait plus Alain le Grand pour la défendre; elle était au contraire divisée sous des chefs rivaux. Elle paraissait donc une proie facile. En 919, une flotte cingla vers les côtes bretonnes: les Normands, dit la *Chronique de Nantes*, ces hommes diaboliques qui s'étaient établis dans la province de Rouen, arrivés par l'océan avec une flotte nombreuse, dévastèrent toute la Bretagne (1). D'après Flodoard, ce fut surtout la partie maritime de la Cornouaille qui eut à souffrir de cette invasion: une partie des habitants furent pris et vendus; d'autres s'enfuirent; ceux qui restèrent furent réduits à un dur servage (2). C'est sans doute à cette expédition que fait allusion Guillaume de Jumièges, quand il dit que Rollon soumit les Bretons rebelles et que, avec les vivres qu'il prit chez eux, il nourrit tout le *royaume* qui lui avait été concédé (3).

Flodoard est confirmée, au moins pour le Maine, par Guil. de Poitiers (p. 362) et par le continuateur de Guil. de Jum. (l. VIII, c. v).

(1) *Hist. de la France*, t. VIII, p. 276.

(2) *Ibid.*, p. 176.

(3) L. II, c. XIX.

Dudon ne voulait pas qu'on pût rien trouver de répréhensible dans la conduite de Rollon converti : il fallait donc justifier ces actes de piraterie. C'est sans doute ce qui lui donna l'idée de cette clause qu'il inséra dans son traité de Saint-Clair : à savoir, que la Bretagne fut donnée à Rollon pour qu'il en tirât des vivres. Dès lors, Rollon et les Normands n'étaient plus des pirates barbares, des pillards sans foi ni loi : ils étaient des guerriers chevaleresques qui faisaient respecter les traités et rentrer dans le devoir des sujets rebelles ; ils étaient d'honnêtes gens qui tiraient de la Bretagne des vivres auxquels ils avaient droit ! Tout le monde avait lieu d'être satisfait... excepté les Bretons !

En réalité, ces derniers étaient des ennemis et non des rebelles domptés, et ils n'attendaient qu'une occasion pour prendre leur revanche. Elle parut se présenter en 931, vers le temps de la mort de Rollon. Guillaume Longue-Épée, son fils, envoya l'ordre aux chefs bretons, raconte Dudon, de venir se mettre à son service ; et ceux-ci de répondre qu'ils ne voulaient pas combattre sous ses ordres, que Rollon avait reçu la Bretagne pour en tirer des vivres et pourvoir aux premiers besoins des Normands, mais non à titre héréditaire, qu'ils étaient les égaux du duc et que leur patrie n'avait jamais eu d'autre suzerain que le roi de France (1). N'oublions pas que c'est Dudon qui prête ce langage aux chefs bretons ; or il ne s'aperçoit pas qu'il se met en contradiction avec lui-même : si, en effet, Alain et Bérenger étaient allés à Rouen, quelques années auparavant, faire hommage à Guillaume, étaient-ils fondés à dire qu'ils n'avaient jamais eu d'autre suzerain que le roi de France ? Il est donc bien probable que ce voyage est encore une invention de Dudon.

(1) Dudon, *Hist. Norman. script.*, p. 92.

Flodoard ne fait pas bavarder les Bretons: il les fait agir, ce qui est plus conforme à leur caractère. Les Bretons, dit-il, qui étaient restés dans la Cornouaille, asservis aux Normands, se révoltèrent contre leurs maîtres et, au milieu des solennités mêmes de la Saint-Michel, tuèrent tous ceux qui étaient présents, avec leur chef Felecan (1).

Voilà le véritable motif qui décida Guillaume à partir en guerre contre les Bretons. Dudon rapporte qu'il s'avança jusqu'au Couesnon et s'empara de toute la *terre des Bretons* (2). Par cette expression, l'historien veut désigner la terre que possédaient les Bretons à l'est du Couesnon, c'est-à-dire l'Avranchin et le Cotentin, ou il ment une fois de plus, et, pour le prouver, nous en appellerons encore de Dudon à Dudon lui-même : il ajoute, en effet, que Guillaume, ayant repris le chemin de Rouen, fut suivi de près par les Bretons, qui dévastèrent le pays de Bayeux (3). Il avait si peu conquis toute la Bretagne, que les Bretons le suivent et vont sur ses talons dévaster le Bessin ! Ne semble-t-il pas, au contraire, que ce conquérant à la Pyrrhus bat en retraite devant eux ?

L'expédition était à recommencer. Le duc de Normandie se remit en campagne et, cette fois, il pénétra dans la Bretagne; il dévasta le pays, raconte Guillaume de Jumièges, et, après avoir détruit un grand nombre de châteaux, y resta jusqu'à ce qu'il eût chassé Alain et l'eût contraint de se réfugier chez les Anglais. Mais il se montra clément envers Bérenger et se réconcilia avec lui (4). Ici, l'historien normand n'exagère pas; son récit

(1) *Hist. de la France*, t. VIII, p. 187.
(2) *Hist. Norman. script.*, p. 93.
(3) *Ibid.*, p. 93.
(4) Guil. de Jum., l. III, c. I. — Dudon. *Hist. Norm. script.*, p. 93.

est confirmé et précisé par la *Chronique de Nantes:* « Les seigneurs épouvantés, dit-elle, s'enfuirent de divers côtés; Mathuedoi, comte de Poher, alla chercher un refuge près d'Aldestan, roi des Anglais, avec une grande multitude de Bretons, emmenant avec lui son fils Alain. Quant aux Bretons pauvres, ils restèrent à cultiver la terre, sans chefs et sans défenseurs, sous la domination des Normands » (1).

Cette fois, l'Avranchin et le Cotentin étaient définitivement conquis par les Normands, qui occupèrent encore les territoires de Dol et de Saint-Brieuc — nous verrons bientôt que, en 937, il y avait des garnisons normandes dans ces villes. — Toutefois, la suzeraineté de Guillaume Longue-Épée sur ces pays ne fut reconnue par le roi de France qu'un an ou deux après : en 933, dit Flodoard, le duc de Normandie fit hommage au roi Raoul et celui-ci lui concéda la *terre des Bretons*, située sur le bord de la mer (2). Cette terre des Bretons est la même que celle que nous avons vue désignée en termes identiques par Dudon, c'est-à-dire le Cotentin et l'Avranchin; la mer, pour Flodoard, c'est la mer de la Manche, exactement comme pour Dudon: quand ce dernier, en effet, dit que, à Saint-Clair-sur-Epte, Charles le Simple donna à Rollon le territoire qui s'étend jusqu'à la *mer*, c'est nécessairement celle-là qu'il entend, puisqu'il dit ensuite que le roi y ajouta encore la Bretagne.

On aperçoit maintenant la vérité: les traités de 924 et de 933 prouvent que la basse Normandie tout entière, c'est-à-dire non seulement l'Avranchin et le Cotentin, qui étaient au pouvoir des Bretons, mais encore l'Hiesmois, qui dépendait du Maine, et le Bessin, était restée en

(1) *Hist. de la France*. t. VIII. p. 276.
(2) *Ibid.*, p. 188 et 189.

dehors des territoires réellement concédés à Rollon : à plus forte raison avait-il dû en être de même de la Bretagne. On conçoit pourquoi Dudon et Guillaume de Jumièges ne parlent point de ces deux traités : ils les ont englobés dans leur pacte de Saint-Clair, qui est en réalité une ingénieuse combinaison de trois traités ; ils ont même pris soin de donner à l'expression de Flodoard, la *terre des Bretons*, toute l'élasticité dont elle était susceptible, pour lui faire désigner la Bretagne elle-même.

Rien ne montre mieux le procédé ordinaire de Dudon et de Guillaume de Jumièges que la manière tendancieuse dont ils rapportent les événements très importants de l'année 937. On sait qu'Alain s'était réfugié à la cour du roi d'Angleterre Aldestan, qui régna de 925 à 941. Avec l'autorisation de son hôte, il s'embarque, un beau jour, sur des vaisseaux qu'il lui avait fournis, en compagnie de compatriotes fidèles qui avaient partagé son exil, aborde aux côtes de Bretagne, marche sur le monastère de Dol, où il surprend la garnison normande au milieu d'un festin de noces, et la massacre. Sans perdre de temps, il reprend la mer, débarque à Saint-Brieuc, où il y avait aussi une garnison normande, et lui fait subir le même sort. En apprenant cela, les autres Normands qui étaient en Bretagne se hâtent de repasser le Couesnon ou sont chassés par Alain, que ses compatriotes proclament duc de Bretagne (1). Ce récit de la *Chronique de Nantes* est confirmé par Flodoard : « Les Bretons, dit-il, revenus dans leur patrie après un long exil, livrèrent de nombreux combats aux Normands, qui avaient occupé les territoires bretons voisins des leurs, furent vainqueurs dans la plupart et reprirent ces territoires » (2). Le même

(1) Chron. de Nantes, *Hist. de la France*, t. VIII, p. 276.
(2) *Hist. de la France*, t. VIII, p. 191.

historien, racontant les événements de l'année 944, parlera d'un traité que les Normands durent signer et qui leur était désavantageux.

Voyons maintenant comment ces faits sont racontés par les historiens normands : Guillaume de Jumièges, toujours d'après Dudon (1), dit que, à la prière d'Aldestan, roi d'Angleterre, Guillaume Longue-Épée pardonna à Alain et lui permit de rentrer dans ses terres (2). Et c'est tout ! mais c'est assez pour montrer la mauvaise foi de l'auteur. Il a au moins la pudeur de ne pas ajouter avec Dudon, qu'Alain fut remis en possession de ses biens par le duc et qu'il obéit ensuite constamment à ses ordres (3). De ces deux assertions, la première est d'une ambiguïté voulue et présentée de manière à laisser croire que ce fut par bonté d'âme que le duc rendit à Alain ses biens. La seconde est un mensonge : la vérité, c'est que Guillaume s'engagea à respecter l'intégrité de la Bretagne et les droits d'Alain.

Mais que penser de la désinvolture avec laquelle ces historiens traitent la vérité, du parti pris avec lequel ils altèrent les faits, par esprit de courtisanerie ! Ici, nous pouvons les convaincre de mauvaise foi, parce que nous avons avec qui les confronter. Malheureusement, ce n'est pas toujours le cas, et il est souvent difficile de faire chez eux la part de la flatterie. Ceux qui acceptent leurs dires comme de la monnaie de bon aloi, les appuient du témoignage des chroniqueurs et des trouvères postérieurs, Hugues de Fleuri, Robert de Torigny, Wace, Guillaume de Saint-Pair, Benoît de Sainte-More, etc. Mais ils oublient que ceux-ci n'ont fait que reproduire ce

(1) *Hist. Norman. script.*, p. 97.

(2) L. III, c. IV.

(3) Dudon, *Hist. Norman. script.*, p. 97 et 98.

qu'ils avaient trouvé dans les deux premiers historiens normands: c'est comme si, pour étayer un arbre pourri, on se servait des rameaux qui en sont tombés!

Flodoard rapporte que, en 939, de nouvelles hostilités eurent lieu entre les Bretons et les Normands, que les premiers furent vainqueurs et s'emparèrent d'une forteresse normande. On a donc encore le droit de demeurer incrédule, quand Dudon et le moine de Jumièges racontent que, vers 940, Guillaume Longue-Épée, ayant eu la velléité d'embrasser la vie monastique, convoqua tous les chefs normands et bretons pour prêter serment à son fils Richard et que celui-ci fut reconnu de toute la Normandie et de toute la Bretagne; qu'Alain et Bérenger accompagnaient le duc, quand il fut assassiné dans une île de la Somme, et qu'ils firent retentir les rives de leurs cris et de leurs hurlements; qu'ils assistèrent à ses funérailles et firent hommage au jeune Richard. Tout cela n'est qu'un tissu de mensonges: Bérenger était mort depuis quelques années et avait été remplacé par son fils, Juhel Bérenger; Alain, devenu duc de Bretagne, était indépendant du duc de Normandie; en 942, il fit hommage au roi de France, du vivant de Guillaume, mais non à ce dernier (1).

Mais, en 944, les Normands, dit Flodoard, profitèrent des dissensions qui s'étaient élevées entre Alain et le comte de Rennes pour rompre le traité qu'ils avaient conclu avec les Bretons. Ils infligèrent une sanglante défaite à leurs adversaires et marchèrent sur Dol, qu'ils prirent d'assaut. Les habitants épouvantés coururent se réfugier dans la cathédrale et l'évêque périt étouffé dans

(1) Flodoard, *Hist. de la France*, t. VIII, p. 193 et 196. — Dudon, *Hist. Norman. script.*, p. 102 et 105. — Guil. de Jum., l. III, c. VIII et XII. — D'Argentré, f°, 157, v° et 159, v°.

la foule. Mais les chefs bretons rallièrent leurs troupes et prirent leur revanche. Enfin, dans une troisième bataille, qui fut acharnée, la victoire se déclara en faveur des Normands, qui envahirent de nouveau la Bretagne (1).

D'Argentré prétend que Flodoard a placé ici un événement, la prise de Dol, qui n'eut lieu qu'au commencement du XIe siècle; mais Flodoard, qui était mort depuis longtemps à cette époque, n'a pu faire cette confusion. Une objection plus fondée, que ne fait pas d'Argentré, c'est que, en 944, c'est-à-dire peu après l'assassinat du duc Guillaume, qui n'avait laissé qu'un fils en bas âge, les Normands avaient assez à faire chez eux pour défendre leur indépendance contre le roi de France. Ensuite, Dudon et Guillaume de Jumièges auraient-ils passé sous silence une campagne si glorieuse? Toutefois, il est fort possible qu'une troupe de Normands aventureux ait fait une incursion jusqu'à Dol, de même que les Bretons en firent souvent dans l'Avranchin. En tout cas, cette expédition n'eut pas de résultats importants et la situation respective des deux États resta ce qu'elle était. Alain eut bien à soutenir de nouvelles luttes contre les Normands, mais contre ceux de la Loire, qu'il vainquit. Il mourut avant 960, laissant un fils légitime en bas âge, qui ne tarda pas à aller le rejoindre, et deux fils naturels, qui disputèrent longtemps le duché au petit-fils de Bérenger, Conan: celui-ci fit reconnaître son autorité à la province et eut pour successeur son fils Geoffroi (992) (2).

Pendant ce temps, Richard Ier gouvernait la Normandie. Il ne paraît pas avoir fait d'expédition importante contre la Bretagne; il se borna à protéger la frontière et fit fortifier le Mont-Saint-Michel, en même temps qu'il

(1) Flodoard, *Hist. de la France*, t. VIII, p. 191 et 198.

(2) D'Argentré, fo 160 et suiv.

agrandissait le monastère (966). Les Bretons avaient quitté l'Avranchin et le Cotentin, sauf quelques-uns qui firent leur soumission et obtinrent de conserver leurs fiefs : tels peut-être Bodiac de Sacey et son neveu Harscutus, dont les descendants devinrent seigneurs de Saint-Hilaire (1). Les biens des autres furent confisqués et distribués ensuite par les ducs à l'abbaye du Mont et aux braves qui se signalèrent dans les guerres contre les Bretons : les Adelelme, les Drogon, les Auvré, les Onfroi du Teilleul, les Malesmains, dont la lignée devait donner un mari à l'héritière des Harscutus de Saint-Hilaire et la mère de du Guesclin à la France. Les hostilités, en effet, n'étaient que suspendues et, même dans l'intervalle des guerres, il fallait faire bonne garde à la frontière ; car des bandes de Bretons pillards étaient toujours prêtes à se jeter sur l'Avranchin.

Cependant, au commencement du XIe siècle, nous voyons s'établir entre Richard II et Geoffroi des relations qui devinrent bientôt plus qu'amicales. Le duc de Normandie reçut le duc de Bretagne à Rouen avec les plus grands honneurs et lui donna en mariage sa sœur Havoise (2). Puis, lui-même épousa, quelques années après, au Mont-Saint-Michel, la sœur de Geoffroi, Judith, et, par une charte que nous possédons encore, lui constitua une dot princière (1008) (3).

Mais si Richard II s'abstenait de toute tentative contre la Bretagne, il n'en était pas de même de ses alliés, ce qui l'a fait accuser de duplicité. Deux chefs norois, Olaf, prince de Norvège, et un roi de Suède, que Guillaume de Jumièges appelle Lakman et qui devait être Svend,

(1) Ch. Guérin, *Acta sanctæ Ecclesiæ Abrinc.*, p. 265.
(2) Guil. de Jum., l. V, c. v. — Rob. de Tor., t. I, p. 25.
(3) Guil. de Jum., l. V, c. XIII. — D. Martène, *Thes. novus...*, t. I, col. 122.

firent une descente sur les côtes de cette contrée, où ils avaient été poussés, dit Wace, par une tempête. Les Bretons accoururent de toutes parts pour les repousser; mais ils tombèrent dans des tranchées profondes, qui avaient été creusées, puis recouvertes d'herbes et de feuillage, par les pirates. Ceux-ci en firent un grand carnage, marchèrent ensuite sur Dol, s'emparèrent du château, qu'ils brûlèrent, et massacrèrent les habitants. Après avoir entassé dans leurs barques les dépouilles des Bretons, ils reprirent la mer et remontèrent la Seine jusqu'à Rouen, où les attendait une réception triomphale et où ils vendirent leur butin. Richard II leur avait bien envoyé un message en Angleterre, où ils guerroyaient, pour leur demander de venir à son secours, car il était alors aux prises avec Eudes, comte de Blois, et, de plus, il craignait d'être attaqué par le roi de France, Robert II (1). Mais alors même que la tempête serait une invention de Wace, rien ne prouverait que le duc de Normandie les eût engagés à aller d'abord en Bretagne s'approvisionner, à peu de frais, de denrées et de marchandises, pour les apporter à Rouen et y recevoir de l'or en échange; il n'était pas nécessaire qu'il leur suggérât cette idée, ni même qu'une tempête les poussât vers ces côtes dont leurs ancêtres connaissaient si bien le chemin. L'accueil qu'ils reçurent à Rouen s'explique par le secours qu'ils apportaient au duc contre ses ennemis et qui lui permit de traiter avec eux à des conditions honorables.

Le duc de Bretagne, Geoffroi, mourut au retour d'un pèlerinage en Terre Sainte; il avait eu d'Havoise deux

(1) Guil. de Jum., l. V, c. XIII. — *Roman de Rou*, t. I, p. 346 et suiv. — Depping, *Hist. des expéd. marit. des Norm.*, t. II, p. 176 et 177.

fils, Alain et Eudes, qui étaient encore tout jeunes au moment de son départ et que, pour cette raison, il avait cru devoir mettre sous la tutelle de leur oncle, Richard II. Arrivé à l'âge d'homme, Alain, héritier d'un grand nom, émit la prétention de se passer de protecteur. Robert Ier, qui était devenu duc de Normandie, voulut continuer à le protéger malgré lui et, dans ce but, il marcha contre lui à la tête de forces imposantes. Arrivé sur les bords du Couesnon, il commença par faire construire le château de Chéruez, dont l'emplacement se trouve sur la croupe d'une colline, à un kilomètre du bourg de Sacey. Il entra ensuite en Bretagne, mit à feu et à sang le comté de Dol et revint chargé de butin. Alain le suivit, avec l'intention de traiter l'Avranchin comme avait été traité le comté de Dol. Mais Néel de Saint-Sauveur, vicomte du Cotentin, et Auvré le Géant, que Robert avait chargés de garder le château de Chéruez et de veiller sur les frontières, marchèrent à sa rencontre et lui infligèrent une sanglante défaite : On voyait les Bretons, dit Guillaume de Jumièges, gisants, comme un troupeau de moutons égorgés, sur les rives du Couesnon. Alain regagna Rennes sans rapporter autre chose que l'humiliation de la défaite (1).

Un peu plus tard, une flotte que Robert dirigeait contre l'Angleterre fut jetée par une violente tempête sur les côtes de Jersey. Cette tempête devait être fatale à la Bretagne; les Normands n'aimaient pas à revenir les mains vides. La flotte, ayant toujours les vents contraires pour passer en Angleterre, cingla vers le Mont-Saint-Michel. Là, le duc confia une partie de ses navires au chevalier Rabel, qui alla ravager les côtes bretonnes; lui-même, à la tête d'une troupe de chevaliers, se prépara à pénétrer

(1) Guil. de Jum., l. VI, c. VIII.

dans l'intérieur de la province. En présence de ce double danger, Alain, effrayé, sollicita l'intervention de l'archevêque de Rouen, son oncle, qui était aussi l'oncle de Robert. L'archevêque se rendit au Mont-Saint-Michel et fut assez heureux pour réconcilier ses deux neveux; mais Alain dut faire hommage à son cousin. Ce dernier envoya aussitôt l'ordre à ses hommes de suspendre leurs ravages et de quitter la Bretagne (1).

Bientôt Robert partit à son tour pour la Terre Sainte; avant son départ, il chargea son cousin Alain de veiller sur la Normandie jusqu'à son retour ou jusqu'à la majorité de son fils Guillaume, alors âgé de sept ans. Lui non plus ne revint point. Après sa mort, Alain, prenant au sérieux son rôle de protecteur, entra en Normandie, à la tête de ses chevaliers, pour réprimer une sédition des grands seigneurs. Mais il périt empoisonné à Vimoutiers (1040) et les Bretons, privés de leur chef, furent battus (2).

Alain laissait un fils en bas âge, Conan II; Eudes, son frère, se le fit livrer et exerça le pouvoir en son nom. En 1048, il prêta l'appui de ses armes à Geoffroi Martel, comte d'Anjou, dans la guerre qu'il eut à soutenir contre Guillaume le Bâtard, duc de Normandie (3). A l'intérieur, il eut à lutter contre les grands, qui voulaient lui reprendre Conan; il fut battu, fait prisonnier, et Conan proclamé duc.

A cette époque d'anarchie, la guerre de brigandages sévissait plus que jamais dans le voisinage des frontières. Vers le milieu du XIe siècle, les moines du Mont-Saint-Michel, dit dom Morice, firent fabriquer une grosse cloche, qu'ils baptisèrent la *Rollon*, et qu'ils sonnaient à

(1) Guil. de Jum., l. VI, c. x et xi.
(2) Ord. Vital, l. V, t. II, p. 359.
(3) Guil. de Poitiers, p. 357.

toute volée pour avertir les habitants, dès que, de leur cloître, ils avaient aperçu une bande de Bretons franchissant le Couesnon. Quand, au milieu des champs, le paysan de l'Avranchin, toujours sur le qui-vive, entendait un bourdonnement lointain, il se demandait avec effroi, en se signant, si ce n'était pas la *Rollon* qui sonnait l'alarme. Il tremblait de peur de trouver, à son retour, sa chaumière pillée, sa femme et ses enfants égorgés. Le soir, il interrogeait l'horizon, craignant toujours d'apercevoir des rougeurs sinistres; il se couchait dans les transes du condamné à mort qui craint d'être réveillé par le bourreau. Les incursions des Bretons devinrent si fréquentes que, en 1061, l'abbé Renouf demanda à l'évêque d'Avranches que les clercs et les laïques du Mont ne fussent plus obligés d'aller comparaître devant le tribunal épiscopal, à cause des dangers de la marée montante et des embûches des Bretons, qui ne pouvaient être ni prévenues ni prévues (1).

Guillaume le Bâtard, devenu le maître incontesté de la Normandie, ne voulut pas laisser ses frontières du sud-ouest exposées aux insultes continuelles des Bretons, surtout au moment où il entrevoyait la mort prochaine du roi Édouard d'Angleterre, qui l'avait institué son héritier et dont il entendait faire respecter la volonté. D'ailleurs, l'attitude de Conan II était devenue menaçante, si l'on en juge par ce message arrogant que, d'après Guillaume de Jumièges, il aurait envoyé au duc de Normandie; la rédaction est sans doute de l'historien; mais elle répond bien aux sentiments que l'on peut supposer à Conan et ce morceau épistolaire jette un jour lumineux sur la situation: « J'apprends, disait-il, que tu veux passer la mer pour t'emparer du royaume d'Angle-

(1) *Livre blanc de l'évêché d'Avranches*, 2e partie.

terre. Je m'en réjouis fort. Mais je t'invite à me rendre la Normandie. Robert, duc de Normandie, que tu feins de regarder comme ton père, au moment de partir pour Jérusalem, remit tout son héritage à Alain, mon père et son cousin. Mais toi et tes complices, vous avez fait mourir mon père par le poison, à Vimoutiers, en Normandie. Puis, tu as envahi son territoire, parce que j'étais encore un enfant, et contre toute justice, car tu es un bâtard, tu l'as retenu jusqu'à ce jour. Maintenant donc, ou rends-moi cette Normandie que tu me dois, ou je te ferai la guerre avec toutes mes forces (1). » Guillaume alla porter lui-même sa réponse à la tête d'une armée. Conan était alors occupé au siège de Dol, dont le comte, Rual, lui avait refusé obéissance. A l'approche de son adversaire, il se retira dans l'intérieur. Guillaume n'osa l'y poursuivre et rentra en Normandie (2). Cette même expédition est racontée par l'image sur la Tapisserie de Bayeux, à laquelle on doit plusieurs détails intéressants. On y voit d'abord que le duc se fit accompagner — et Guillaume de Poitiers confirme ce fait (3) — par Harold, qui était venu lui faire visite à Rouen et devait bientôt lui disputer le trône d'Angleterre, malgré le serment que lui fit prêter son hôte sur des reliques dissimulées, à Avranches, d'après Ord. Vital, à Bayeux, d'après la Tapisserie. Un des tableaux nous montre l'armée de Guillaume près du Mont-Saint-Michel, venant peut-être du Grand Port par les grèves. Dans le suivant, on voit des guerriers enlisés dans les sables mouvants à l'embouchure du Couesnon, qui sont retirés par Harold lui-même, ainsi que l'indique la légende. Puis, c'est l'ar-

(1) Guil. de Jum., l. VII, c. XXXIII.
(2) Guil. de Poitiers, p. 371 et suiv
(3) Ibid., p. 369.

rivée de Guillaume à Dol, d'où Conan s'enfuit; enfin, le siège de Dinan, où l'on voit le chef breton présenter à son adversaire les clefs de la ville au bout de la lance de sa bannière. Mais ce dernier épisode ne se trouve dans aucun historien, ni normand ni anglais, et paraît avoir été inventé. Guillaume de Jumièges raconte, en effet, que, après s'être éloigné de Dol, Conan alla mettre le siège devant Château-Gontier; il venait de s'emparer de cette place, quand il périt, empoisonné par un grand seigneur breton, qui portait les messages des deux adversaires de l'un à l'autre et qui avait enduit d'un poison subtil les gants de Conan et les rênes de son cheval. Le traître se hâta d'en informer le duc de Normandie: il avait sans doute des raisons de croire que la nouvelle lui ferait plaisir. C'est ainsi, dit le moine de Jumièges, calomniant odieusement la divinité, que Dieu rendit vaines les menaces de Conan (1).

Ce fut au cours de cette expédition que Guillaume ordonna la construction du château de Saint-James pour arrêter les incursions des « bandes affamées des Bretons », et dont il confia la garde à Richard, vicomte d'Avranches (2).

Je donnerai ici quelques détails sur ce château et ses annexes, afin qu'on puisse se faire une idée des ouvrages de défense dont les ducs couvrirent la frontière.

Les prédécesseurs de Guillaume avaient fortifié le Mont-Saint-Michel, construit le château de Chéruez, à Sacey, et sans doute aussi celui de Montaigu, à Montanel, qui défendaient les lignes de l'ouest et du sud-ouest. Mais, pour éviter ces forteresses, les Bretons descendaient la vallée de la Dierge jusqu'à l'endroit où elle

(1) Guil. de Jum., l. VII, c. XXXIII.
(2) Guil. de Poitiers, p. 370.— Guil. de Jum. continué, l. VIII, c. IV.

change de direction, puis, de là, passaient dans celle du Beuvron, qui n'en est séparée que par un plateau d'un quart de lieue de largeur, et qui les guidait vers les riches plaines de la Sélune. Guillaume décida de fortifier ce plateau élevé, autour duquel la Dierge et le Beuvron avaient creusé de profonds ravins. Il choisit pour l'emplacement du château un promontoire dominant ce dernier cours d'eau. Il y avait là une église consacrée à saint Jacques et à sainte Gemme, qui avait été donnée, avec les terres environnantes, à l'abbaye de Saint-Benoît de Fleury-sur-Loire par son oncle Richard III et son père Robert. Les moines du Mont-Saint-Michel avaient aussi des possessions dans le voisinage : le bourg de Beuvron, aujourd'hui Saint-Benoît, des terres et huit moulins, qui leur avaient été donnés par le duc Robert. Guillaume s'en fit rendre une partie, moyennant certaines compensations, et il put ainsi annexer au château une lieue de terrain avec le droit du sang, le tonlieu et le péage, le marché et la foire de la Croix, la foire de Beuvron, qui fut transférée à Saint-James. Aux moines de Fleury, en dédommagement de leurs biens, il accorda, par une transaction conclue au Vaudreuil au mois d'avril 1067, la moitié des coutumes et des revenus de la châtellenie, à savoir : des moulins, des fours, du tonlieu, du péage, de toute la justice, de la pêche des trois étangs ; de plus, il leur laissait l'église et les oblations (1).

Les étangs dont il vient d'être question, formés au moyen de trois solides chaussées qui barraient la vallée du Beuvron, défendaient l'accès du château de trois côtés, au nord, à l'est et au sud. Il ne pouvait être abordé

(1) D. Martène, *Thesaurus novus*..., t. I, col. 198. — Mabillon, *An. bénéd.*, t. V, p. 5. — *Cartul. du Mont-Saint-Michel*, f° 26, v°, et 107, r°. — Ménard, *Hist. de Saint-James*, c. I et pièces justif., n° 1.

qu'à l'ouest, par le plateau. Ce dernier fut fermé par un gigantesque retranchement, appelé haie de terre. Il y a, en effet, lieu de croire que la haie de terre fut élevée en même temps que le château et faisait partie du plan de défense combiné par le génie de Guillaume. Quelle que fût la hauteur de ce retranchement, c'eût été un jeu pour les Bretons de l'escalader, s'il n'avait été gardé par des postes, et ces postes, c'était évidemment la garnison du château qui devait les fournir. Le retranchement était presque inutile sans le château, et le château sans le retranchement eût été exposé directement aux coups, comme un corps qui manque de bras pour les parer.

Il est encore facile de suivre la direction de ce retranchement. D'abord, il en reste un tronçon tout près de Saint-James, sur le manoir dit, par corruption, de la Hecterre : c'est une levée qui ne se distingue plus des autres que par sa largeur, pourtant très réduite. Un peu plus à l'ouest, près de la ferme de la Métairie, la haie reparaît en bordure d'un chemin rural, qui a été élargi à son détriment. Puis, le chemin monte sur la haie elle-même et surplombe, à gauche, une longue mare, qui a fait son lit de l'ancien fossé. Le laboureur qui passe sur ce chemin avec ses lourds chariots ne se doute même pas qu'il foule le retranchement élevé, il y a plus de huit siècles, par Guillaume le Conquérant. Au delà, elle a été rasée jusqu'au chemin de Beaufour. Puis on la retrouve, aussi bien conservée que possible et très apparente, sous les ramilles de châtaignier dont elle est couverte. Elle semble avoir là sa largeur primitive : huit ou neuf mètres à la base ; mais elle s'est affaissée en dos d'âne ; on dirait la tombe de quelque géant mythologique. A droite et à gauche, les fossés, presque comblés, offrent au promeneur des sentiers solitaires et ombreux qui invitent à la rêverie et où reviennent, dit-on, errer, à la nuit tombante, de grands fantômes bardés d'acier :

Ames des chevaliers, revenez-vous encore..?

La haie de terre dévalait ensuite des pentes escarpées jusqu'à la rivière de la Dierge.

En son état actuel, il est très difficile de se faire une idée de sa hauteur primitive, qu'on estime avoir été de 3m50 au-dessus du niveau du sol et de 7m50 au-dessus du fond des fossés, grandes rigoles qui étaient aussi larges que profondes. Cette haie offrait beaucoup de rapports avec celles qu'on appelle le dik de Vains et le Haguedik ; si elle n'a pas été appelée dik elle-même, c'est que, à l'époque où elle fut élevée, la langue noroise avait été supplantée par le français ; peut-être même n'avait-elle jamais été en usage dans cette région de Saint-James, où les Normands furent d'abord très peu nombreux. J'ai visité ces trois retranchements et je n'ai trouvé entre eux aucune différence essentielle : celui de Vains, à en juger par ce qui en reste, paraît avoir été aussi large et aussi haut que celui de Saint-James ; le dik de la Hague, un peu moins ; mais cela tient sans doute à ce qu'il s'est affaissé davantage. Ces énormes levées de terre devaient être plantées de pieux et, de plus, elles étaient gardées : près de celle de Vains, il y avait un camp, que rappelle le village du Camp ; des camps étaient établis de place en place le long du Haguedik ; à proximité de celle de Saint-James, il y avait le château.

Il est à remarquer que la haie de terre laissait en dehors de la zone protégée le territoire de Carnet, qui fut complètement dévasté. Le Cartulaire de Savigny nous apprend que la terre de Montdaigné, à Carnet, donnée à cette abbaye par Guillaume de Carnet et son épouse, était, au XIIe siècle, dans un état lamentable par suite des ravages des Bretons (1). Ceux-ci, d'ailleurs, ne renoncèrent pas à leurs fructueuses expéditions dans l'Avranchin. Ils tournèrent la ligne des forteresses et y pénétrèrent par le sud. Quelques-uns croient que les paroisses de Saint-Laurent et de Saint-Aubin furent dites de Terregatte, de *Terra vasta*, parce qu'elles avaient été également dévastées par les Bretons: cela est possible; toutefois, il ne faut pas oublier que le mot *gatte* (*gast, wast*) signifie dénudé, désert, et n'implique pas nécessairement une idée de dévastation. Ce qui parait certain, c'est qu'ils prirent l'habitude de suivre la vallée de l'Airon pour gagner celle de la Sélune: aussi Robert, comte de Mortain, pour leur fermer cette entrée, fit construire vers 1083 le château de Saint-Hilaire, comme le prouve la charte de fondation du prieuré qui y fut ajouté (2). Il en confia le commandement à un chevalier, qui signait ainsi une charte datée de 1090: *Harscutus de Saint-James, seigneur de Saint-Hilaire* (3), et qui donna son nom à la ville naissante de Saint-Hilaire-du-Harcouët, *de Harscuto*. Des haies de terre furent élevées entre le nouveau château et Buais, où l'on voit encore les restes d'un camp fortifié.

Plusieurs années auparavant, Guillaume le Conquérant avait fait une nouvelle expédition contre les Bretons. Conan II, qui était mort empoisonné en 1066, n'ayant pas laissé d'enfants, avait été remplacé par le fils d'Alain Cagnard, comte de Cornouaille: Hoël V, qui avait épousé Havoise, fille d'Alain (4). Hoël commença par faire la paix

(1) Voir *Annales du pays d'Avranches*, par Desroches, p. 130.

(2) Cette charte a été reproduite dans ses parties essentielles par Desroches, *Annales religieuses de l'Avranchin*, 3e partie, p. 28.

(3) Voir le *Diocèse d'Avranches*, par l'abbé Pigeon, t. II, p. 520.

(4) D'Argentré, f° 167, v°.

avec le duc de Normandie et lui envoya même, pour l'accompagner dans son expédition d'Angleterre, une troupe de chevaliers, sous les ordres de son fils, Alain Fergant, qui se distingua à Hastings et, en récompense de ses services, fut fait comte de Richemond (1). Un de ses compagnons d'armes, Raoul de Gaël, reçut le comté de Norwich. Mais, dans la suite, celui-ci se révolta, avec Roger de Hereford, contre le Conquérant; vaincu à Fagadon, puis assiégé dans Norwich, il s'échappa et se réfugia dans ses terres de Bretagne (2). Guillaume, l'ayant réclamé inutilement au duc, prit prétexte de son refus pour diriger une nouvelle expédition contre la Bretagne, dont il projetait depuis longtemps la conquête. Il franchit le Couesnon et alla assiéger Raoul de Gaël dans Dol. Mais bientôt il apprit que le duc de Bretagne s'avançait au secours de la place avec des forces imposantes et que le roi de France lui avait promis son appui: il s'empressa alors de traiter avec la garnison, qui ignorait l'approche de l'armée de secours, puis battit précipitamment en retraite, abandonnant pour 15.000 livres sterling d'armes et de bagages (1076) (3). Cet insuccès le rendit plus conciliant: il conclut un pacte d'amitié avec le duc de Bretagne et donna en mariage à Alain Fergant une de ses filles, Constance. Celle-ci étant morte sans enfants, Alain se remaria avec la fille du comte d'Anjou et en eut un fils, Conan III, dit le Gros, auquel Henri Ier fit épouser

(1) D'Argentré, f° 176, v°

(2) Ord. Vital, l. IV; t. II, p. 219 et suiv.— *Chron. sax.*, p. 183. — Roger de Hoveden, p. 456.

(3) Ord. Vital, l. IV; t. II, p. 282 et 283. — Rob. de Tor., t. I, p. 60 et note 3. Quelques historiens (v. *Hist. de France*, publiée sous la direction de M. Lavisse, t. II, II, p. 67, et *Hist. des ducs de Norm.*, par M. Labutte) placent cette expédition en 1086 : ils doivent faire erreur.

dans la suite une de ses filles naturelles, Mathilde (1). Il n'avait eu, d'ailleurs, qu'à se louer d'Alain Fergant, qui avait succédé à son père en 1084: lors du siège qu'il soutint au Mont-Saint-Michel contre ses frères, sa garnison comptait de nombreux Bretons; à la bataille de Tinchebrai, il avait avec lui un corps de cavaliers bretons, sous les ordres d'Alain Fergant. Ce dernier consentit à lui faire hommage, non seulement pour le comté de Richemond, mais encore pour la Bretagne; le roi de France reconnut la suzerainoté de Henri Ier sur cette province au traité de Gisors, en 1113 (2).

Le fils d'Alain Fergant, Conan III, s'affranchit de l'hommage à Henri Ier. Après la mort de ce dernier, la rivalité d'Étienne et de Geoffroi Plantagenet permit aux Bretons de recommencer la guerre de brigandages dans l'Avranchin. Gelduin, comte de Dol, y faisait de fréquentes incursions. Les habitants, ne pouvant compter que sur eux-mêmes, s'organisèrent pour se défendre. Un jour que Gelduin regagnait triomphalement la Bretagne, à la tête de 140 chevaliers, suivi d'un convoi de captifs et de butin, 20 chevaliers du pays s'attachèrent à sa poursuite et l'atteignirent sur les bords du Couesnon, où la marée montante l'avait arrêté. Gelduin, ayant entendu leurs clameurs, courut au-devant d'eux avec dix de ses chevaliers: il fut tué et le butin fut repris (vers 1137) (3).

La guerre ne recommença sérieusement que sous le règne de Henri II. Conan III était mort en 1148, laissant une fille, Berthe, qui épousa d'abord Alain le Noir, comte de Richemond, puis, après la mort assez mystérieuse de ce dernier, Eudes, comte de Porhoet et vicomte de

(1) Ord. Vital, l. IV; t. II, p. 283. — Rob. de Tor., t. I, p. 60.
(2) Ord. Vital, l. XI; t. IV, p. 267.
(3) Ibid., l. XIII; t. IV, p. 493.

Rennes, Conan avait déclaré à ses derniers moments que Hoël, qui passait pour son fils, était le fruit des amours adultères de sa femme. Hoël parvint cependant à établir son autorité sur le territoire de Nantes; mais il fut battu par Eudes, qui, au droit de Berthe, réclamait la succession de Conan et s'était déjà rendu maître d'une grande partie de la Bretagne (1). Les Nantais, les moins bretonnants des Bretons, aussi peu portés pour l'un que pour l'autre, appelèrent alors Geoffroi, frère de Henri II, qui fut proclamé comte de Nantes, en 1156. Il mourut deux ans après, et Henri II, à qui il ne manquait que la Bretagne pour posséder toute la moitié occidentale de l'ancienne Gaule, prétendit hériter de ce frère qu'il avait naguère dépouillé de ses biens patrimoniaux. Mais Conan IV, dit le Petit, fils d'Alain le Noir et de Berthe et comte de Richemond, n'avait pas attendu ce moment pour faire valoir ses droits sur la Bretagne: il avait enlevé Rennes à son beau-père Eudes, en 1155 ou 1156; puis après avoir mis en fuite ce rival, qui alla se faire prendre par Raoul de Fougères, il s'était fait reconnaître par la plus grande partie de la province (2). Lui aussi revendiqua le territoire de Nantes et l'envahit. Henri II confisqua alors son comté de Richemond et réunit des troupes à Avranches pour marcher contre lui. Conan, effrayé, vint le trouver dans cette ville et se désista en sa faveur de ses prétentions. Le roi se rendit à Nantes, qui lui ouvrit ses portes (1158) (3).

Henri II avait maintenant un pied en Bretagne. Il songea à se rendre maître de la province entière. En 1162,

(1) Rob. de Tor., t. II, p. 42, note 4.

(2) Ibid., t. I, p. 298, 302. — Guil. de Neub., *De rebus Anglicis*, l. II, c. VII. — Dom Morice, I, 103 et 104.

(3) Rob. de Tor., t. I, p. 311 et suiv.

Jean de Dol, avant de mourir, lui livra son donjon; mais il mit sa fille — qui devait devenir plus tard l'épouse de Hascoul de Subligny — ainsi que sa terre sous la protection de Raoul de Fougères, à qui il laissa aussi le château de Combourg. Deux ans après, Richard du Hommet, connétable de Normandie, s'empara de ce château (1) : la Bretagne était maintenant entamée par le nord comme par le sud.

Les barons bretons s'alarmèrent et conclurent avec les Manceaux une alliance défensive contre Henri II. Alors celui-ci, ayant rassemblé ses forces, alla assiéger le château de Fougères, le prit et le détruisit de fond en comble (1166). Ensuite, il fit épouser à son quatrième fils, Geoffroi, âgé de huit ans, la fille de Conan IV, Constance, qui n'avait que cinq ans. A titre d'apanage pour Geoffroi, Conan lui céda tout le duché de Bretagne, moins le comté de Guingamp, qu'il avait hérité de son aïeul paternel, Étienne, comte de Penthièvre. Bientôt après, le roi reçut, à Thouars, l'hommage de presque tous les barons de Bretagne. De là, il vint à Rennes, où il prit possession du duché; puis il se rendit triomphalement au Mont-Saint-Michel, en passant par Combourg et Dol (2).

Il croyait désormais son pouvoir bien affermi : c'était mal connaître les Bretons. Dès l'année suivante, il est obligé de faire une nouvelle expédition en Bretagne, cette fois contre Guiomar de Léon, qui lui refusait l'obéissance ; il prend sa principale forteresse, qu'il réduit en cendres, et le force à donner des otages (1167) (3). En 1168, c'est Eudes de Porhoet qui lui refuse

(1) Rob. de Tor., t. I, p. 340 et 353.
(2) Ibid., t. I, p. 361 et 362.
(3) Ibid., t. I, p. 361 et 363.

le service militaire et entraîne dans sa révolte Olivier de Dinan, Rolland, cousin d'Olivier, et plusieurs autres seigneurs. A cette nouvelle, Henri II, pris de fureur, commence par se venger lâchement en abusant de la fille d'Eudes, qu'il détenait comme otage et qui était sa cousine (1). Puis il se jette sur les terres du comte de Porhoet, où il promène le pillage et l'incendie, détruit sa forteresse de Josselin, lui enlève le Vannetais et ce qu'il possédait dans la Cornouaille, avec le château d'Auray. Il se dirige ensuite vers Dinan, se fait livrer en passant le château de Hédé par Geoffroi de Montfort et va mettre le siège devant celui de Bécherel, qui appartenait à Rolland. Ce château, malgré ses puissantes fortifications, ne peut tenir contre les machines de guerre et tombe, au bout de quelques jours, au pouvoir des assiégeants. Henri II en fait une forteresse royale, comme il avait fait des châteaux d'Auray et de Hédé. Rolland avait encore le château de Léon, qu'il croyait inexpugnable, à cause de sa situation et de ses remparts, et qui aurait sans doute eu le sort de l'autre, si Henri II ne s'était souvenu que la date approchait où il devait avoir une entrevue avec le roi de France : il craignit de manquer de temps pour mener à bonne fin les opérations du siège et se contenta de ravager une partie des territoires de Léon, Dinan et Saint-Malo (2).

L'entrevue entre les deux rois, qui eut lieu le 1er juillet, ne réussit point à cause des intrigues des Bretons, qui s'étaient mis sous la protection du roi de France. La paix ne fut conclue que le 6 janvier suivant, à Montmirail (Sarthe) : Henri, fils de l'un et gendre de l'autre, reçut le duché de Bretagne avec le comté d'Anjou et fit

(1) Lettres de Jean de Salisbury, *Hist. de la France*, t. XVI, p. 591.
(2) Rob. de Tor., t. II, p. 5, 6 et 7.

hommage à son beau-père pour ces provinces, comme il lui avait déjà fait hommage auparavant pour la Normandie (1). Mais, peu après, sur l'ordre de son père, il céda, sous condition de l'hommage, la Bretagne à son frère Geoffroi, qui avait épousé Constance, fille de Conan IV; au mois de mai, Geoffroi se rendit à Rennes, où il reçut le serment de fidélité des Bretons (1169). Comme il n'avait que onze ans, ce fut le roi d'Angleterre qui continua à administrer la Bretagne, comme il administrait la Normandie et l'Anjou pour Henri, qui n'en avait que quatorze : c'est ainsi que, au mois d'août, étant venu en Normandie, il convoqua les Bretons, qui s'empressèrent de répondre à son appel (2). En février 1171, Conan mourut et le comté de Guingamp, qu'il avait conservé, ainsi que le comté de Richemond passèrent sous la domination du roi d'Angleterre (3). La même année, ce dernier fit de fréquents séjours à Pontorson, d'où il surveillait la Bretagne, dans la crainte de soulèvements. Il envoya des forces considérables contre Guiomar de Léon, qui avait montré des velléités d'insubordination et qui, effrayé, vint le trouver, se mit à sa discrétion et lui livra ses châteaux (4).

Cette fois, les Bretons paraissaient définitivement matés. Mais ces vieux lutteurs, épris d'indépendance, étaient comme l'homme qui, assailli, meurtri de coups, terrassé, fait le mort sous les genoux de son agresseur, épiant le moment favorable pour se relever et lui sauter à la gorge. L'occasion qu'ils attendaient leur fut fournie par la révolte de Henri le Jeune, à la cause duquel se

(1) Rob. de Tor., t. II, p. 10.

(2) Ibid., p. 12, 13 et 14. — Gerv. de Cantorb., dans *Twysden*, col. 1404.

(3) Ibid., p. 25 et 26.

(4) Ibid., p. 26.

rallièrent ses frères, Richard et Geoffroi, ainsi qu'un grand nombre de seigneurs, surtout dans l'Avranchin et les pays voisins. Dans la Bretagne, ce fut Henri de Fougères qui donna le signal de l'insurrection. Après avoir refusé de se rendre à une convocation du roi, il se mit à reconstruire son château. Eudes de Porhoet et plusieurs autres vinrent le rejoindre. Nous avons raconté ailleurs (1) comment Henri de Fougères, après quelques succès, fut fait prisonnier à Dol, dut donner ses deux fils comme otages au roi et s'enfuit dans les bois des environs ; il se retira probablement dans les souterrains de Landan, où ses paysans avaient déjà caché pendant la guerre ce qu'ils avaient de plus précieux.

Quant à Eudes de Porhoet, il n'était pas resté longtemps avec le baron de Fougères : il était retourné dans ses terres, avait restauré les fortifications du château de Josselin et s'était même emparé de celui de Ploërmel. Mais, malheureusement pour lui, le roi et ses fils se réconcilièrent ; en 1175, Geoffroi fut envoyé en Bretagne par son père, qui lui adjoignit comme sénéchal, Olivier de Dinan, un ancien rebelle assagi, et le chargea de réduire Eudes, naguère son complice. Geoffroi le battit et lui reprit les fiefs de Vannes, de Ploërmel, d'Auray et de la Cornouaille (2). Deux ans après, toujours sur l'ordre de son père, il marcha contre Guiomar de Léon, qui avait voulu de nouveau secouer le joug. Guiomar alla une seconde fois trouver le roi et lui donna satisfaction complète. Il fallut cependant que Geoffroi fît, au printemps de 1179, une nouvelle expédition contre ce vassal turbulent, qui, dit Robert de Torigny, ne craignait ni Dieu ni les hommes. Cette fois, il le dompta complète-

(1) Voir ch. I, p. 60 et suiv.

(2) Rob. de Tor., t. II, p. 65 et 56.

ment, lui et ses deux fils, Guiomar le Jeune et Hervé ; il s'empara de tous leurs châteaux et de toutes leurs terres ; il ne laissa au père que deux paroisses, jusqu'à Noël, date à laquelle celui-ci devait partir avec sa femme pour la Terre Sainte, projet que la mort l'empêcha d'exécuter. Au jeune Guiomar il laissa onze paroisses et retint son frère, Hervé, comme otage (1).

Les plus tenaces champions de l'indépendance avaient été réduits les uns après les autres. La Bretagne était écrasée : mais, dans ce grand corps meurtri et pantelant, il y avait un cœur qui battait toujours !

Cette province, si longtemps maîtresse de ses destinées et si attachée à ses chefs nationaux, était maintenant gouvernée par un arrière-vassal du roi de France, fils d'un Plantagenet et d'une princesse d'Aquitaine. Geoffroi chercha à conquérir les cœurs de ses sujets, après avoir conquis leur sol : il se souvint qu'il avait été marié officiellement, à peine parvenu à l'âge de raison, à une princesse bretonne, encore plus jeune que lui, Constance, fille de Conan IV ; comme elle était maintenant nubile, il célébra solennellement son mariage avec elle (1181) (2). Il ne semble pas toutefois que l'apaisement désiré se soit produit, car Robert de Torigny rapporte que, l'année suivante, Henri II dut envoyer une armée contre Rennes ; elle prit et brûla le donjon, qui fut ensuite rebâti et fortifié. Geoffroi, de son côté, incendia une partie de la ville et l'abbaye de Saint-Georges, ainsi que le château de Bécherel, qu'avait recouvré Rolland de Dinan (3).

Geoffroi mourut en 1186 des suites d'un accident de

(1) Rob. de Tor., t. II, p. 67, 68, 71 et 81.
(2) Ibid., p. 104.
(3) Ibid., p. 115.

tournoi. Peu de temps après, sa jeune veuve donna le jour à un fils, qui reçut le nom d'Arthur ; Henri II lui imposa néanmoins un second mari dans la personne de Renouf III, comte de Chester et vicomte d'Avranches, qui devenait, par ce mariage, duc de Bretagne (1188). Mais Renouf rencontra autant d'antipathie chez sa femme que d'hostilité chez les Bretons, qui finirent par chasser cet intrus et proclamèrent le petit Arthur duc, sous la tutelle de sa mère. Richard Cœur-de-Lion, qui avait succédé à son père, en conçut un vif mécontentement et invita Constance à venir conférer avec lui en Normandie : elle avait à peine franchi le Couesnon que Renouf la fit arrêter, à Pontorson, et enfermer dans son château de Saint-James (1196). Les Bretons prirent les armes pour venger cette perfidie, tandis qu'Arthur sollicitait la protection du roi de France. Richard envahit alors la Bretagne, dans l'intention de se faire remettre son neveu, qui était sous la garde de Guéhénoc, évêque de Vannes. Il mit tout à feu et à sang, égorgeant jusqu'aux enfants et enfumant les paysans, comme des renards, dans les cavernes où ils avaient cherché un refuge. Malgré cela, les Bretons ne livrèrent pas leur jeune duc et remportèrent même quelques succès, sous les ordres d'Alain de Dinan. Mais, comme les secours qu'ils attendaient du roi de France tardaient à venir, ils se décidèrent à traiter avec Richard, qui fit mettre en liberté Constance, à la condition qu'ils reconnaîtraient son autorité (1).

On a vu comment, après la mort de Richard Cœur-de-Lion, Arthur, qui, aux yeux de beaucoup, avait à sa succession des droits supérieurs à ceux de Jean sans Terre,

(1) Roger de Hoveden, p. 766. — Guil. le Breton, *Phidippide*, l. V, vers 147 et suiv. — Gerv. de Cantorb., I. 532.

fut évincé par ce dernier et se jeta dans les bras de Philippe-Auguste, à qui il fit hommage; comment, fait prisonnier à Mirebeau par son oncle, il fut d'abord enfermé dans le donjon de Falaise, puis conduit à Rouen et supprimé mystérieusement; comment enfin, après deux expéditions inutiles, l'une contre Alençon, l'autre dans la Bretagne occidentale, voyant que la Normandie allait tomber entre les mains du roi de France, Jean jugea prudent de mettre la mer entre son adversaire et lui.

Les Bretons aidèrent Philippe à faire la conquête de la Normandie avec une ardeur inspirée moins par l'amour de la France que par la haine de leurs ennemis séculaires et d'impatients désirs de représailles. Tandis que le roi entamait la province par le sud-est, 400 chevaliers bretons et une multitude de piétons franchirent le Couesnon, sous la conduite de Gui de Thouars, qui était devenu, en 1199, le troisième mari de la duchesse Constance. Leurs premiers coups furent dirigés contre le Mont-Saint-Michel. La situation de ce rocher, entouré, au moment du flux, d'une vaste nappe d'eau, l'escarpement de ses pentes et une ceinture de remparts, de barbacanes et de tours, accrochée aux flancs de la pyramide, donnaient l'impression d'une forteresse inexpugnable. Les Bretons résolurent néanmoins de s'en emparer. Ils attendirent le septième jour après la pleine lune, c'est-à-dire l'époque où les mouvements de la marée, dit un historien du temps, Guillaume le Breton, ont le moins d'amplitude; pendant quatre jours, la mer laissait à découvert la partie orientale de la baie, jusqu'aux abords du Mont, pour ensuite recouvrir de nouveau les alentours, dans un rayon de deux milles (1). Les Bretons, qui

(1) Guil. le Breton, par. 131. Cette description d'un auteur contemporain de Philippe-Auguste est une nouvelle preuve à l'appui de ce que j'ai dit de la situation insulaire du Mont-Saint-Michel à l'époque

connaissaient bien ces particularités, mirent à profit l'époque de la *morte eau* pour donner l'assaut à la forteresse. Ils en brisèrent l'unique porte, lancèrent des brandons enflammés sur les maisons et y mirent le feu. Les flammes gagnèrent les ateliers des moines et l'église, et tout fut réduit en cendres. Les Bretons se vengeaient ainsi de ce que

Le Couesnon, par sa folie,
A mis le Mont en Normandie.

De là, ils marchèrent sur Avranches, prirent cette ville, qui éprouva aussi les effets de leur fureur, et incendièrent un grand nombre de bourgades dans les environs. Ensuite, mettant tout à feu et à sang sur leur passage, ils poussèrent jusqu'à Caen, où les attendait Philippe-Auguste. Celui-ci les renvoya vers Mortain et Pontorson, avec un grand nombre de chevaliers français et de routiers, sous la conduite du comte de Boulogne et de Guillaume des Barres, qui devaient sans doute prendre possession du pays, tandis que les Bretons rentreraient dans leur province. Quant à lui, il se dirigea sur Rouen, dont il ne tarda pas à s'emparer (1204) (1).

La Bretagne avait aidé de bon cœur Philippe-Auguste à soumettre la Normandie, son ennemie héréditaire. Quant à elle, elle conserva ses ducs, mais sous la suzeraineté du roi de France, qui ne l'avait soustraite à la domination de l'Angleterre que dans l'intention de la faire passer sous la sienne.

médiévale, dans mon ouvrage, le *Cotentin et l'Avranchin depuis les origines...*, p. 3 et suiv.

(1) Guil. le Breton, par. 131. Cet historien rapporte par erreur à l'année 1203 ces événements, qui sont de l'année 1204. — Rigord, par. 142.

Ces guerres longues et cruelles entre Normands et Bretons laissèrent dans le cœur de leurs descendants des haines qui eurent encore, à plusieurs reprises, l'occasion de se manifester, mais qui s'assoupirent peu à peu. Environ un siècle plus tard, un gentilhomme breton épousait l'héritière des seigneurs de Saint-Hilaire, et de ce mariage devait naitre un des meilleurs ouvriers de la grandeur française, du Guesclin. Disons cependant qu'il existe toujours entre les Normands et les Bretons une certaine antipathie, dont il faut peut-être chercher l'origine dans les haines ancestrales.

CHAPITRE III

Administration et Institutions.

Voir le sommaire à la Table des Matières.

A côté du domaine inféodé, il y avait le domaine réservé des ducs, qui comprenait des châteaux, des terres, des forêts, des villes, des ports, des cours d'eau, des étangs. Pour l'administrer, ils eurent d'abord des officiers appelés vicomtes. Ces officiers recevaient un fief héréditaire, auquel était attaché le titre de vicomte, de sorte que, s'il leur arrivait d'être relevés de leurs fonctions, ils gardaient néanmoins ce titre, eux et leurs descendants, tant qu'ils conservaient le fief. Ils étaient des grands justiciers, dans le sens qu'avait ce mot à une époque où la division des pouvoirs n'existait pas, c'est-à-dire de véritables lieutenants du duc, chargés de maintenir la paix dans leurs circonscriptions, grandes comme les anciens comtés, parfois plus, et de faire ce que le duc aurait fait lui-même : c'est donc avec raison que Guillaume de Poitiers appelle l'un d'entre eux, le vicomte Néel, gouverneur, *præsidem,* du Cotentin.

Lieutenant militaire du duc, dont il commande les châteaux forts, le vicomte maintient la paix par les

(1) *Hist. Norman. script.*, p. 179.

armes : d'abord contre les ennemis du dehors : nous avons vu un vicomte de Saint-Sauveur se mettre à la tête des chevaliers et des habitants du Cotentin pour repousser une invasion anglaise; ensuite contre les factieux du dedans : il réprime les séditions, protège les tenanciers du domaine ducal contre les empiétements et les exactions des grands vassaux.

Comme il vaut mieux prévenir que réprimer, il exerce une surveillance discrète sur les seigneurs. D'ailleurs, les ducs, qui attachent une grande importance à être bien renseignés, veulent être tenus au courant de tout ce qui se passe : ainsi, dans sa charte, octroyée vers 1022 au Mont-Saint-Michel, Richard II insère cette clause comminatoire : « Si les religieux dévient du droit chemin ou manquent à leurs devoirs, l'évêque d'Avranches et les voisins du Mont, qui ont la crainte de Dieu, devront en informer le duc, qui prononcera, assisté de l'archevêque et des grands de la province (1). » Les ducs veulent donc avoir des yeux et des oreilles partout; mais c'est surtout par les vicomtes qu'ils voient et qu'ils entendent; Guillaume Guerlenc, comte de Mortain, ne fut pas le seul qui l'apprit à ses dépens.

Enfin, les vicomtes maintiennent la paix en présidant à l'administration de la justice dans le domaine ducal et ils ont un sénéchal, qui les supplée au besoin. Toutes les affaires, criminelles ou civiles, sont jugées par des cours, c'est-à-dire des jurys de notables, ecclésiastiques et laïques. On vient de voir que la cour du duc était formée de l'archevêque et des grands de la province. Le vicomte préside aussi une cour, à laquelle ressortissent les affaires les plus importantes concernant les habitants du domaine ducal. Les autres sont jugées sous la pré-

(1) *Cartul. du Mont*, f° 16.

sidence d'agents secondaires, ministres ou prévôts.

Ce n'est pas tout : les vicomtes sont encore les receveurs des finances du duc et ils perçoivent ou font percevoir ses revenus. En 1112, Henri Ier força Robert de Bellême à comparaître devant sa cour; or, l'un des principaux griefs invoqués contre lui était que, comme vicomte d'Argentan, d'Exmes et de Falaise, il n'avait pas rendu compte au prince de ses revenus (1). Sans doute, tous les revenus du duc ne passaient pas par les mains des vicomtes, mais une bonne partie. Aussi, nous les passerons en revue, afin de montrer l'importance du rôle financier des vicomtes et de donner en même temps une idée des revenus seigneuriaux, qui étaient les mêmes, à peu d'exceptions près.

Il y avait d'abord les revenus du domaine réservé : le cens des terres et des maisons, les redevances en nature, la taille, qui fut longtemps arbitraire, les reliefs, ou droits de mutation, qui étaient, au XIIe siècle, de 12 deniers par acre de terre cultivée et de 3 sous pour la maison avec une acre de terre (2), le produit des ventes de toute nature, vente du gibier et du bois des forêts, vente du poisson des rivières et des étangs, etc.. En principe, le domaine ducal ne doit subir aucune diminution; si un duc en aliène quelques parties, son successeur a le droit de les reprendre, ainsi que le fit Henri II en 1171. Par contre, il s'augmente continuellement des terres des seigneurs qui meurent sans postérité, ou sont convaincus de forfaiture. Mais ces terres peuvent être et sont généralement inféodées de nouveau.

Dans toute l'étendue du domaine réservé, il est prélevé au profit du duc des droits variés, souvent désignés

(1) O. Vital, l. XI; t. IV, p. 305.
(2) Tardif, *Coutum. de Norm.*, t. II, c. XXXII.

sous le nom de coutumes : ainsi Jean sans Terre accorda aux chevaliers de la baronnie de Briouze l'exemption de toutes les coutumes sur toutes les choses qu'ils achetaient pour leur nourriture ou qu'ils vendaient à Falaise (1). C'est d'abord le tonlieu, *teloneum*, perçu sur toutes les marchandises mises en vente dans les foires et les marchés; ce droit s'appelait parfois et s'appelle encore dans notre pays la coutume des marchés; dans certains cas, il devait être payé aussi par l'acheteur. Ce sont des droits de douane, en anglais *customs*, et des droits d'octroi sur les marchandises entrées dans les ports et dans les villes; c'est le péage, *pediaticum*, ou droit de passage sur les voies de communication et sur les ponts, que devaient acquitter même les piétons qui n'étaient pas porteurs de marchandises; les droits de charriage sur les routes et de navigation sur les cours d'eau; ce sont enfin les droits de pontage ou de transport par mer, qui donnèrent lieu, en 1157, à une réclamation de Robert de Torigny, abbé du Mont, auprès de Henri II : les agents du roi à Southampton avaient exigé le pontage pour des chevaux qu'il faisait transporter par mer, alors que, par privilège, tout ce qui appartenait à l'abbaye était exempt de toute coutume, de tout droit de tonlieu, de passage et de pontage. Henri II fit droit à la réclamation de l'abbé et ordonna par un bref à ses agents de rendre l'argent (2). Un navire ne pouvait sortir d'un port avec une cargaison de grain sans une permission spéciale du duc, qu'il fallait payer (3).

Au duc devaient revenir les choses *gaives*, objets ou animaux trouvés sur ses terres et non réclamés dans un

(1) *Grands Rôles...*, p. 95.
(2) Rob. de Tor., t. II, p. 247.
(3) L. Delisle, *Des revenus publics...*, p. 89.

certain délai, tout ce que la mer y rejetait et ce qu'elle rejetait de plus précieux sur les terres de ses barons, les trésors trouvés n'importe où, les biens meubles des usuriers, des suicidés, de ceux qui mouraient excommuniés ou même sans confession après avoir été gravement malades pendant neuf jours (1).

Aux revenus du domaine réservé venaient s'ajouter ceux du domaine inféodé. Tous les vassaux du duc lui devaient des aides : pour payer sa rançon s'il était fait prisonnier, pour marier sa fille aînée, pour armer chevalier son fils aîné. A la mort d'un seigneur, l'héritier ne pouvait entrer en possession du fief qu'en acquittant le relief : au XIIe siècle, 100 livres par baronnie et 15 livres par fief de haubert (2). S'il était mineur, le duc avait le revenu de l'héritage jusqu'à la majorité de l'héritier, à condition de lui servir une pension, qu'il fixait lui-même. C'était le duc qui choisissait un mari aux héritières orphelines et il faisait souvent payer cher leur main et leur dot. Les barons et les chevaliers devaient personnellement le service militaire, équipement et nourriture à leurs frais : pour s'en faire dispenser, ils étaient obligés de payer une taxe, l'escuage ; nous avons vu que Henri II préférait les sterlings des seigneurs à leurs services militaires. Enfin, sans parler des tributs sur les juifs, les ducs trouvaient toujours des prétextes pour lever des taxes extraordinaires, qui parfois se tournaient en coutumes : telle la taxe connue sous le nom de monnayage ou de fouage, perçue tous les trois ans — sauf sur les chevaliers, les religieux et les prêtres — afin que le duc n'usât pas du droit qu'il s'attribuait d'altérer les monnaies. Ouvrons ici une parenthèse pour dire que les habitants

(1) Tardif, *Coutum. de Norm.*, t. II, c. XVI et suiv.
(2) *Ibid.*, c. XXXII.

de la Châtellenie de Saint-James et du Val de Mortain en étaient exempts (1).

Le droit de justice était pour le duc une autre source de revenus, qui ne tarissait jamais. Il bénéficiait des confiscations de biens, meubles et immeubles, qui étaient prononcées dans un grand nombre de cas, des amendes qui pleuvaient dru sur les justiciables, infligées pour les motifs les plus bizarres et parfois les plus futiles. Les délits de toute nature et même les crimes pouvaient être rachetés avec de l'argent. Les jugements, les enquêtes, les concordes ou transactions, les duels judiciaires, tout était tarifé, tout rapportait. S'il fallait payer cher la justice, il fallait payer plus cher encore l'injustice, les passe-droits, les illégalités, les faveurs. Les ducs tiraient profit de tout et tout leur était bon : la femme de Hugues de Néville donna à l'un d'eux 200 poules pour avoir la liberté de passer une nuit avec son époux, qui était sans doute prisonnier (2).

Après cela, on n'a pas de peine à croire M. L. Delisle, quand il dit que les revenus annuels de Guillaume le Conquérant pouvaient atteindre le chiffre fantastique de 400 millions de notre monnaie; ce chiffre me paraît plutôt au-dessous de la vérité. Une bonne partie de ces revenus, avons-nous dit, passait par les mains des vicomtes, qui prélevaient les sommes nécessaires à certains paiements et à certaines dépenses faites pour le compte des ducs. On conçoit aisément qu'il était nécessaire que les vicomtes fussent secondés par des agents inférieurs, aussi bien comme collecteurs des revenus ducaux que comme administrateurs et justiciers. Les grandes vicomtés des Xe et XIe siècles étaient divisées en

(1) Tardif, *Coutum. de Norm.*, t. II, c. XIV et XV.
(2) D. Hume, *Hist. d'Anglet.*, t. III, p. 346.

circonscriptions. Le Cotentin en comprenait au moins trois : par une charte de 1042, le duc Guillaume fit à l'abbaye de Cerisy des donations dans la vicomté dite *Constantiensis*, dans la vicomté de Coutances et dans la vicomté de Gavrai (1). On voit que ces subdivisions portaient elles-mêmes le nom de vicomtés ; elles étaient encore appelées vicairies, prévôtés, préfectures. Les agents qui les administraient sous le contrôle du vicomte étaient appelés vicaires, prévôts, ministres, etc. ; ils étaient eux-mêmes secondés par des sergents. Aux offices des uns et des autres étaient attachés des fiefs transmissibles.

Les vicomtes féodaux furent donc de puissants seigneurs par leurs fiefs et de hauts fonctionnaires par leurs charges. A ce double titre, ils tenaient la première place dans leur vicomté et on s'explique facilement le rôle important qu'ils ont joué, leurs velléités d'indépendance et leurs rébellions. Rien ne saurait mieux montrer leur puissance que l'histoire des vicomtes du Cotentin et de l'Avranchin, histoire qui servira, d'autre part, à mieux faire comprendre les réformes de Guillaume le Conquérant et de Henri II. Ceux du Cotentin, qui résidèrent à Saint-Sauveur et qui sont les plus anciens, peuvent être considérés comme les types des premiers vicomtes normands, féodaux et héréditaires.

Les vicomtes de Saint-Sauveur.

M. de Gerville rapporte, d'après des manuscrits, qui, dit-il, se trouvaient encore au château de Saint-Sauveur à la veille de la Révolution, que, dès 912, Rollon donna la terre de Saint-Sauveur, celle de Néhou et plusieurs

(1) *Neustria pia*, p. 432.

autres à un de ses fidèles, nommé Richard; que celui-ci fit construire un château, avec une chapelle qui aurait été consacrée par l'évêque Herbert, en 914; que Richard eut un fils, Néel, *Nigellus*, auquel il donna, vers 920, la terre de Néhou, *Nigelli hulmum*, et que ce Néel fut le premier vicomte en titre du Cotentin. Malheureusement, ces documents sont perdus. Certes, la probité de l'historien de nos châteaux est au-dessus de tout soupçon; mais il a pu se tromper ou être trompé, et il est permis de conserver quelque doute. C'est probablement pour cela que M. L. Delisle, qui a écrit l'*Histoire du château et des sires de Saint-Sauveur*, ne parle ni de ces manuscrits ni de ces faits, même pour en discuter l'authenticité. L'éminent historien ne veut faire état que des documents qu'il a eus sous les yeux: il en a publié un grand nombre à la suite de son histoire, comme pièces justificatives, et j'y aurai souvent recours.

Le premier vicomte de Saint-Sauveur dont les documents existants font mention s'appelait Roger. Il est cité, dans une pancarte de 1136 environ, comme ayant construit, au temps du comte Richard le Vieux, une église où un de ses successeurs établit des moines bénédictins (1). Ce comte, ou duc — car les deux mots s'employaient l'un pour l'autre — est très certainement Richard Ier, dit souvent le Vieux, qui succéda à son père, Guillaume Longue-Épée, en 942 ou 943 et mourut en 996. Roger était donc vicomte de Saint-Sauveur dans la seconde moitié du Xe siècle.

Il eut pour successeur le plus glorieux des Néel. Avec M. L. Delisle, nous l'appellerons Néel Ier, puisque c'est le premier Néel dont l'existence soit prouvée par les documents existants. On a vu comment, à la tête des cheva-

(1) *Hist... de Saint-Sauveur*, pièces justif., p. 59.

liers du Cotentin, des paysans et de leurs femmes, il extermina une troupe d'envahisseurs venus de l'Angleterre (1).

Néel eut bientôt l'occasion de rendre un nouveau service au duc. Une des sœurs de ce dernier, Mathilde, avait épousé Eudes, comte de Blois, et lui avait porté en dot Dreux et Pontorson. Mathilde étant morte peu après, Eudes ne voulut pas rendre la dot et prit les armes. Richard II fit alors construire le château de Tillières : Néel et Raoul de Toëni furent chargés de le garder avec leurs chevaliers; ils repoussèrent une attaque des ennemis, et le défendirent vaillamment jusqu'à ce qu'un accord eût été ménagé entre les deux beaux-frères par le roi de France, Robert II : Eudes garda Dreux, mais laissa Tillières au duc de Normandie et lui rendit Pontorson (2).

S'il faut en croire la *Chronique de Normandie*, Néel Ier aurait battu, sous le duc Robert Ier, les fils de Guillaume Talvas, comte de Bellême, dans une rencontre sanglante, qui coûta la vie à l'un d'eux, Foulques : les Talvas avaient pris les armes contre le duc, parce que celui-ci aurait donné, avec la main d'une de ses sœurs bâtardes, le château de Ballon, qu'ils revendiquaient, à un fils de Néel, nommé Mauger (3). M. L. Delisle, qui donne une version un peu différente et moins complète d'après le *Recueil des Historiens de la France* (t. XI, p. 323), traite ce récit de romanesque. Or, la défaite des Talvas est racontée par Guillaume de Jumièges, avec les mêmes détails à peu près. Il est vrai qu'il ne désigne pas le chef des vainqueurs et qu'il ne parle pas du mariage; mais il n'est pas

(1) Voir pages 7 et 8.

(2) Guil. de Jum., l. V, c. x et xii. — Benoît de Sainte-More, t. II, p. 467. — Francisque Michel, *Hist. des ducs de Norm.*, p. 49 et 50. — *Roman de Rou.*, t. I, p. 331 et suiv.

(3) *Hist. et chron. de Norm.*, édit. Mégissier, f° 59, r°.

du tout invraisemblable que ce chef ait été Néel, que ses succès antérieurs désignaient au choix du duc, et le mariage lui-même peut fort bien ne pas être une invention romanesque : les ducs avaient tant de demi-sœurs !

La juridiction de Néel s'étendait probablement à l'Avranchin. Aussi, quelque temps après, il fut chargé, avec Auvré le Géant, de garder le château de Chéruez, que Robert Ier avait fait construire près du Couesnon, et de défendre les frontières de l'Avranchin contre les Bretons: on a vu, dans le chapitre précédent, qu'ils écrasèrent, dans les plaines du Couesnon, l'armée du comte de Bretagne, Alain, qui dut battre en retraite précipitamment.

Néel fut certainement un des principaux seigneurs de son temps : « Le rang que le vicomte Néel, dit M. L. Delisle, occupait à la cour des ducs Richard II, Richard III et Robert le Magnifique, est attesté par les actes contemporains dans lesquels il est nommé comme témoin, avec les prélats et les barons les plus considérables de la province (1). » Vers 1136, dans une charte de Hugues, évêque de Bayeux, il est cité comme un des seigneurs qui rendaient la justice en Normandie, après l'archevêque Robert et le comte Eudes de Bretagne (2).

Il vivait encore en 1040, car on trouve sa signature au bas de deux chartes, qui ont été vraisemblablement rédigées à cette date (3). M. L. Delisle dit qu'il mourut vers 1040 ou 1042 : la seconde de ces dates est la plus probable, ainsi qu'on va le voir bientôt.

Il eut pour successeur son fils, Néel II, qui avait déjà signé avec lui une charte du duc Robert Ier, vers 1030 :

(1) *Hist... de Saint-Sauveur*, p. 2.
(2) *Ibid.*, p. justif., p. 13.
(3) *Ibid.*, p. justif., p. 18.

Signum Nielli vicecomitis; signum Nielli, filii ejus (1). M. L. Delisle, qui fait vivre Néel II jusqu'en 1092, dit qu'il était encore jeune; cela est possible, mais ne découle pas, comme le prétend l'historien, de ce qu'il signe *Niellus juvenis*, au bas d'une charte, qui est de 1042 environ (2): dans la latinité incorrecte de ce temps-là, on disait *Niellus juvenis*, dans le sens de *Néel le Jeune*, pour distinguer le fils du père, appelé par opposition *Niellus vetulus* (3). C'est ce qui me fait croire que Néel Ier vivait encore, lorsque cette charte fut rédigée.

Comme on l'a vu dans le chapitre Ier, Néel II se laissa gagner par les largesses et les promesses de Gui de Bourgogne, qui voulait supplanter son cousin, Guillaume le Bâtard. Il se révolta avec Renouf, vicomte de Bayeux, et se fit battre au Val-des-Dunes (1047). Il montra du moins, dans cette bataille, qu'il avait hérité de la vaillance de son père: il chargea les ennemis avec tant d'impétuosité que ses guerriers, remplis d'admiration, le surnommèrent Chef-de-Faucon. Après la fuite de Renouf, il continua à se battre en désespéré et fut des derniers à quitter le champ de bataille. Il se retira en Bretagne (4). Tous ses biens furent confisqués. Guillaume donna à Baudoin de Meules la seigneurie de Néhou et aux moines de Marmoutier une partie de ses possessions de Guernesey. Néel confirma lui-même cette dernière donation dans une charte rédigée en 1048, en présence d'Ingon, son sénéchal, et sur la terre d'exil, car elle contient ces mots: « Si le Seigneur venait à me rappeler dans ma baronnie... » (5).

(1) *Hist... de Saint-Sauveur*, p. justif., p. 10.
(2) *Ibid.*, p. 4; p. justif., p. 19.
(3) *Ibid.*, p. justif., p. 13.
(4) *Roman de Rou*, t. II, p. 43.
(5) *Hist... de Saint-Sauveur*, p. justif., p. 21-25.

Ce vœu ne devait pas tarder à être exaucé: en cette même année 1048, le duc Guillaume se trouva engagé dans une lutte difficile contre Geoffroi Martel, comte d'Anjou (1). Néel saisit l'occasion qui s'offrait à lui de racheter sa félonie: il rassembla le plus de guerriers qu'il put, courut en Anjou et infligea une sanglante défaite aux Angevins. Voilà ce que raconte la *Chronique de Normandie* (2), qui, il est vrai, est sujette à caution. Mais ici on est d'autant plus disposé à la croire que le service rendu par Néel explique pourquoi, après son abominable trahison, il obtint si vite son pardon. Il semble qu'il était déjà rentré en grâce, lorsque, vers 1050, il souscrivit la confirmation par le duc de la donation de la Croix-Avranchin faite par Adeleime au Mont-Saint-Michel. Il l'était sûrement en l'année 1054, où il signa la charte de Guillaume donnant la Colombe à la même abbaye (3). Il avait recouvré ceux de ses biens qui n'avaient point fait l'objet de donations et notamment la baronnie de Saint-Sauveur, avec le titre de vicomte, qui y était attaché. Mais il ne recouvra pas ses attributions: au bas d'une charte octroyée, vers 1060, à la cathédrale de Bayeux par le duc, on trouve la signature d'un témoin, Eudes au Chapel, qui s'intitule vicomte du Cotentin et qui avait peut-être été investi de ces fonctions après la fuite de Néel; il résulte aussi d'une notice de 1076 environ que Robert Bertran de Bricquebec reçut, entre 1062 et 1076, l'office de vicomte, *ministerium vicecomitis*, également dans le Cotentin, car la paroisse d'Héauville était dans le ressort de sa juridiction (4). Ce fut également à

(1) Guil. de Jum., l. VII, c. XVIII. — Rob. de Tor., t. II, p. 150. — Guil. de Poitiers, p. 332 et suiv.

(2) Édit. Mégissier, f° 76.

(3) *Hist... de Saint-Sauveur*, p. justif., p. 26 et 27.

(4) *Ibid.*, p. justif., p. 33 et 39.

l'époque de la disgrâce de Néel qu'un vicomte fut nommé à Avranches.

Le trouvère Wace dit qu'il prit part à l'expédition d'Angleterre et qu'il combattit vaillamment à Hastings :

Et Néel de Saint Salveor...
Assalt Engleis o (avec) grant vigor.

Plus loin, il dit encore que Raoul de Gaël chevauchait à côté de Néel (1). M. L. Delisle met en doute ces assertions de Wace, parce que le nom de Néel ne figure ni dans le *Domesday Book* ni dans les cartulaires des abbayes anglaises. Soit ! mais il se peut qu'il ait été récompensé autrement. D'ailleurs, les seigneurs qui furent richement dotés en Angleterre furent ceux qui y restèrent longtemps après la bataille d'Hastings pour aider à achever la conquête; Néel fut peut-être du nombre de ceux qui rentrèrent en Normandie. Les dires du trouvère ont d'autant plus de poids ici qu'il était mieux placé que tout autre pour savoir la vérité : il écrivait son *Roman de Rou* à Bayeux, à quelques lieues du Cotentin, et moins d'un siècle après la conquête. Il connaissait la conduite antérieure de Néel et n'aurait pas eu l'audace ni même l'idée de citer à faux un personnage de cette importance, dont la présence ou l'absence avait dû être particulièrement remarquée.

La *Chronique de Normandie* rapporte que Néel II périt en Angleterre, peu après 1074, dans une bataille contre les Danois (2). Certes, il y a beaucoup de choses erronées dans cette *Chronique*, entre autres les circonstances de la mort de Néel II. Toutefois, cette mort, le seul fait qui

(1) *Roman de Rou*, t. II, p. 231 et 247.
(2) Édit. Mégissier, f° 117, v°.

nous intéresse ici, ne serait-elle point arrivée à peu près à cette date? M. L. Delisle ne se pose même pas la question : « L'acte le plus important de la vie de Néel II, dit-il, fut la fondation du monastère de Saint-Sauveur, qu'il fit bâtir près de son château et auquel il assura une riche dotation » (vers 1080). Et après avoir rappelé que, en 1077, il assista à la dédicace de l'église de Saint-Étienne de Caen, il ajoute que, « le 24 avril 1089, il fut témoin d'une donation faite à la cathédrale de Bayeux par le duc Robert Courte-Heuse ». Enfin, il fixe sa mort au mois d'août 1092 et lui donne comme successeur Eudes, son frère (1).

Il est bien certain qu'un Néel mourut à cette date: le *Gallia christiana* rapporte que ses funérailles furent célébrées par Geoffroi de Montbraî, évêque de Coutances, son parent (2). Mais ce Néel est-il le vaincu du Val-des-Dunes ou son fils? Car il est certain, et M. L. Delisle le reconnait lui-même, que Néel Chef-de-Faucon eut un fils, qui s'appela aussi Néel: l'existence de ce dernier est prouvée par la confirmation que fait *Néel, fils de l'autre Néel*, vers 1073, d'une donation de son père à l'abbaye de Marmoutier et par la notice d'un jugement rendu, vers 1076, à la cour de Guillaume le Conquérant, par *Néel, fils de Néel*, et plusieurs autres (3). A partir de cette date, on ne voit plus figurer, dans les chartes, qu'un seul Néel, qui s'intitule tantôt Néel le Vicomte, tantôt Néel du Cotentin, *de Constantino :* quel est, du père ou du fils, celui qui a disparu ?

Il est dans l'ordre naturel que le fils ait survécu au père; M. L. Delisle, qui prétend que le fils est mort le

(1) *Hist... de Saint-Sauveur*, p. 22 et suiv.; pièces justif., p. 42.
(2) T. XI, Instrum., col. 222.
(3) *Hist... de Saint-Sauveur*, p. 26 et pièces justif., p. 37 et 40.

premier, n'en donne aucune preuve. Par contre, il y a tout un ensemble de faits qui tendent à faire croire que c'est le père. Une charte de 1060 nous apprend que ce dernier eut, outre trois filles, quatre fils, Roger, Guillaume Ier, Guillaume II et Girard, d'une épouse nommée Adèle, sœur de Richard de Roviers, qui ne fut pas sa première femme, puisque son fils aîné, Néel, ne figure pas dans cette liste (1). Comment admettre, alors que Néel II avait une si nombreuse postérité, que ce soit son frère qui ait recueilli son héritage? Au contraire, tout s'explique très bien, si l'on admet qu'il mourut vers 1076: son fils Néel lui aurait succédé, aurait été le troisième vicomte de ce nom et le fondateur de l'abbaye; à sa mort, en 1092, n'ayant pas d'enfants, il aurait été remplacé par son frère Eudes, autre fils de Néel II et de sa première femme.

Cette hypothèse s'accorde non moins bien avec la suite de cette histoire: cet Eudes, en effet, qu'il ne faut pas confondre avec Eudes au Chapel et qui n'est connu que par ses donations à l'abbaye, dont l'une, faite de concert avec sa femme, Rohaïs, est datée de 1104 (2), eut pour successeurs un nouveau Néel, puis le frère de celui-ci, Roger: or, ces deux frères sont dits les neveux, *nepotes*, du fondateur de l'abbaye dans une récapitulation des biens de cette abbaye (1136) (3). Rien de plus juste: en effet, Néel IV et Roger, qui devaient être les fils d'Eudes et de Rohaïs, étaient, comme tels, les neveux de Néel III. M. L. Delisle, visiblement embarrassé pour expliquer leurs droits, dit qu'ils étaient « neveux ou, ce qui est plus probable, petits-fils de Néel II ». Mais d'abord, au XIIe

(1) *Hist... de Saint-Sauveur*, p. justif., p. 32, 34.
(2) *Ibid.*, p. justif., p. 56.
(3) *Ibid.*, p. justif., p. 59 et 61.

siècle, le mot *nepos* a le sens de neveu (1); ensuite, puisque Néel II avait des héritiers directs, pourquoi serait-ce son frère qui lui aurait succédé? Je crois donc qu'il y a eu quatre vicomtes Néel, sans compter celui de M. de Gerville, et que c'est le IIIe et non, comme le veut M. L. Delisle, le IIe, qui fonda l'abbaye de Saint-Sauveur.

Néel IV a simplement marqué son passage à la vicomté de Saint-Sauveur par des largesses à l'abbaye. Son frère et successeur, Roger, qui ne fut pas moins généreux, était vicomte en 1130, car on trouve son nom suivi de son titre, *Roger le Vicomte,* au bas d'une pancarte de Saint-Étienne de Caen, que M. L. Delisle rapporte approximativement à cette année-là (2). Par sa femme, Cécile, fille d'Enguerrand de Port, il tenait de l'évêque de Bayeux, un fief pour lequel il devait sept chevaliers (3). Au mois de mars 1136, il signa à Bayeux, avec Raoul et Richard de la Haye, une charte portant confirmation des biens de l'abbaye de Montebourg (4).

Mais il a des titres plus sérieux au souvenir de la postérité. Après la mort de Henri Ier, il se déclara pour Étienne, qui, en 1137, obligé de repasser en Angleterre, lui confia la mission de rendre la justice aux habitants du pays et d'assurer la paix au peuple sans défense (5). Il le rétablissait ainsi dans les pouvoirs des premiers vicomtes du Cotentin, ses ancêtres. Roger se montra digne de la confiance du roi par son énergie et son activité. On sait comment, attiré dans une embuscade, il fut tué par les partisans de Geoffroi Plantagenet (6).

(1) Voir Tardif, *Coutum. de Norm.*, t. I, cap. XII et t. II, cap. XXIII.
(2) *Hist... de Saint-Sauveur*, p. justif., p. 59.
(3) Ducarel, éd. Léchaudé d'Anisy, p. 241.
(4) *Cartul. de Montebourg*, p. 14 et 15, n° 30.
(5) Ord. Vital, l. XIII; t. IV, p. 494.
(6) Voir page 45.

Il ne laissait pas d'enfants de Cécile; ce fut sa nièce, Liesse, qui recueillit sa succession. Elle porta la baronnie de Saint-Sauveur dans la puissante famille des Taisson, par son mariage avec Jourdain, mariage qui eut lieu avant 1145, car, cette année-là, *Jourdain Taisson et Liesse, son épouse,* donnèrent à l'abbaye d'Aunai une rente d'un millier d'anguilles (1). Le nouveau vicomte de Saint-Sauveur joua un rôle très important dans les guerres qui eurent lieu entre 1135 et 1175. Après s'être d'abord déclaré pour Étienne, il fit sa soumission à Geoffroi. C'est par erreur que M. L. Delisle dit qu'il défendit le château de Cherbourg contre ce dernier. Il était, au contraire, dans l'armée assiégeante, car le moine Jean de Marmoutier le cite parmi les seigneurs de l'entourage de Geoffroi qui s'entremirent auprès de leur chef pour faire obtenir aux assiégés une capitulation conditionnelle (2). Il servit loyalement Henri II: il fut, on l'a vu, un des rares seigneurs du Cotentin qui lui restèrent fidèles en 1173 et un des chefs de l'armée qu'il conduisit à Verneuil pour forcer le roi de France à lever le siège de cette place (3). Il était extrêmement riche : d'après le *Livre Rouge* de l'échiquier, il devait dix chevaliers pour le fief de Trévières, cinq pour la baronnie de Saint-Sauveur, et en avait trente-cinq et demi pour son service (4). De plus, il possédait en Angleterre des domaines considérables. Il mourut en 1178 (5).

Son fils aîné, Raoul Taisson, hérita de la baronnie de Saint-Sauveur et du titre de vicomte. Il fit hommage à l'abbé du Mont-Saint-Michel pour le château de la Roche

(1) *Hist... de Saint-Sauveur*, p. justif., p. 65.

(2) *Hist. de la France*, t. XII, p. 534.

(3) Voir pages 58 et 60.

(4) Ducarel, éd. Léchaudé d'Anisy, p. 228.

(5) Rob. de Tor., t. II, p. 75.

et le fief de la Colombe (1). En 1190, il siégea à l'échiquier de Normandie (2). En 1197, il signa, avec Jean, comte de Mortain, les évêques de Coutances et d'Avranches, la transaction intervenue entre Richard Cœur-de-Lion et l'archevêque Gautier, au sujet du domaine d'Andeli (3). En 1201, il fut nommé par Jean sans Terre sénéchal de Normandie, mais ne tarda pas à céder la place à Guillaume le Gras (4). Lors de l'annexion de la Normandie à la France, il fit de bon cœur sa soumission à Philippe-Auguste et perdit les biens qu'il possédait en Angleterre. Il mourut une dizaine d'années après, ne laissant que trois filles : le mariage de la plus jeune, Mathilde, avec Richard d'Harcourt fit passer la baronnie de Saint-Sauveur dans une nouvelle famille.

Vicomtes d'Avranches.

Le premier vicomte héréditaire d'Avranches paraît avoir été Richard, élevé à cette dignité peu après la bataille du Val-des-Dunes, lors de la disgrâce de Néel II, qui jusque-là avait probablement administré le domaine ducal de l'Avranchin avec celui du Cotentin. Richard était fils de Turstin, qui fut vicomte d'Exmes après son père, Ansfried le Danois, surnommé Gotz. Turstin avait voulu profiter de la jeunesse de Guillaume le Bâtard pour s'emparer du château de Falaise et se rendre indépendant (1042). Vaincu et forcé de s'exiler, il obtint sa grâce à la prière de Richard, qui servit fidèlement le duc et reçut de lui beaucoup plus que son père n'avait perdu (5);

(1) Rob. de Tor., t. II, p. 75.
(2) *Grands Rôles, etc.*, p. 109.
(3) Voir page 66.
(4) *Grands Rôles, etc.*, p. 111 et suiv.
(5) Guil. de Jum., l. VI, c. VIII.

il fut notamment nommé vicomte héréditaire d'Avranches. Il épousa Emma, fille d'Arlette et de Herluin, demi-sœur du Bâtard.

Le territoire qu'il avait à administrer n'était pas très étendu : l'ancien comté d'Avranches était limité au nord par le Thar; à l'est, le Mortainais avait été érigé en comté et, à l'ouest, presque toutes les terres étaient inféodées à l'abbaye du Mont-Saint-Michel. Mais le duc tenait à avoir à Avranches un homme de confiance, attaché à ses intérêts. Le comte de Mortain était alors Guillaume Guerlenc, qui lui était suspect comme petit-fils de Richard Ier et peut-être aussi pour d'autres raisons. Guerlenc aurait dû se tenir sur ses gardes. Il n'en fit rien. On a vu comment un propos imprudent, rapporté au vicomte d'Avranches, puis au duc, lui coûta son comté, qui fut donné à Robert : le gendre d'Arlette eut désormais pour voisin un fils d'Arlette. S'il faut en croire Wace, il prit part à l'expédition d'Angleterre et combattit à Hastings (1). Mais il ne tarda pas à rentrer dans l'Avranchin, où le duc lui confia le commandement du château de Saint-James, nouvellement construit (2). On trouve son nom, avec celui de Guillaume, au bas de trois chartes importantes : l'une, dite du Moulin-le-Comte, octroyée au Mont-Saint-Michel, en 1061 (3); la seconde, à l'abbaye d'Ouche, confirmant des acquisitions de terres faites par les moines (4); la troisième, à l'abbaye de Saint-Étienne de Caen, en 1077 (5).

Il eut pour successeur son fils, Hugues, dit le Loup, parce qu'il avait une tête de loup dans son blason.

(1) *Roman de Rou*, t. II, p. 242.
(2) Guil. de Jum. continué, l. VIII, c. IV.
(3) *Cartul. du Mont*, f° 27, v°.
(4) Ord. Vital, l. III; t. II, p. 100.
(5) *Gallia christ.*, t. XI, Instrum., col. 66.

Hugues était déjà comte de Chester : il avait passé en Angleterre, quelque temps après la bataille de Hastings, avec Robert, fils d'Onfroi du Teilleul ; chargé de soumettre les Gallois révoltés, il les battit et les traita avec une grande cruauté : en récompense de ses services, il reçut le comté de Chester, avec des pouvoirs régaliens. En 1081, il signa, avec le duc Guillaume, une charte en faveur de l'abbaye d'Ouche et voua son fils naturel, Robert, à la vie religieuse dans ce monastère (1).

Un an ou deux après, poussé, comme la plupart des Normands de ce temps-là, par le goût des voyages et des aventures, il prêta une oreille complaisante aux propositions de son oncle, Eudes, l'ambitieux et turbulent évêque de Bayeux, qui voulait l'emmener en Italie : Eudes, le fils d'Arlette, Eudes, qui avait des maîtresses et un fils reconnu (2), qui avait mérité cent fois l'excommunication et qui, de plus, était illettré, ne visait à rien moins, incité par des prédictions d'astrologues, qu'à remplacer le fameux pape Grégoire VII. Dans ce but, il avait, pendant qu'il gouvernait l'Angleterre au nom de Guillaume, dépouillé les églises et les abbayes pour envoyer à Rome des coffres pleins d'or : c'étaient les degrés par lesquels il espérait monter au trône pontifical. Maintenant, il songeait à se rendre lui-même dans la capitale du monde chrétien, avec Hugues et le plus grand nombre possible de chevaliers. Mais, avant d'aller intriguer en Italie, il voulut intriguer en Angleterre même, et contre qui ?... contre son grand frère, à qui il devait tout ! Celui-ci fut informé en Normandie des intrigues et des projets d'Eudes : il s'embarqua aussitôt et le rencontra dans l'île de Wight, prêt à faire voile avec deux

(1) Ord. Vital, l. VI ; t. III, p. 17 et suiv.
(2) Ibid., l. VIII ; t. III, p. 225.

navires; il mit lui-même la main au collet du prélat et l'envoya finir son rêve de domination universelle entre les quatre murs d'une prison (1). Adieu les pompes triomphales et les apothéoses, parmi les splendeurs de la ville éternelle, sous le ciel bleu de l'Italie, dont rêvaient tant de Normands! Quant à Hugues, il lui fallut rester dans les brouillards de la Manche. Il se consola de n'avoir pu faire un pape en faisant des moines, et il fonda, vers 1085, l'abbaye de Saint-Sever (2), dans le Val-de-Vire, qui était sous sa juridiction et où il avait des possessions importantes (3).

Après la mort du Conquérant, il fut assez sage pour ne pas céder à de nouvelles suggestions d'Eudes et à celles de son autre oncle, Robert de Mortain, qui avaient arboré, en Angleterre, l'étendard de la révolte contre Guillaume le Roux. Il prit, au contraire, parti pour ce dernier, qui le confirma dans la possession de ses biens et de ses dignités. Quand Henri, le troisième fils du Conquérant, eut acquis à prix d'or le comté de Coutances, il lui fit hommage, comme vicomte d'Avranches, et ne lui marchanda pas son dévouement. Il se trouva sans doute fort embarrassé, quand les deux frères de Henri, Guillaume le Roux, roi d'Angleterre, et Robert, duc de Normandie, envahirent le comté de Coutances; il se souvint à propos que, comme comte de Chester, il était le vassal de Guillaume, qu'il avait des intérêts plus considérables de l'autre côté qu'en deçà du détroit, et il garda une prudente réserve. Il passa bientôt en Angleterre et, en 1093, fit beaucoup pour y attirer Anselme, abbé du Bec, qu'il avait peut-être connu à Avranches comme professeur et

(1) Ord. Vital, l. VII; t. III, p. 165 et suiv.
(2) *Gallia christiana*, t. XI, col. 913.
(3) Stappleton, *Observations*, t. I, p. LXXX.

qui fut peu après nommé à l'archevêché de Cantorbéry (1).

Bientôt, la réconciliation de Guillaume et de Henri lui permit de servir l'un sans mécontenter l'autre: il aida puissamment Henri à reprendre son comté de Coutances, et, comme récompense de ses services, il reçut de lui, en toute propriété, le château de Saint-James (2). D'autre part, il est cité par Ord. Vital comme l'un des meilleurs capitaines de Guillaume le Roux (3). Il était en Normandie, quand il apprit la mort tragique de ce dernier : il se hâta de passer la mer et fit hommage au nouveau roi, qui n'était autre que Henri. Celui-ci le confirma dans toutes ses possessions, le combla, en outre, de présents et l'attacha à son conseil (4).

Hugues eut les qualités d'un homme de guerre. Malheureusement, il était cruel et débauché. Sa cruauté s'exerça non seulement contre les rebelles et les prisonniers de guerre qu'il faisait mutiler ou torturer, mais encore contre ses paysans, qu'il traitait moins bien que ses faucons et ses chiens, contre les membres de sa famille même Guillaume, comte d'Eu, qui avait épousé sa sœur, Helesinda, ayant été soupçonné d'avoir pris part à une conspiration contre le roi Guillaume le Roux, Hugues poussa ce dernier à lui faire arracher les yeux et les organes de la génération, parce qu'il avait été infidèle à Helesinda (5). Or, lui-même délaissait sa femme, Ermentrude de Clermont, pour des concubines, dont il eut de nombreux enfants. Son entourage habituel était fait de courtisanes, de bouffons et d'oiseleurs. Il était aussi très adonné aux débauches de la table et son corps, empâté par la graisse,

(1) Rob. de Tor., t. I, p. 78.
(2) Guil. de Jum. continué, l. VIII, c. IV.
(3) Ord. Vital, l. X; t. IV, p. 17.
(4) Ibid., l. X; t. IV, p. 76.
(5) Ibid., l. VIII; t. III, p. 359. — *Chron. saxonne*, an. 1196.

finit par être tellement boursouflé, qu'il pouvait à peine marcher (1).

Quand le diable devient vieux, il se fait ermite : quand Hugues sentit la mort approcher, il prit l'habit de bénédictin dans l'abbaye de Sainte-Walburge, qu'il avait fait construire à Chester, espérant sans doute, grâce à ce déguisement, ne pas être reconnu à l'entrée du paradis. Il était temps : il mourut trois jours après sa profession de foi, le 27 juillet 1101.

Son fils, Richard II, fut après lui vicomte d'Avranches, comte de Chester, châtelain de Saint-James, seigneur de Saint-Sever et d'une partie de Vire (2). Il montra le même dévouement que son père à Henri Ier; en 1113, il signa avec lui, à Rouen, une pancarte des biens de l'abbaye d'Ouche (3). Il fut de ceux qui lui restèrent fidèles, lorsque, vers 1118, un grand nombre de barons normands se soulevèrent et appelèrent Guillaume Cliton, fils de Robert Courte-Heuse (4). Il périt à l'âge de trente ans, dans le naufrage de la *Blanche-Nef*, avec sa jeune femme, Mathilde, sœur d'Étienne (1120). Il fut regretté pour sa bravoure et pour sa bonté, dont il avait déjà donné maintes preuves (5).

Son héritage fut recueilli par son cousin, Renouf, fils d'une sœur de Hugues, nommée Mathilde, et qui était déjà vicomte héréditaire de Bayeux (6), seigneur de Briquessart, etc. Il s'était battu au premier rang de l'armée de Henri Ier, à la bataille de Tinchebrai. Il mourut en 1128 et fut remplacé par son fils, Guillaume Renouf, qui hérita

(1) Ord. Vital, l. IV; t. II, p. 211.
(2) *Mém. de la Soc. des Antiq. de Norm.*, t. X, p. 549 et suiv.
(3) Ord. Vital, l. XI; t. IV, p. 263.
(4) Ibid., p. 297.
(5) Ibid., l. XII; t. IV, p. 360.
(6) Ibid., p. 363. — Guil. de Jum. continué, l. VIII, c. XXXVIII.

de tous ses biens en Normandie et en Angleterre (1).

Ce Renouf, deuxième vicomte d'Avranches du nom, épousa Mathilde, fille de Robert, comte de Glocester, et, comme ce dernier, il joua un rôle très actif, en Angleterre, dans la longue guerre de succession qui suivit la mort de Henri Ier. Après avoir d'abord servi le nouveau roi, Étienne, il se révolta contre lui avec son frère utérin, Guillaume de Roumare. A eux deux, ils s'emparèrent par surprise de la forteresse de Lincoln (vers 1040) : ils y avaient envoyé leurs femmes, qu'on laissa entrer sans défiance; elles se mirent à plaisanter avec la femme du chevalier qui gardait le donjon. Renouf survint bientôt après, comme pour venir les chercher, suivi de trois chevaliers à l'air inoffensif. Mais, à peine entrés, ils se saisirent des leviers et des armes qu'ils purent trouver et chassèrent la garnison, qui n'était pas préparée à la résistance et qui, d'ailleurs, était fort réduite. Guillaume de Roumare arriva ensuite, avec des chevaliers bien armés, et les rebelles se rendirent maîtres de la ville. Étienne, informé de ce hardi coup de main, résolut d'en châtier les auteurs, qu'il avait comblés de bienfaits. Il rassembla une armée et marcha sur Lincoln; après avoir repris la ville, il assiégea la forteresse. Mais Renouf réussit à en sortir, à la faveur de la nuit, et alla demander des secours à Robert de Glocester et à Mathilde, la compétitrice d'Étienne. Robert et lui revinrent bientôt, avec une armée, au secours des assiégés, qui parlaient déjà de se rendre. Une grande bataille eut lieu le dimanche 2 février 1141. La perfidie, dit Ord. Vital, s'y donna cyniquement carrière : parmi les seigneurs qui étaient restés aux côtés du roi, beaucoup n'avaient gardé avec eux qu'une faible partie de leurs hommes et avaient

(1) Ord. Vital, l. XII; t. IV, p. 263.

envoyé les autres combattre dans les rangs ennemis. Étienne, après des prodiges de valeur, se voyant abandonné de presque tous ses chevaliers, remit son épée au comte de Glocester. Les vainqueurs entrèrent dans la ville, qu'ils livrèrent au pillage : ceux des habitants qui ne purent s'échapper furent massacrés comme des troupeaux ou torturés sans pitié (1).

Renouf se maintint dans la ville à demi déserte. En 1144, Étienne, qui avait recouvré sa liberté et son trône, vint l'assiéger dans la forteresse : mais tous ses efforts furent inutiles. Il se réconcilia alors avec son redoutable vassal. Bientôt après, celui-ci se rendit sans défiance à la cour du roi, qui le fit arrêter et le garda prisonnier, jusqu'à ce qu'il eût renoncé à ses prétentions sur Lincoln (2).

Renouf dissimula d'abord son ressentiment. Mais, quand, au commencement de janvier 1153, le fils aîné de Geoffroi d'Anjou et de Mathilde, Henri, qui était déjà duc de Normandie, passa en Angleterre pour enlever le trône à Étienne, il fut vite gagné à la cause du prétendant. Celui-ci lui confirma ou lui rendit tous les biens et tous les titres de ses ancêtres en Normandie et en Angleterre et, en particulier, les châteaux de Vire et de Barfleur ; il le fit comte d'Avranches et de Saint-James, alors qu'il n'en était que vicomte, et lui donna tout ce qu'il possédait dans l'Avranchin, sauf l'épiscopat, l'abbaye du Mont-Saint-Michel et ses dépendances (3). Une autre clause de ce pacte causa sa perte : Henri lui donnait encore, en Angleterre, entre autres terres, celles que possédait

(1) Ord. Vital, l. XIII ; t. IV, p. 525 et suiv. — Rob. de Tor., t. I, p. 220 et suiv. — Guil. de Malmesbury, p. 187. — Gesta Stephani, *Histor. Norman. script...*, p. 952.

(2) Rob. de Tor., t. I, p. 234 et 240.

(3) Rymer, *Fœdera...*, vol. I, pars 1, p. 16.

Guillaume Peverel, dans le cas où ce dernier ne parviendrait pas à se justifier, devant sa cour, d'une accusation de trahison qui pesait sur lui : Peverel ne se justifia pas; mais il empoisonna Renouf peu de temps après : en 1153 ou, d'après Brompton, en 1154 (1).

Il eut pour successeur son fils, Hugues II, qui fut un des plus riches et des plus puissants barons anglo-normands. D'après le *Livre Rouge* de l'échiquier, en Normandie, il devait dix chevaliers pour Saint-Sever et Briquessart et en avait cinquante et un et demi pour son service (2). Il semble toutefois que Henri II ne lui laissa pas le titre de comte d'Avranches ni même tous les biens paternels, car nous voyons le roi dater de Saint-James, vers 1158, une lettre à l'archevêque de Rouen au sujet des églises de Pontorson, qu'il avait données récemment au Mont-Saint-Michel (3). Lors de la révolte qui éclata, en 1173, contre Henri II et à laquelle Renouf prit une part active, le château de Saint-James fut, on l'a vu, brûlé par Raoul de Fougères, allié de Renouf, ce qui ne s'expliquerait pas, si ce dernier n'en avait pas été dépossédé (4). On sait le rôle qu'il joua dans la guerre dont l'Avranchin et la Bretagne occidentale furent le théâtre. Fait prisonnier à Dol, il fut emmené en Angleterre l'année suivante, et là, après avoir juré au roi de lui être désormais fidèle, il obtint son pardon (5). Toutefois, il ne recouvra pas immédiatement sa liberté complète, car un historien anglais dit que, en 1174, Henri II, ayant appris en Angleterre que Rouen était assiégée par son

(1) Rymer, *Fœdera...*, vol. I, pars I, p. 16. — Rob. de Tor., t. I, p. 281. — Brompton, apud Twysden, col. 1043.

(2) Ducarel, édit. Lechaudé d'Anisy, p. 227.

(3) Rob. de Tor., t. II, p. 265.

(4) Voir page 61.

(5) Guil. de Neub., l. II, c. 29; *Hist. de la France*, t. XIII, p. 115.

fils Henri le Jeune, le roi de France et le comte de Flandre, repassa la mer, emmenant avec lui ses captifs, parmi lesquels il cite le comte de Chester (1). Celui-ci mourut en 1181.

Renouf III, son fils, lui succéda. Il jouit d'un grand crédit auprès de Henri II. Il possédait Saint-James, qui avait été sans doute rendu à son père, car il donna à l'abbaye de Montmorel une place de cette ville, exempte de service et d'impôts (2). Mais le roi avait des intérêts dans la châtellenie, car, en 1180, Renouf rendit compte à l'échiquier, par Renouf de Praères, d'une somme de 100 livres, pour la ferme de la prévôté de Saint-James (3). Il conserva la baronnie de Saint-Sever, mais non le château de Vire, devenu château royal sous Jean sans Terre (4), ni celui de Barfleur, port où s'embarquèrent et débarquèrent, à plusieurs reprises, Richard Cœur-de-Lion et son successeur, qui avaient dû évidemment s'assurer la possession du château. Peut-être reçut-il des compensations en Angleterre, où il possédait, outre le comté de Chester, ceux de Lincoln, de Richemond et de Lancastre. Il fut même quelque temps duc de Bretagne : en 1188, Henri II lui fit, en effet, épouser Constance, veuve de son fils Geoffroi, qui avait été lui-même duc de Bretagne. J'ai raconté dans le chapitre précédent comment, mal vu de sa femme et des Bretons, puis chassé, il se vengea de façon peu chevaleresque en faisant arrêter, à Pontorson, Constance, qui avait été mandée en Normandie par Richard Cœur-de-Lion, et en la tenant enfermée près d'un an dans sa forteresse de Saint-James

(1) Gervas. Dorobern., *Hist. de la France*, t. XIII, p. 138 et 139.
(2) *Cartul. de Montmorel*, publié par M. Dubosc, p. 270.
(3) *Grands Rôles, etc.*, p. 13.
(4) Voir page 68.

(1196) (1). Il fit ensuite casser son mariage avec elle, sous prétexte de parenté.

Il avait été un des capitaines que Richard, de retour en Angleterre après sa captivité en Allemagne, avait chargés d'assiéger les châteaux de son perfide frère, Jean sans Terre, et il avait contribué à la prise de celui de Nottingham. Richard mort, il donna son adhésion à Jean et assista à son couronnement, en 1199 (2). Il fut gouverneur du château de Semilly sous ce prince : on a vu comment, soupçonné de trahison par ce dernier, il alla le trouver au château de Vire et résigna son commandement. Il n'était plus fermier de la vicomté ou prévôté d'Avranches, car, en 1202, Jean sans Terre écrivait au sénéchal de Normandie : « Notre bien-aimé P. des Préaux (3) nous a signalé que la baillie (circonscription administrative) d'Avranches ne nous rapporte chaque année que les revenus des plaids de l'épée : c'est pourquoi nous vous mandons de la donner, les plaids de l'épée étant exceptés, au dit P. des Préaux, à la condition qu'il nous remette 50 livres par an pour l'entretien de notre château de Gavrai (4). » On peut même se demander s'il conserva jusqu'à l'annexion de la Normandie à la France le titre de vicomte d'Avranches avec le fief auquel il était attaché. En tout cas, il le perdit en 1204, avec tout ce qu'il possédait en Normandie, ayant opté pour l'Angleterre, où il avait des biens beaucoup plus considérables.

La vicomté d'Avranches passa, du consentement de Philippe-Auguste, dans la famille des Préaux. Saint

(1) Voir page 102.

(2) Roger de Hoveden, p. 785, 793.

(3) *De Pratellis*, dont on a fait *de Praëls* et *de Presles*; c'est probablement le même mot que *de Praeriis*.

(4) *Grands Rôles...*, p. 119.

Louis la racheta de Robert des Préaux, fils de Richard des Préaux, pour la somme de 140 livres tournois. Désormais, les vicomtes seront nommés par les rois.

Réformes de Guillaume le Conquérant.

L'histoire des vicomtes de Saint-Sauveur et d'Avranches confirme ce qui a été dit des vicomtes héréditaires en général. Mais il en découle aussi que d'importantes réformes furent faites par Guillaume le Conquérant, prélude de plus importantes encore, que nous trouverons accomplies à la fin du XIIe siècle.

Malheureusement, on manque de renseignements précis sur les premières, et ce serait une erreur de croire que Guillaume donna à la Normandie victorieuse, où il avait à ménager une féodalité puissante, la même organisation qu'à l'Angleterre vaincue, où il trouvait d'ailleurs le terrain déjà préparé. Ord. Vital dit qu'il établit des juges et des gouverneurs de grand mérite dans toutes les provinces de la Neustrie (1), c'est-à-dire dans toutes les parties de la Normandie : on peut inférer de là que ce prince, à qui la puissance excessive des vicomtes avait fait courir de si grands dangers, scinda leurs circonscriptions trop étendues et nomma, à côté d'eux et parfois même à leur place, des vicomtes nouveaux, dont le principal mérite était sans doute de lui être entièrement dévoués, d'être attachés à sa fortune par les liens de l'intérêt et de la parenté. C'est exactement ce qui se passa dans la basse Normandie après la révolte de 1047 : on a vu que, en 1060, le vicomte du Cotentin était Eudes au Chapel, nommé probablement en remplacement de Néel II, à la suite de la bataille du Val-des-Dunes. Jusque-là, l'Avran-

(1) *Hist. Norman. script...*, p. 509.

chin était, semble-t-il, rattaché au Cotentin : Guillaume installe un vicomte à Avranches, et c'est un gendre d'Arlette ; vers le même temps, en 1049, il nomme un des fils d'Arlette, Eudes, évêque de Bayeux ; il profite de la première occasion pour destituer le comte de Mortain et le remplacer par l'autre fils d'Arlette, Robert : de sorte que presque toute la Normandie occidentale se trouve être entre les mains de créatures du duc dont les intérêts étaient solidaires des siens. Sauf par exception, le duc ne nomme plus de vicomtes héréditaires avec fiefs transmissibles ; il confie des charges de vicomte : en 1060, Eudes au Chapel est vicomte du Cotentin, et entre 1062 et 1076, Bertran de Bricquebec reçoit l'office de vicomte, *ministerium vicecomitis*, également dans le Cotentin (1). En somme, Guillaume laisse subsister ou supprime l'hérédité à son gré ; il la supprime principalement pour les dignités qui confèrent des pouvoirs importants, pour celle de sénéchal, par exemple : nous en verrons la preuve plus loin. Enfin, il est possible que, non content de restreindre l'étendue des territoires soumis à la juridiction des vicomtes, il leur ait enlevé une partie de leurs attributions pour les confier à ces magistrats qu'Ord. Vital appelle des juges, *judices*, qu'il distingue des gouverneurs, *rectores*, et qui sont peut-être des précurseurs des baillis. Ajoutons que le duc pouvait toujours réunir plusieurs circonscriptions entre les mains d'un seul vicomte, qui avait sa confiance : sous Henri Ier, un certain Algason fut fait par ce prince vicomte d'Argentan, d'Exmes, de Domfront et de quelques autres places (2).

Ord. Vital nous apprend encore que Guillaume pro-

(1) Voir page 118.
(2) Ord. Vital, l. XIII ; t. IV, p. 118.

mulgua, en faveur des pauvres comme des riches, des lois justes et rendit d'équitables jugements, qu'il édicta des peines sévères contre les brigands, les séditieux et les perturbateurs de la tranquillité publique. La cour du duc était le tribunal souverain de la Normandie. En principe, elle devait être formée de tous les vassaux militaires. Dans la pratique, il n'y avait à y siéger que les grands officiers de sa maison, des barons juges choisis par lui à cet effet, l'archevêque, et quelques prélats, comtes, vicomtes ou grands seigneurs, pas toujours les mêmes (1). Elle se tenait généralement à Rouen; mais le duc pouvait la tenir dans toute autre ville. En son absence, elle était présidée par son sénéchal ou par un baron juge. Quand il s'agissait d'une affaire délicate, demandant un examen approfondi, il nommait une commission pour l'étudier et la juger : ainsi les droits de l'abbaye du Mont-Saint-Michel sur le Moulin le Comte ayant été méconnus, l'affaire fut portée par l'abbé Renouf devant sa cour; il désigna pour la juger les hommes les plus compétents, Geoffroi de Montbrai, évêque de Coutances, Renouf le vicomte, Néel, fils de Néel le vicomte, Robert de Vieux-Pont et plusieurs autres, qui, après l'avoir examinée à fond, rendirent un jugement qui fut approuvé par le duc (vers 1076) (2). Il voulut qu'appel pût être porté à sa cour, au moins par les vavasseurs nobles, des jugements des barons, ainsi que le prouve une convention passée à Bayeux entre l'abbé du Mont-Saint-Michel et Guillaume Payenel (3). Il se faisait renseigner sur la manière dont la justice était rendue, non seulement par ses vicomtes, mais encore par les barons et par les tribu-

(1) Madox, *History of the Exchequer*, t. I, p. 29; London, MDCCLXIX.
(2) *Cartul. du Mont*, f. 28, v°.
(3) *Ibid.*, f. 95 et 96. — Voir plus loin, ch. VI.

naux ecclésiastiques eux-mêmes: ayant appris qu'un crime abominable n'avait pas été assez sévèrement puni par un évêque ou un archidiacre, « il fit emprisonner celui qui s'était rendu coupable envers la majesté divine et punit à son tour le juge trop mou (1). » Il envoyait ses vicomtes dans les fiefs des barons pour faire exécuter la loi: en 1080, le concile de Lillebonne, convoqué et inspiré par lui, prescrivit aux barons de livrer à la justice de l'évêque ceux de leurs vassaux qui auraient enfreint la trêve de Dieu: que si un baron refusait de livrer son vassal, le vicomte du roi, requis par l'évêque, contraindrait le coupable à comparaître sans délai (2). On verra plus loin, dans le chapitre VI, que, tout en laissant le droit de guerre aux seigneurs, il les exhorta à régler pacifiquement leurs différends, au lieu de les trancher par les armes.

On peut dire que Guillaume le Conquérant fut un grand réformateur. S'il ne put appliquer entièrement ses idées en Normandie, il déblaya le terrain et jeta les fondements d'institutions nouvelles; il modifia l'organisation administrative et judiciaire dans un sens antiféodal et absolutiste, et il établit des lois égales et générales, en vue de faire cesser l'arbitraire et l'anarchie.

Réformes et institutions de Henri II.

Les successeurs du Conquérant s'inspirèrent de ses conceptions politiques. L'honneur d'avoir complété son œuvre revient à Henri II, « le protecteur des faibles, des opprimés et des communes (3) », le redoutable adver-

(1) Guil. de Poitiers, p. 377.
(2) Ord. Vital, l. V; t. II, p. 306 et 307.
(3) *Norman. nova Chronica*, an. 1173.

saire de l'aristocratie féodale, qui fit rentrer dans le domaine royal une partie du domaine inféodé. Dans la seconde moitié du XIIe siècle, nous trouvons autant de circonscriptions administratives qu'il y a de châteaux royaux : elles sont appelées baillies, vicomtés, prévôtés. L'*État des fiefs* de 1172 mentionne les baillies de Coutances, de Gavrai, de la Heuse, de Cérences, de Vire, du Passais, de Tinchebrai (1). Une de ces baillies, celle de la Heuse, est ainsi appelée du nom de son bailli, Osbert de la Heuse : elle est désignée ailleurs sous les noms de baillie de Cherbourg ou du Cotentin (2); elle ne comprenait que la partie péninsulaire du Cotentin proprement dit, et encore pas tout entière, car il y avait aussi dans la péninsule la prévôté de Barfleur, dont l'administrateur en chef est appelé bailli sous Jean sans Terre (3). Il y avait encore les baillies d'Avranches et de Mortain (4), les prévôtés de Saint-James et de Pontorson (5).

Dans chaque circonscription, il pouvait y avoir un bailli et un vicomte ou un prévôt, parfois l'un et l'autre.

Le bailli est le chef militaire et judiciaire; il est le gouverneur ou connétable du château et il préside à l'administration de la justice. Il est question des baillis bien avant Henri II, notamment dans une charte de 1130, par laquelle Henri Ier confirme la cession d'une terre faite par Jourdain de Barneville à l'abbaye de Saint-Hélier (6). Mais ce titre pouvait s'appliquer à un justicier quelconque : primitivement, en effet, le mot bailli, qu'on fait venir du latin *bajulus*, désignait en général un aide,

(1) Ducarel, édit. Lechaudé, p. 231 à 237.
(2) *Grands Rôles...*, p. 106, 118, 126, 130.
(3) *Ibid.*, p. 12, 84, 98, 105, 107, 109, 110, 111, etc.
(4) *Ibid.*, p. 75, 118, 119, 120.
(5) *Ibid.*, p. 13.
(6) Dupont, *Hist. du Cotentin*, t. I, pièces justif., p. 469.

comme le mot *minister*. Les justiciers créés par le roi Étienne, en 1137, et parmi lesquels se trouvait Roger de Saint-Sauveur, se rapprochaient beaucoup plus, au moins par leurs attributions, des baillis du temps de Henri II : on a vu qu'ils avaient pour mission de rendre la justice aux habitants et de procurer la paix au peuple sans défense (1) : or, les baillis de la seconde moitié du XIIe siècle sont chargés de rendre la justice d'après les lois et les coutumes et de maintenir la paix dans leur circonscription (2). Ils ont donc hérité des attributions des anciens vicomtes; mais ils sont des fonctionnaires nommés par le duc-roi et révocables à volonté : ainsi Jean sans Terre écrit au sénéchal de Normandie : « Nous vous invitons à remettre à notre aimé et féal Henri de Pontaudemer notre château de Cherbourg et la baillie qui en dépend (3). » Parfois, ils ne sont nommés que pour un an ou pour la durée des assises : « Il est mandé au sénéchal de Normandie, écrit encore Jean sans Terre, de faire avoir au comte de Salisbury la baillie d'Avranches pour en répondre à l'échiquier, comme il a coutume de le faire (4). »

Dans chaque château royal siège, à certaines époques de l'année, une cour du roi, image de la cour souveraine. Un acte de 1159 nous apprend qu'il s'en tenait une au château de Gavrai et qu'elle pouvait connaître des affaires civiles importantes aussi bien que des affaires criminelles (5). Ces cours ou assises étaient des sortes de jurys, présidés par les baillis et dont pouvaient faire partie les évêques, les chanoines des cathédrales, les

(1) Voir pages 45 et 122.
(2) Tardif, *Coutum. de Norm.*, t. II, c. IV.
(3) *Grands Rôles...*, p. 118.
(4) *Ibid.*, p. 118.
(5) Rob. de Tor., t. II, p 259.

abbés, les prieurs, les curés, tous les chevaliers, les sergents de l'épée et les sénéchaux des barons. Le nombre des jurés était, en général, de 24 pour les affaires criminelles et de 12 pour les affaires civiles. Le bailli, en sa qualité de président, dirigeait les débats et prononçait les jugements, d'après les décisions du jury et la loi. A ces cours du roi étaient soumis les plaids de l'épée, qui avaient été enlevés aux barons; ils étaient dits de l'épée, parce que dans les affaires qui en relevaient, les coupables présumés devaient être arrêtés par des hommes armés, les sergents de l'épée, et pouvaient être condamnés à la perte de la vie ou d'un membre : homicides, blessures graves et mutilations, vols accompagnés de violences, viols, incendies de maisons ou de moissons, attaques dirigées contre un homme dans sa maison ou à la charrue ou sur les chemins du roi, etc. On est tout surpris de rencontrer dans les assises de ce temps certains usages qui existent encore de nos jours, comme la délibération secrète des jurés et les précautions prises pour les soustraire aux influences du dehors (1). Il faut croire que l'homme qui était simplement accusé par l'opinion publique ne comparaissait devant le jury qu'autant qu'il le demandait : il devait, en effet, être arrêté et tenu en prison pendant un an et un jour, à moins qu'il ne demandât l'*enquête publique :* c'était sans doute pour l'y amener qu'on ne lui donnait à manger que juste assez pour qu'il ne mourût pas de faim. Mais, si un homme était accusé de meurtre par un parent ou un ami de la victime, le bailli faisait emprisonner l'accusateur et l'accusé et, si celui-ci se prétendait innocent, il ordonnait le duel judiciaire, qui devait montrer lequel des deux mentait et qui ne prouvait, en réalité, que la chance ou

(1) Tardif, *Coutum. de Norm.*, t. I, c. LXX; t. II, c. IX, LII, LIII, XCV.

l'habileté du vainqueur : c'est une des institutions les plus barbares et les plus absurdes du moyen âge.

Le duc, qui a, selon l'expression du temps, les plaids de l'épée, doit bénéficier des confiscations et des amendes prononcées contre les coupables. Les baillis en rendent compte à l'échiquier, dont nous parlerons bientôt. Les exécutions ne sont pas rares et sont souvent accompagnées de tortures : Guillaume le Conquérant disait que la mort simple terminait trop vite les souffrances des coupables. Elles avaient lieu aussitôt après l'arrêt : on ne laissait au condamné que le temps de se confesser. Beaucoup de criminels échappaient au supplice en se réfugiant, après le crime, dans les églises, ce qui rendait leur tête et leurs membres inviolables. D'autres cherchaient leur salut dans la fuite ; les justiciers se contentaient alors de faire saisir leurs biens meubles et immeubles : le trésor royal n'y perdait rien, et c'était l'essentiel. Il était encore admis, semble-t-il, que c'était surtout aux parents de la victime de la venger, ce qui explique pourquoi les duels judiciaires étaient ordonnés dans une foule de cas qui, de nos jours, relèveraient de la cour d'assises. Un meurtrier en fuite pouvait même être autorisé à rentrer dans son pays, s'il obtenait ou achetait son pardon de la famille de la victime.

Pendant la durée des assises, il était défendu aux seigneurs de tenir leur cour : ils devaient siéger aux assises. C'est probablement ce que Robert de Torigny a voulu faire entendre quand il dit que Henri II, se trouvant à Caen en 1082, défendit aux barons de tenir leur cour et leur prescrivit de venir à la sienne (1) ; car, prise dans un sens absolu, cette assertion ne serait pas exacte : hors le temps des assises, ils pouvaient toujours rendre la jus-

(1) Rob. de Tor., t. II, p. 117.

tice à leurs hommes et prescrire des duels judiciaires, à la suite desquels le vaincu devait leur payer une amende de 60 sous et 1 denier. Mais leur droit de juridiction avait été limité aux litiges concernant les biens meubles et les héritages et aux vols simples (1). Les justiciers avaient le droit de pénétrer sur leurs terres pour y tenir les plaids simples relevant du roi : « Quand nos justiciers itinérants, écrit Jean sans Terre, iront dans la baillie de Falaise, ils devront se rendre dans la baronnie de Guillaume de Briouze, où le vicomte n'a pas le droit d'entrer, pour y traiter les plaids qui relèvent de notre justice (2). » Les baronnies privilégiées, fermées aux vicomtes, n'étaient d'ailleurs pas nombreuses.

Ces vicomtes du temps de Henri II sont bien différents des puissants vicomtes féodaux du XIe siècle. Relégués au second plan, ils forment, avec les prévôts et les sergents, la classe des justiciers inférieurs ou sous-justiciers (3). Ils traitent les menus plaids, tantôt dans un endroit, tantôt dans un autre, même dans les fiefs des seigneurs, assistés des notables réunis en petites assises; les menus plaids n'embrassent que les affaires dites simples, c'est-à-dire qui ne peuvent entraîner une condamnation à la peine capitale ou à la perte d'un membre. « En outre, le vicomte doit enquêter avec diligence et en secret sur les malfaiteurs et les séditieux, sur les meurtres, les incendies, les viols et en général sur tous les crimes... Ceux qui ont été reconnus coupables sur le témoignage de plusieurs hommes dignes de foi, il doit les tenir en prison jusqu'à ce qu'ils se soumettent à l'*enquête publique* ou jusqu'à ce qu'ils soient libérés en

(1) Tardif, *Coutum. de Norm.*, t. I, c. XLI; t. II, c. LII.
(2) *Grands Rôles...*, p. 96.
(3) Tardif, *Coutum. de Norm.*, t. II, c. IV

vertu de la loi (1). » En somme, le rôle de ces justiciers est double : d'une part, ils rendent la justice dans les causes secondaires; d'autre part, ils font des enquêtes sur les crimes et en emprisonnent les auteurs, pour les traduire ensuite, si possible, devant la cour du bailli.

Ils ne sont pas seulement des officiers judiciaires : ils sont aussi des fermiers du roi, c'est-à-dire qu'ils prennent à ferme ses revenus ou plus exactement une catégorie de ses revenus comprenant certains droits permanents, comme le tonlieu, les coutumes, les péages, qu'on ne voit figurer nulle part dans les comptes détaillés soumis à l'échiquier. Les vicomtes pouvaient aussi prendre à ferme les terres du fisc, les moulins, les foires particulièrement importantes, les tailles extraordinaires, etc. Un état détaillé des recettes était présenté pour les autres revenus. Les vicomtes avaient d'ailleurs le droit de céder tout ou partie de leurs fermes à des sous-fermiers, qui prenaient parfois eux-mêmes le titre de vicomtes. Le caractère de ces fonctions excluait l'hérédité et même l'inamovibilité. Toutefois, il y avait encore des vicomtes héréditaires qui avaient conservé, avec leur titre, certaines prérogatives : ainsi, Renouf III, vicomte héréditaire d'Avranches, de Saint-James et de Bayeux, était fermier du duc et devait respectivement 60 livres, 100 livres et 148 livres pour la ferme de ces trois vicomtés. Mais ce grand seigneur, qui était le plus souvent en Angleterre, se faisait suppléer par des sous-fermiers : ainsi, en 1180, il rendit compte à l'échiquier de la ferme des prévôtés (ou vicomtés) d'Avranches et de Saint-James par Renouf de Praères et de celle de la vicomté de Bayeux par le vicomte Raoul (2). Mais, à Coutances, le vicomte était alors

(1) Tardif, *Coutum. de Norm.*, t. II, c. v.

(2) *Grands Rôles...*, p. 13.

Guillaume de Saint-Jean, fils de Roger et petit-fils, par sa mère Cécile, de Robert de la Haye, qui ne devait rien à l'hérédité. Il fut fermier de la vicomté de Coutances de 1160 à 1180, et on le retrouve investi de cette charge en 1195, 1198 et 1203 (1). Ajoutons que le vicomte ne verse pas tout le montant de sa ferme dans le trésor : il doit, en effet, entretenir les routes, maintenir en bon état les forêts ducales, faire au château les réparations nécessaires, nourrir et faire garder les détenus. Ses dépenses sont portées en déduction, ainsi que les sommes qu'il doit verser au connétable du château et à ses hommes, à titre de gages; aux églises et aux abbayes, à titre d'aumônes et de dîmes : c'est ce que nous allons montrer par un exemple, en parlant des prévôts.

Dans les circonscriptions peu importantes, le principal officier, après le connétable du château, s'appelait prévôt, parfois préteur, préfet, ministre, et remplissait à peu près les mêmes fonctions que le vicomte. Certaines circonscriptions étaient même désignées tantôt sous le nom de vicomtés, tantôt sous celui de prévôtés, comme celles d'Avranches et de Saint-James; d'une manière générale, on peut dire, avec M. L. Delisle, que le prévôt était chargé de régir un ou plusieurs domaines du fisc (2). Sous Henri II, les charges prévôtales étaient affermées : en 1180, Michel de Taissy rendit compte à l'échiquier de 220 livres pour la ferme de la prévôté de Pontorson, avec les moulins, les pêcheries, les prés, etc.; Guillaume du Hommet était alors connétable du château et le prévôt lui avait versé 100 livres; de plus, il avait remis à l'abbé du Mont-Saint-Michel 22 livres, soit exactement le dixième, pour la dîme; il se remboursa de 4 livres 10 sous

(1) Stappleton, *Magni Rotuli...*, t. I, p. 12 et 226; t. II, p. 295 et 552.
(2) *Des revenus publics...*, p. 45.

pour des réparations à la chaussée des moulins, détruite par la mer, versa 86 livres dans le trésor et resta débiteur de 7 livres 10 sous (1). Dix-huit ans après, la même prévôté rapportait 230 livres. Ces charges, dont les titulaires pouvaient changer d'une année à l'autre, avaient d'abord été héréditaires et des fiefs y étaient alors attachés : en 1166, le prévôt de Genet, Rualend, résigna sa charge, avec l'assentiment du roi Henri II, entre les mains de l'abbé du Mont, en échange de terres et de rentes. Cette transaction, ratifiée une première fois par le roi, alors à Fougères, fut l'objet, quelque temps après, d'une seconde confirmation royale : celle-ci mentionne que Rualend a remis entre les mains du monarque la préfecture ou prévôté qu'il tenait héréditairement et qui a été ensuite transmise à l'abbé (2). Henri II, qui n'avait guère d'intérêts à Genet et dans les environs, et qui visait à supprimer les offices héréditaires, avait fait racheter celui-ci par l'abbaye, qui gagnait au moins, à ce marché, d'être débarrassée d'un voisin plutôt gênant. Les barons, aussi bien ecclésiastiques que laïques, n'aimaient guère les prévôts et les vicomtes, même avant que ceux-ci eussent le droit de pénétrer sur leurs fiefs pour y tenir certains plaids. Ce sentiment perce déjà dans le portrait que nous a laissé Hervé, évêque d'Ely, de l'un d'eux qui exerçait en Angleterre sous Henri Ier et qu'il appelle Malarteis, *Malaeartes :* il n'avait, dit-il, d'autre occupation que de nuire à tout le monde, aux moines, aux clercs, aux chevaliers, aux paysans : il accusait chacun selon son pouvoir.... ; s'il ne pouvait condamner d'après la vérité, il devenait menteur (3). Il faut reconnaître

(1) *Grands Rôles...*, p. 13.
(2) Rob. de Tor., t. II, p. 282, 287.
(3) Ord. Vital, l. VI ; t. III, p. 109 et suiv.

qu'un prévôt, aussi bien qu'un vicomte, pouvait faire beaucoup de mal, car il n'avait pas besoin de témoins, quand il accusait quelqu'un d'un méfait commis dans sa circonscription (1).

Ces justiciers avaient pour auxiliaires les sergents, qu'on nous représente faisant verbalement les semonces ou assignations à comparaître, un manteau rayé sur le dos et une verge à la main. Les principaux étaient les sergents de l'épée et les moindres, ceux qu'on appelait bedeaux et qui étaient chargés de prendre les nans, de faire les assignations pour les affaires peu importantes et en général les services subalternes. Les premiers étaient dits de l'épée, parce qu'ils avaient le droit de porter cette arme et de s'en servir pour arrêter les malfaiteurs et les livrer à la justice. Mais, le plus souvent, lorsque la sécurité publique n'était pas menacée, ils se bornaient, pour forcer les récalcitrants à se présenter devant la justice, à saisir des gages, nans, mobilier, fief même. Ils devaient aussi procéder à des enquêtes sur place, à des examens de lieux et de personnes, faire exécuter les jugements, rendre les nans, etc. En un mot, les sergents étaient des intermédiaires entre les justiciers et les justiciables. Ils avaient droit à des rétributions pour certains de leurs services ; de plus, il leur était attribué un tènement, une partie des regards des forêts, des droits de pâture, etc. (2). Comme les prévôts, ils n'avaient pas besoin de témoins pour les méfaits commis en leur sergenterie (3) ; leur déclaration assermentée faisait foi devant le tribunal. Ce ne fût que vers la fin du XIIe siècle qu'il parut sage de ne pas se contenter de leur

(1) Tardif, *Coutum. de Norm.*, t. I, c. XL.

(2) *Ibid.*, t. II, c. V et VI. — *Cartul. norm.*, n°s 13 et 14.

(3) *Ibid.*, t. I, c. XL.

témoignage. Beaucoup d'entre eux, en effet, n'offraient pas toutes les garanties désirables sous le rapport de la droiture et du discernement. Dans la seconde moitié du XIIe siècle, un sergent, nommé Ferrand, arrêta un homme de Roger de Saint-André, qu'il avait trouvé, disait-il, emportant sur son dos 40 hêtres! ce à quoi quelqu'un répondit : « S'il avait eu un cheval, il aurait emporté toute la forêt! (1) »

Voilà quelle était l'organisation judiciaire dans les divisions territoriales. Certaines causes, mal jugées en assises, pouvaient être évoquées devant l'échiquier, cour supérieure du roi qu'il ne faut pas confondre avec celle qu'il tenait lui-même où et quand il lui plaisait. Elle siégeait à Caen, dans la chapelle Saint-Georges du château, deux fois par an, à Pâques et à la Saint-Michel (2). On l'appelait échiquier, parce qu'elle se réunissait autour d'une table recouverte d'un tapis divisé en compartiments : c'était à la fois une cour des comptes, qui centralisait les revenus du duc, et une cour souveraine de justice, qui prononçait sur les affaires importantes, revisait les jugements des baillis et des magistrats inférieurs et rendait à tous justice pleine et entière, « comme par la bouche du prince et sans appel (3). » Elle était composée de barons et de prélats, nommés par le roi et appelés juges de l'échiquier ou grands justiciers. Elle était présidée par le sénéchal de Normandie ou, en son absence, par un grand justicier.

Le sénéchal (du latin *senex*, vieillard, et de l'allemand *shalk*, serviteur) était le principal des grands officiers de la maison ducale, qui portaient les titres de connétable,

(1) Tardif, *Coutum. de Norm.*, t. I, c. LXIV.
(2) *Grands Rôles...*, p. 11.
(3) Tardif, *Coutum. de Norm.*, t. II, c. LV.

chambellan ou camérier, maréchal, bouteiller, rappelant l'humble origine de ces hauts dignitaires. Lui-même avait celui de *dapifer*, ou porte-mets, qui, sous les premières dynasties, s'appliquait à certains officiers de la maison du roi. Avec le temps, ces officiers devinrent, comme les autres, de grands dignitaires, revêtus des plus hautes charges administratives et judiciaires, et prirent le nom de majordomes (1), puis celui de sénéchaux, qui leur était le plus souvent donné au XIIe siècle. Mais le souvenir de leur origine ne se perdit point : dans certaines cérémonies, ils devaient présenter les plats à leur maître : Henri le Jeune, fils de Henri II, nommé sénéchal de France en sa qualité de comte d'Anjou, servit le roi de France à table, à Paris, à la fête de la Purification de l'an 1169 (2). Bien mieux : la comtesse Potocka, dans ses *Petits mémoires sur l'Empire*, raconte qu'elle ne fut pas peu surprise de voir, lors du séjour de Napoléon Ier à Varsovie, le ministre des affaires étrangères, Talleyrand, s'avancer péniblement jusqu'au milieu du salon, une serviette pliée sous le bras, un plateau de vermeil à la main, et venir offrir un verre de limonade à ce même monarque qu'à part lui il traitait de parvenu (3).

Au XIe et au XIIe siècle, le sénéchal de Normandie est un suppléant du duc, qui le remplace, au besoin, pour toutes sortes d'affaires. C'est pourquoi Osbern, fils du frère de Gonnor, Herfast (4), signataire de plusieurs chartes intéressant les abbayes de Saint-Sauveur et du Mont-Saint-Michel, qui fut sénéchal de Guillaume le Bâtard, est parfois appelé *procurator principalis* de la

(1) Rob. de Tor., t. II, p. 11.
(2) Ibid., t. II, p. 10 et 11.
(3) A. Sorel, *Ét. de littér. et d'hist.*, p. 127.
(4) Guil. de Jum. continué, l. VIII, c. XV.

maison du duc (1). Son fils Guillaume, qui signa la charte par laquelle le duc donna, en 1034, la Colombe à l'abbaye du Mont (2) et fut aussi sénéchal de Normandie, prit une part glorieuse à la bataille de Hastings, se fit remarquer, dans les guerres qui suivirent, non moins par sa vaillance que par sa cruauté, et périt, en février 1071, dans une expédition contre le comte de Flandre (3). On voit que le sénéchal n'était pas seulement un grand officier de justice et il ne faut pas s'étonner de le voir appelé parfois *vicedominus* (4).

Mais, sous les Plantagenets, son activité s'exerce surtout dans le domaine administratif et judiciaire, et il trouve là de quoi s'occuper : il doit visiter, une fois au moins par période triennale, toutes les circonscriptions de la Normandie; il veille à l'observation des lois et coutumes, reçoit les plaintes portées contre les baillis et les autres justiciers, fait des enquêtes au sujet de ces plaintes, corrige leurs fautes et leurs abus de pouvoir et, au besoin, révoque les sergents inférieurs. Il inspecte les forêts du prince et s'assure que ses droits ne sont pas lésés. De même, il fait respecter les droits de tous en ce qui concerne les eaux, les routes et les propriétés communes. Il réprime et punit les empiétements et les usurpations, les rapines et le braconnage dans les forêts royales, de sa propre autorité, par des confiscations et même par l'emprisonnement : pour tout cela, il n'a besoin de tenir ni plaids ni assises. Il procède à des enquêtes sur les crimes qui n'ont pas encore été jugés et fait en

(1) Rob. de Tor., t. II, p. 150.

(2) *Hist... de Saint-Sauveur*, pièces justif., p. 27.

(3) Guil. de Poitiers, p. 106. — Rob. de Tor., t. I, p. 52, 58; t. II, p. 153.

(4) Rob. de Tor., t. II 74.

sorte que prompte justice soit faite (1). Il est, en un mot, le principal justicier de la Normandie.

Quelques familles de notre pays ont fourni des sénéchaux à la Normandie. Eudes le Dapifer, qui fut sénéchal du Conquérant et qui avait pour père ce Hubert de Ryes à qui le duc avait dû autrefois son salut dans des circonstances très dramatiques, était l'oncle de Robert de la Haye (2). On a confondu avec lui Eudes au Chapel, qu'Ord. Vital honore par erreur du titre de sénéchal de Normandie et qui paraît avoir été simplement vicomte du Cotentin, bien qu'on trouve le mot *dapifer* accolé à son nom dans une notice de 1083 (3). Guillaume de Pirou, qui périt dans le naufrage de la *Blanche-Nef*, fut sénéchal de Henri Ier. Stappleton dit que Richard de la Haye fut sénéchal de Normandie sous Geoffroi Plantagenet, dont il avait été l'un des plus redoutables adversaires, et Henri II lui donne, en effet, le titre de *Dapifer* dans une de ses chartes (4). Quant à Guillaume de Saint-Jean, dont on a voulu faire aussi un sénéchal, il fut seulement fermier de la vicomté de Coutances, sous Henri II et ses succes-

(1) Tardif, *Coutum. de Norm.*, t. II, c. IV bis.

(2) *Gallia christ.*, t. XI, Instr., col. 223. — *Hist... de Saint-Sauveur*, p. 25.

(3) Ord. Vital, t. II, p. 104. — *Hist... de Saint-Sauveur*, p. justif., p. 45.

(4) Stappleton, t. I, *Observations*, XXXIV. — *Mém. de la Soc. des Antiq. de Norm.*, t. II, p. 437. Richard de la Haye fut aussi connétable de Normandie, par suite de son mariage avec Mathilde de Vernon, héritière de la baronnie de Varenguebec, à laquelle était attachée la connétablie (*Hist. des grands officiers de la couronne*, t. IV, p. 634). Leur fille Gislette fit passer l'une et l'autre dans la famille des sires du Hommet, par son mariage avec Richard du Hommet, qui exerça les fonctions de connétable sous Henri II. Il mourut en 1081, laissant un fils, Guillaume, qui fut confirmé dans la connétablie par Richard Cœur-de-Lion, en 1190, et plus tard par Philippe-Auguste, auquel il s'était rallié.

seurs : c'est à ce titre qu'il est appelé *procurator* de Normandie par Robert de Torigny, qui, parlant aussitôt après du sénéchal de Bretagne, l'appelle *senescallus* (1). D'ailleurs, nous savons que les sénéchaux de Normandie furent, à cette époque, Guillaume de Courcy, qui mourut en 1176, puis Richard, évêque de Winchester, qui fut remplacé dès 1178 par Guillaume fitz Raoul. Ce dernier, qui présida l'échiquier en 1185 (2), fut un sénéchal très remarquable; il mourut le 12 juin 1200. Après lui, nous trouvons successivement Garin de Glapion, Raoul Taisson, vicomte de Saint-Sauveur (1201), et Guillaume le Gras (3).

De bonne heure, les ducs comprirent qu'il était pour eux de la plus haute importance de fortifier et d'étendre leurs pouvoirs de juridiction : la justice était non seulement pour eux un Pactole qui déversait l'or à flots dans leurs coffres, mais encore un puissant moyen de gouvernement. Il est certain que Guillaume le Conquérant, libre d'appliquer ses idées dans un pays conquis, établit en Angleterre, outre une cour souveraine, dite de l'échiquier, des justiciers, qui se transportaient dans les provinces pour y rendre la justice en son nom (4). Je ne parle pas ici de ces grands justiciers qu'il chargea, au nombre de deux, de gouverner l'Angleterre en son absence et qui étaient de véritables vice-rois, ni de ces justiciers qu'il envoya pour dresser un registre des mutations de propriété opérées par la conquête, relever les noms des nouveaux possesseurs, le nombre de leurs serfs, bordiers et vilains, les revenus des villes, des

(1) Rob. de Tor., t. II, p. 31.
(2) Ibid., t. II, p. 333.
(3) *Grands Rôles...*, p. 111, 124 et suiv.
(4) Ord. Vital, l. IV ; t. II, p. 253.

châteaux, des marais, des cours d'eau, des forêts (1), vaste enquête ordonnée dans le but d'asseoir les taxes ou fermes sur une base fixe et de vérifier les titres des détenteurs des terres, et qui aboutit à la confection du *Domesday Book:* je veux dire des juges qui allaient dans les villes qu'il lui plaisait de désigner tenir des assises et juger les affaires les plus importantes, assistés des notables de la région: évêques, abbés, barons, moines, clercs (2). En Normandie, nous voyons, sous Henri II, des justiciers itinérants aller également de ville en ville pour y présider des assises, réprimer la tyrannie des barons et protéger la noblesse inférieure et le peuple (3). Ils sont appelés les maîtres de la justice de toute la Normandie. En 1155, Arnoul, évêque de Lisieux et Robert du Neubourg, « qui étaient alors les maîtres de la justice de toute la Normandie », président une assise à Carentan et une autre à Domfront: dans la première, fut jugé un différend entre Robert, abbé du Mont, et Richard, évêque de Coutances; dans la seconde, un différend entre le même abbé et Guillaume de Saint-Jean (4). En 1157, autre assise, tenue celle-ci à Caen, sous la présidence de Robert du Neubourg et à laquelle assistaient les barons des quatre anciens comtés de Bayeux, Coutances, Avranches et Exmes: c'est ce qu'on appelait une cour plénière du roi, bien qu'il n'y eût à y siéger que les barons de la basse Normandie: on y jugea, entre autres affaires, une réclamation de Robert, abbé du Mont, contre Jourdain de Secqueville (5). En 1190, c'est au Mont-Saint-Michel que

(1) Rob. de Tor., t. I, p. 65.

(2) *Chron. de Norm.*, éd. Mégissier, f° 114, r°. — Voir aussi Ord. Vital, l. VI ; t. III, p. 110 et 111.

(3) Roger de Hoveden, p. 500.

(4) Rob. de Tor., t. II, p. 241.

(5) Ibid., t. II, p. 252.

les maîtres de la justice viennent tenir une assise (1). Ils sont, on le voit, des justiciers itinérants, et c'est le titre que leur donne Jean sans Terre, dans le bref que nous avons cité plus haut et dans cet autre : « Sachez, écrit-il au bailli de la Londe, que, par notre ordre, sont venus à notre cour Guillaume le Gras et Henri de Pontaudemer, qui avaient été envoyés avec Hugues de Chaucombe, comme justiciers itinérants, à Pontaudemer (2). » Les justiciers pénètrent donc partout; les baronnies privilégiées sont soustraites à la juridiction des vicomtes, mais non à celle des grands justiciers itinérants; on peut juger par là des progrès réalisés par la juridiction royale au détriment de celle des seigneurs.

Il faut avouer que, en dépit de quelques institutions barbares, inhérentes à l'époque, la Normandie était dotée d'une organisation administrative et judiciaire très forte, très bien hiérarchisée, qu'auraient pu lui envier ses voisins et à laquelle Philippe-Auguste fit d'ailleurs de nombreux emprunts. Du pouvoir central, la justice rayonnait sur tous les points de la province, et, de tous les points de la province, les plaintes des victimes de la violence et de l'arbitraire pouvaient monter jusqu'au pouvoir central.

La Normandie marchait à la tête de la civilisation, de même que, par les qualités militaires et le caractère aventureux de ses guerriers, elle était la première puissance militaire de l'Europe. Ses ducs seraient devenus rois de France, auraient reconstitué à leur profit l'empire de Charlemagne, s'ils n'avaient trouvé au sein même de leur famille leurs plus redoutables ennemis.

(1) *Grands Rôles* ..., p. 100.
(2) *Ibid.*, p. 123.

CHAPITRE IV

Les évêques et le clergé séculier.

Voir le sommaire à la Table des Matières.

L'évêque n'est pas seulement le chef spirituel du diocèse : il est aussi un grand seigneur, un baron. Il jouit des biens considérables attachés à l'évêché et dont les revenus forment la mense épiscopale : domaines, maisons, églises, forêts, etc. Il possède les uns directement et en propriétaire, les autres à titre de fiefs, comme les barons. Pour ces fiefs, il doit au duc, son suzerain, la foi, l'hommage, le service de cour et le service militaire, ainsi qu'un certain nombre de chevaliers. A son tour, il a des vassaux, qui lui doivent les mêmes services et parmi lesquels il prend les chevaliers qu'il doit au duc ; il a cour et droit de justice, maison civile et militaire organisée à l'image de celle du duc, avec sénéchal, chambellan, maréchal, etc., équipage de guerre, équipage de chasse et souvent des maîtresses. En un mot, il a les mêmes privilèges et le même train de maison que les principaux barons.

D'après le *Livre Rouge* de l'échiquier, l'évêque d'Avranches devait fournir cinq chevaliers pour la baronnie d'Avranches et autant pour celle de Saint-Philebert (1).

(1) Ducarel, *Antiq. anglo-norm.*, éd. Lechaudé, p. 223.

Celle d'Avranches comprenait, outre le château du Parc, une douzaine de fiefs répartis dans le diocèse, quelques-uns de l'étendue d'une paroisse. Celle de Saint-Philebert-sur-Rille, dans le diocèse de Lisieux, près de Pontaudemer, n'était guère moins importante; elle avait été donnée à l'évêché, en 1066, par un évêque d'Avranches, Jean, qui devint ensuite archevêque de Rouen (1). A ces deux baronnies venaient s'ajouter d'autres domaines, comme celui de Coutainville, celui de la Vallière, à Saint-Malo-de-la-Lande, et de vastes possessions dans les îles et en Angleterre.

L'évêque de Coutances, sous Henri II, devait fournir au duc cinq chevaliers et en avait dix-huit pour son service personnel (2). L'évêché de Coutances devait, lui aussi, une bonne partie de sa fortune à un de ses évêques, Geoffroi de Montbrai, qui, après la conquête, devint extrêmement riche en Angleterre. Ses prédécesseurs possédaient déjà la baronnie de Saint-Lô; mais, sous les premiers ducs de Normandie, ils n'avaient pas osé y habiter : Thierry, Herbert Ier, Algéronde, Gilbert et Hugues Ier résidèrent à Rouen. Ce ne fut que vers 1021 que Herbert II vint timidement s'installer à Saint-Lô, mais pour peu de temps, car, dès l'année suivante, il fut transféré à l'évêché de Lisieux et remplacé par Robert (1022) (3); celui-ci adopta la même résidence; mais, avec les subsi-

(1) Ch. Guérin, *Acta S. Eccles. Abrinc.*, p. 127.

(2) Ducarel, *Antiq. anglo-norm.*, p. 223.

(3) *Gallia christiana*, t. XI, col. 706. Il convient de dire que, dans un autre passage, col. 869, les auteurs du *Gallia christ.* font mourir le prédécesseur de Herbert II en 1025 seulement : c'est sans doute cette dernière date qui est erronée, car, dans un troisième passage, col. 474, on lit que la charte de Richard II, octroyée à l'abbaye du Mont-Saint-Michel, fut rédigée en 1022; or, au bas, se trouve la souscription de Robert, *évêque de Coutances*.

des de la duchesse Gonnor, des chanoines et des barons, il fit commencer la construction d'une nouvelle cathédrale à Coutances (1). Après lui, Geoffroi de Montbrai rétablit le siège épiscopal dans l'ancienne capitale du diocèse (1048). Malgré cela, il ne négligea rien pour développer la prospérité de Saint-Lô, comprenant que ses intérêts étaient solidaires de ceux de cette ville. Le tonlieu, qui jusque-là n'avait été que de 15 livres, monta à 220. Il y fit creuser un étang, bâtir un moulin et joignit par un pont les deux rives de la Vire. Il ne se contenta pas de mettre en valeur l'ancien domaine de l'évêché : il l'accrut considérablement. En même temps qu'il faisait achever la cathédrale, il se faisait construire un palais à Coutances. Il acquit du duc Guillaume, pour 300 livres, la meilleure moitié de cette ville et de ses faubourgs, avec le tonlieu et les coutumes. Non loin de son palais, il fit planter un bois taillis et un vignoble. Il fit creuser un étang et bâtir deux moulins. Il disputa et reprit en partie au comte de Mortain la terre de Parc, proche de Coutances; il l'entoura d'un double fossé et de palissades, et y planta un bois, qu'il peupla de cerfs d'Angleterre. Il acheta la forêt de Saint-Ébremond, où il fit aménager un grand parc destiné à recevoir des cerfs, des sangliers, des taureaux, des vaches et des chevaux. En vertu d'une convention passée avec Mauger, son frère, et les créanciers hypothécaires de ce dernier, il acquit Blainville et le moulin du Homméel. Il obtint du duc, soit à titre gracieux, soit à prix d'or, les églises de Cherbourg, de Tourlaville, d'Équeurdreville, de Barfleur, le manoir de l'Oiselière, à Lingreville, des biens considérables dans les îles de Jersey, Guernesey, Serk et Aurigny, la dîme de la venaison dans les forêts du Cotentin, etc. Il acheta,

(1) *Gallia christ.*, t. XI, col. 869; Instrum., col. 218.

à Valognes, une terre où il fit bâtir un très beau manoir avec une chapelle et planter un taillis (1). Et dans cette liste ne figurent pas des acquisitions importantes dans le diocèse de Bayeux. Tous ces biens formèrent le domaine de l'évêché, qui s'accrut encore sous ses successeurs.

Aux revenus des domaines venaient s'ajouter les revenus ecclésiastiques: les évêques percevaient certains droits sur toutes les églises; ils se faisaient allouer par les desservants des frais de tournées épiscopales, leur vendaient les huiles et le saint chrême. Ils faisaient même payer les ordinations; un concile tenu à Rouen vers 1048 interdit cet abus, mais sans le faire cesser complètement (2): beaucoup, ayant acheté, parfois fort cher, l'épiscopat, trouvaient logique de pratiquer la simonie.

Puissants par leurs privilèges féodaux et par leurs richesses, les évêques le sont encore bien plus par leurs pouvoirs spirituels: ils sont à la tête du clergé et de la juridiction ecclésiastique; ils ont sous leurs ordres les archidiacres, les chanoines, les chapelains et autres prêtres attachés à la cathédrale, les abbés et les moines, les desservants des églises paroissiales et des chapelles seigneuriales, les clercs revêtus d'ordres mineurs ou simplement tonsurés.

Les archidiacres sont les coadjuteurs de l'évêque: ils administrent en son nom chacun une portion du diocèse appelée archidiaconé, et ils y font des tournées d'inspection, aux frais des curés. Ils mènent grand train et ont un nombreux équipage: le concile tenu à Rouen sous la présidence de l'archevêque Gautier, au début du règne de Richard Cœur-de-Lion, dut leur interdire de

(1) *Gallia christ.*, t. XI, Instrum., col. 218 et suiv.

(2) D. Bessin, pars I, p. 40 et suiv.

mener avec eux plus de six ou sept chevaux, afin de ne pas occasionner des frais trop considérables aux prêtres; dans le cas où un curé ne pouvait les héberger, il leur était défendu d'exiger de lui, à titre d'indemnité, plus de trois sous d'Angers (1).

Avec les archidiacres, les dignitaires ecclésiastiques les plus en vue étaient les doyens des chapitres, communautés de clercs soumis à certaines règles ou *canons* et pour cette raison appelés chanoines. Au doyen, dans chaque chapitre, étaient adjoints un chantre, un trésorier, un chancelier ou écolâtre, ce dernier chargé de l'organisation et de la surveillance des écoles, car l'enseignement était entièrement entre les mains du clergé. Les chanoines ont chacun leur maison, mais dans un quartier réservé appelé cloître, qui n'a de commun que le nom avec le cloître des monastères. Il y a des chapitres de chanoines dans toutes les villes épiscopales: ce sont les chapitres des églises cathédrales. Mais on en trouve aussi dans d'autres villes, comme Mortain par exemple: ce sont les chapitres de collégiales. A l'idée de chanoine s'associe celle de prébende, c'est-à-dire de biens de diverse nature, terres, églises, dîmes, attribués à chaque chanoine et qui lui permettent de vivre confortablement, parfois luxueusement. La charte de fondation de la collégiale de Mortain détaille les quinze prébendes qui furent créées, en 1082, au profit des quinze chanoines, par le comte Robert: une des plus modestes comprenait l'église de Husson avec la dîme de toute la paroisse, la dîme du moulin et trente acres de terre, l'église de la Basoche avec toute l'aumône et toute la dîme de la paroisse (2), ce qui pouvait correspondre à un revenu

(1) D. Bessin, I, p. 68. — Ord. Vital, l. V; t. II, p. 308.
(2) Voir p. 16, note 2, et p. 19.

actuel de 5.000 francs. De plus, le comte de Mortain donnait des biens et des rentes considérables pour alimenter un trésor de l'église collégiale et un trésor commun des chanoines. Enfin, au cours de certains offices, surtout des matines, qui avaient lieu au lever du soleil, il était fait aux chanoines des distributions d'argent, le tintement des pièces de monnaie jetait une note argentine et gaie au milieu des graves chants liturgiques. On leur distribuait même des gigots, des pots de vin, des gâteaux. C'était sans doute à un chanoine que pensait le malicieux La Fontaine, quand il peignait son « saint homme de chat, bien fourré, gros et gras. » Aussi, bien que les fonctions de leur ministère fussent assez assujettissantes, car ils devaient célébrer cinq offices les jours ordinaires et neuf le dimanche, ces ecclésiastiques, mi-séculiers, mi-réguliers, avaient un sort fort enviable et fort envié, d'autant plus qu'il était avec la règle des accommodements; les chanoines de cathédrale surtout, à cause de la prérogative qu'ils avaient d'élire les évêques : source d'honneurs, d'influence et parfois de gros profits dans ces temps de simonie.

Nous ne dirons rien ici du clergé régulier, auquel sera réservé le prochain chapitre, et nous arrivons aux desservants des églises paroissiales, qui, eux, avaient souvent du mal à vivre. On croit généralement qu'ils avaient le produit des dîmes: c'est une erreur; bien souvent, surtout à l'origine, ils n'en avaient rien, et rarement, dans la suite, ils en eurent plus du tiers. On vante la pieuse générosité des seigneurs du moyen âge qui fondèrent les églises : la vérité, c'est qu'ils faisaient une excellente opération financière.

Ainsi, un seigneur fait bâtir, à ses frais, une église pour une circonscription territoriale qui formera une paroisse, et auprès de l'église, un modeste presbytère; il attribue quelques arpents de terre à l'église pour servir de cimetière, quelques acres au presbytère pour constituer un petit domaine au desservant. Voyons maintenant quels avantages il retirera de cette libéralité bien comprise : d'abord, il a le titre de patron de l'église et, en cette qualité, le droit de proposer un desservant de son choix à l'évêque, qui est tenu de l'accepter, s'il remplit les conditions requises ; ce desservant sera logé au presbytère et jouira de la terre de l'aumône : c'est ainsi qu'on appelait la terre concédée. Il aura encore le produit de ses messes, les oblations et les autelages ou offrandes déposées sur l'autel, argent, pains, œufs, viandes, etc., les taxes établies pour les enterrements, pour l'administration des sacrements et la confession, taxes que le concile tenu à Reims en 1119, sous la présidence du pape Calixte II, défendit d'exiger, mais non d'accepter ; encore était-il souvent tenu d'abandonner au patron de l'église une partie de ces offrandes et de ces taxes. Généralement, ce dernier se réservait toute la dîme, ce qui représentait un intérêt respectable pour ses avances. La dîme, en effet, était perçue sur les grains, les vins, les fruits, les petits des animaux, le foin, le lin, la laine, le chanvre, les fromages et, en général, sur les produits qui se renouvellent chaque année (1). En somme, les églises, avec leurs dépendances et leurs dîmes, constituaient de véritables fiefs, qui furent avidement recherchés par les premiers prêtres de race normande, prêtres très peu savants, dit Ord. Vital, et toujours armés, qui savaient mieux manier l'épée pour défendre leurs fiefs que tenir un crucifix, et qui accueillirent assez mal la décision du concile de Reims, de 1049, interdisant aux prêtres de porter des armes (2). Le concile de Lillebonne (1080)

(1) D. Bessin, I, p. 97.
(2) Ord. Vital, l. V ; t. II, p. 386.

statua, dans son article 4, que le tiers des dîmes, les autelages et le casuel des enterrements seraient réservés de droit au desservant, que celui-ci n'aurait d'autre service à faire au seigneur que de porter ses messages, et encore sous cette réserve qu'il pourrait être rentré chez lui dans la journée (1). Mais il faut croire que ces décisions ne furent guère observées, car, en 1172, le concile d'Avranches dut prescrire de nouveau que les desservants eussent au moins le tiers des dîmes et les autelages (2).

Malgré la modicité de leurs ressources, les curés devaient pourvoir aux frais du culte, acheter les huiles et le saint chrême, payer certains droits, héberger ou indemniser de leurs frais de tournées les évêques et les archidiacres. De plus, ils avaient souvent une famille à leur charge; ils n'éprouvaient aucun scrupule à se marier, comme beaucoup de prélats et de chanoines. Un jour que saint Bernard de Tiron prêchait en public, à Coutances, vers l'an 1100, et fulminait, selon son habitude, contre les prêtres mariés, un archidiacre, qui avait femme et enfants, arriva en compagnie d'un grand nombre d'ecclésiastiques et de clercs, et demanda au prédicateur pourquoi lui, moine mort pour le monde, il venait prêcher à des vivants : « Tu n'as donc pas lu dans l'Écriture, ô mon très cher frère, riposta Bernard, que Samson s'était servi de la mâchoire d'un âne mort pour assommer les Philistins ? (3) » Ce curieux épisode prouve que beaucoup de prêtres considéraient le mariage comme légitime, à la grande colère des moines, qui affectaient de traiter indistinctement leurs femmes, légi-

(1) D. Bessin, I, p. 68.
(2) Ibid., I, p. 86.
(3) Bolland., *Acta Sanctorum*, Avril (14), t. II, p. 234.

times ou non, de concubines et de prostituées : A cette époque, dit Ord. Vital, il régnait une grande dissolution dans les mœurs du clergé, à tel point que, non seulement les prêtres, mais encore les prélats vivaient ostensiblement avec des concubines et faisaient parade de la nombreuse famille qu'ils en avaient (1). Les conciles de Lisieux (1055), de Rouen (1072) s'élèvent contre la licence effrénée des clercs, contre le mariage des prêtres; celui de Lillebonne (1080) prescrit aux évêques d'exercer des poursuites contre les prêtres, les diacres et les chanoines qui cohabitent avec des femmes (2). Mais ils se heurtèrent à une opposition d'autant plus vive que les hauts dignitaires de l'Église ne prêchaient point d'exemple : l'archevêque de Rouen, Robert, et Hugues, évêque de Lisieux, avaient femme et enfants ; d'autres avaient maîtresses et bâtards, comme Mauger, autre archevêque de Rouen, comme Robert, évêque de Coutances, qui s'appropria les biens du chapitre pour les distribuer à ses enfants naturels, comme Eudes, évêque de Bayeux et candidat à la papauté, etc. Sous le règne de Henri Ier, vers 1125, un légat du pape, le cardinal Crema, vint en Angleterre et convoqua un concile à Westminster : là, il déclara que c'était un crime impardonnable pour un prêtre de toucher et de consacrer le corps du Christ au sortir du lit d'une prostituée; or, la nuit suivante, la police lui joua le mauvais tour de le surprendre dans une maison de débauche..... (3). Le scandale fut énorme et le concile ne revit pas son président, qui avait repris furtivement le premier bateau. On conçoit aisément que, après cela, les mesures de rigueur, prises contre les

(1) Ord. Vital, l. V ; t. II, p. 396.

(2) D. Bessin, I, p. 46, 56, 67.

(3) H. Hunting., p. 382. — Roger de Hoveden, p. 478. — Mat. Westm., an. 1125.

prêtres mariés par des prélats qui manquaient d'autorité morale, n'aient réussi qu'à les exaspérer. Déjà, un archevêque de Rouen, Jean, avait failli être lapidé par son clergé, en plein synode, pour avoir voulu lui imposer le célibat. A la suite du concile de Reims (1119), où le pape Calixte II interdit formellement aux prêtres toute cohabitation avec des concubines ou des épouses (1), un autre archevêque de Rouen, Geoffroi, convoqua un synode dans cette ville et renouvela la même interdiction sous peine d'anathème : il souleva les protestations de ses prêtres, qui se plaignirent de la difficulté « d'accorder leur corps et leur âme. » Le prélat, Breton entêté et autoritaire, fit emprisonner l'un d'eux, qui s'était fait le porte-parole de l'assemblée, ce qui redoubla l'effervescence ; il sortit alors et ordonna à des satellites, qu'il avait apostés par mesure de précaution, d'entrer dans l'église pour mettre les mutins à la raison. Mais les plus résolus parmi ces derniers s'armèrent de barreaux de fer et repoussèrent bravement les assaillants, qui allèrent chercher du renfort parmi les cuisiniers, boulangers et ouvriers du voisinage, puis revinrent à la charge ; plusieurs prêtres furent assommés ou blessés, et ils demandèrent grâce (2). Ils reprirent piteusement le chemin de leur presbytère et allèrent faire mettre du baume sur leurs blessures..... par leurs femmes. En 1128, nouveau concile tenu à Rouen ; nouvelle défense faite aux prêtres de contracter des unions charnelles ; même insuccès. La résistance du clergé, qui fait le plus grand honneur aux femmes, se prolongea longtemps encore, et il ne s'habitua que difficilement au célibat. L'archevêque Eudes Rigaud, qui visita trois fois les diocèses de Coutances et d'Avranches,

(1) Ord. Vital, l. XII ; t. IV, p. 337.
(2) Ibid., p. 350 et suiv. — D. Bessin, II, p. 19.

vers le milieu du XIIIe siècle, note, dans le *Registre de ses visites,* que beaucoup de prêtres, et non des moindres, étaient débauchés et qu'il fit des remontrances à plusieurs chanoines de Mortain, entre autres, pour leur incontinence (1).

A part ces quelques cas d'insubordination, les prêtres se montrent d'autant plus soumis à leur évêque qu'ils relèvent, eux et tous les clercs, de sa juridiction, c'est-à-dire du tribunal ecclésiastique qu'il préside. Il en est de même des laïques pour toutes les causes touchant à un sacrement, définition très élastique et qui pouvait s'étendre à presque toutes les affaires. Un contrat passé en 1061 entre Jean, évêque d'Avranches, et Renouf, abbé du Mont-Saint-Michel, contient de précieux renseignements à ce sujet : il nous apprend, d'abord, que les clercs et les laïques du Mont pouvaient être cités à comparaître, soit comme accusés, soit comme témoins, devant le tribunal de l'évêque, à Avranches, et que, en cas de non-comparution, ils étaient passibles d'une amende, alléguassent-ils les dangers de la marée montante ou les embûches des Bretons. L'abbé ayant fait à ce sujet des observations, l'évêque les trouva fondées et le nomma son archidiacre au Mont, avec le pouvoir de juger certaines causes : mais il réservait pour son tribunal la validité des mariages, les causes criminelles et les épreuves par le fer brûlant ou l'eau bouillante (2) ; ces épreuves, qui ont donné naissance au dicton, *je n'en mettrais pas ma main au feu,* étaient alors autorisées par l'Église et avaient été réglementées par les conciles. La justice de

(1) Voir *Annales de l'Avranchin,* par l'abbé Desroches, p. 220 et suiv.

(2) *Livre Blanc* de l'évêché d'Avranches, 2e partie. — Ce contrat a été reproduit par l'abbé Pigeon dans le *Diocèse d'Avranches,* t. II, p. 658.

l'évêque, que les inculpés fussent des clercs ou des laïques, s'étendit aux parjures, aux infractions à la trêve de Dieu, aux adultères, aux incestes, même aux voies de fait commises sur les chemins de l'église : or, tous les chemins conduisent, dit-on, à Rome. C'est elle encore qui prononçait sur la validité des testaments, parce qu'on ne pouvait tester qu'après s'être confessé. Bien plus, le concile de Clermont (1095) décréta que tout accusé qui aurait cherché un refuge dans une église ou au pied d'une croix, serait livré, s'il était coupable, à la justice séculière, qui ne pourrait toutefois le condamner ni à la peine capitale ni à la mutilation, et serait remis en liberté, s'il était innocent (1) : ainsi, l'Église s'attribue le droit non seulement de limiter le châtiment, mais encore de décider si l'accusé doit, ou non, être livré à ses véritables juges ; elle tend manifestement à supplanter ou à absorber la justice civile.

Ces empiétements avaient pour résultat de faire passer peu à peu l'autorité civile entre les mains des évêques, dont la puissance allait toujours croissant et finit par porter ombrage aux ducs. Les souverains timorés étaient même désarmés contre eux, car le caractère sacré de leur ministère faisait regarder leur personne comme inviolable. Quand Guillaume le Conquérant ordonna, en plein conseil, d'arrêter son demi-frère, Eudes, évêque de Bayeux, aucun des chevaliers présents n'osa porter la main sur lui : ce fut Guillaume lui-même qui, de sa redoutable poigne, le saisit à l'épaule. Le pape Grégoire VII lui ayant fait des observations à ce sujet, il répondit que, en la personne d'Eudes, il avait arrêté, non le ministre de la religion, mais le vassal indocile, ce qui était son droit ; le pape jugea prudent de ne pas insister.

(1) Ord. Vital, l. VIII ; t. III, p. 410.

Et, en effet, les chefs spirituels des diocèses sont aussi des feudataires : c'est pour cette raison que les ducs prétendent intervenir dans leur nomination et exigent même qu'elle soit subordonnée à leur choix. Ils sentent toute l'importance de cette prérogative et il devient de règle, en Normandie, que les évêques soient proposés par eux, puis élus par les chapitres et consacrés par l'archevêque ; mais, en fait, quand le duc s'appelle Guillaume le Conquérant, l'élection n'est qu'une formalité et les chanoines se bornent à opiner du bonnet. Il impose les évêques plutôt qu'il ne les propose ; parfois ses choix sont simplement portés à la connaissance du clergé. Il n'est pas rare, en effet, que des évêchés soient vendus ou donnés à des favoris, comme des fiefs : sous Guillaume le Conquérant, dit Ord. Vital, des prêtres recevaient des laïques, pour prix de leurs adulations, des évêchés, des abbayes, etc. (1). C'est ainsi qu'il investit de l'évêché de Lisieux son médecin et chapelain, Gilbert Maminot. Grégoire VII, qui refuse avec tant d'intransigeance le droit d'investiture aux autres chefs d'États, ferme les yeux sur ces abus et recommande à ses légats d'en faire autant. Les fils du Conquérant, fidèles à la tradition paternelle, font peu de cas des menaces d'Urbain II, qui, au concile de Clermont (1095), interdit solennellement aux membres du clergé de recevoir des dignités ecclésiastiques de la main des princes ni d'aucun laïque, et à tous de les vendre ou de les acheter (2). Guillaume le Roux, dit encore Ord. Vital, accordait les dignités de l'Église aux clercs et aux moines, comme on donne un salaire aux mercenaires (3). Son frère, Robert Courte-

(1) Ord. Vital, l. IV; t. II, p. 216 et 242.
(2) Ibid., l. IX; t. III, p. 409.
(3) Ibid., l. X; t. IV, p. 9.

Heuse, faisait mieux encore. Renouf Flambart, évêque de Durham, ayant été chassé d'Angleterre, passa en Normandie, et là, ayant réussi à gagner les bonnes grâces du duc Robert, il obtint de lui l'évêché de Lisieux. Il en disposa d'abord en faveur de son frère Foucher; celui-ci étant mort sept mois après, il le transféra à ses deux fils, âgés de moins de douze ans, et l'administra en leur nom. C'est alors qu'un seigneur, Guillaume de Pacy, offrit à Robert, toujours besogneux, une forte somme d'argent pour l'évêché de Lisieux : le marché fut conclu ! Mais, cette fois, le scandale fut tel que l'archevêque de Rouen dut intervenir : Guillaume de Pacy, condamné pour simonie, d'abord à Rouen, puis à Rome, en fut pour ses frais et pour sa honte. Quant à Renouf Flambart, ayant fait hommage, en 1106, au nouveau maître de la Normandie, Henri Ier, déjà roi d'Angleterre, il fut rétabli dans l'évêché de Durham par le tout-puissant monarque, qui nomma à l'évêché de Lisieux Jean, archidiacre de Séez, sans tenir compte du vote du chapitre, qui avait élu un autre évêque, avec l'approbation de l'archevêque (1). Malgré la concession, d'ailleurs plus apparente que réelle, qu'il fit l'année suivante (1107) à Pascal II, en abandonnant l'investiture par la crosse et l'anneau, mais à la condition de conserver le droit à l'hommage féodal de l'épiscopat, Henri Ier continua à nommer les évêques : l'histoire des évêques d'Avranches nous en fournira bientôt la preuve; nous y verrons également que Geoffroi Plantagenet, Henri II et Richard Cœur-de-Lion prétendirent aussi exercer cette prérogative.

Il arrive assez fréquemment que les ducs choisissent les prélats dans quelque branche de la famille ducale, de

(1) Ord. Vital, l. X ; t. IV, p. 241. — Guil. Malmesb., *Gesta Pontif.*, III, 134.

préférence parmi les rejetons parasites : Hugues, évêque de Bayeux, et Jean, évêque d'Avranches, puis archevêque de Rouen, avaient pour père un frère utérin de Richard Ier, Raoul, comte d'Ivry et de Bayeux, né de la concubine de Guillaume Longue-Épée, la belle Sprote, et d'un simple fermier de moulins, nommé Asperlenc, avec qui elle avait convolé en justes noces, après la mort tragique du duc.

Guillaume le Bâtard donna pour successeur à Hugues un de ses frères utérins, Eudes, fils d'Arlette et de Herluin de Conteville. Un autre Hugues, qu'il fit évêque de Lisieux, était par son père, Guillaume d'Eu, le petit-fils de Richard Ier et d'une concubine (1).

Richard, nommé en 1135 évêque de Bayeux par Henri Ier, était né d'un bâtard de ce dernier. Comme on le voit, pour le choix des évêques, les ducs s'inspiraient des mêmes considérations politiques que pour le choix des comtes : ils avaient plus à attendre ou moins à craindre de ces intrus qui leur devaient tout et à qui leur tare originelle interdisait, s'emblait-il, les grandes ambitions. Dès le XIe siècle, en effet, la question d'origine commence à prendre une grande importance aux yeux des Normands eux-mêmes : on sait que le célèbre Bâtard

(1) Guil. de Jum., l. VIII, c. XXXVIII. — Guil. de Poitiers, p. 381. — Rob. de Tor., I. 25. — On lit, dans l'*Hist. de France*, publiée sous la direction de M. Lavisse (t. II, II, p. 110), que Richard Ier nomma son neveu Hugues, évêque de Bayeux, son autre neveu Jean, évêque d'Avranches, et son petit-fils Hugues, évêque de Lisieux ; enfin, que Richard II donna l'archevêché de Rouen à son fils Mauger. Ce sont là des erreurs : Richard Ier mourut en 1006 ; or, Hugues fut nommé évêque de Bayeux vers 1010, sûrement après 1006 ; l'autre Hugues, évêque de Lisieux en 1050 ; Jean, évêque d'Avranches en 1060 (*Gallia christ.*, t. XI, col. 353, 475, 766). Mauger ne devint archevêque qu'en 1037, et Richard II était mort en 1026.

faillit être victime de l'illégitimité de sa naissance, que lui reprochaient à l'envi ses rivaux et ses envieux.

Dans la hiérarchie ecclésiastique, les évêques relevaient directement des archevêques : c'est pourquoi les ducs tiennent à avoir près d'eux des archevêques sur le concours desquels ils puissent compter. Richard Ier veut élever à la dignité de métropolitain son propre fils, Robert. Mais comme il n'a jamais contracté avec sa mère, Gonnor, d'autre union que l'union à la danoise, on lui objecte que les lois canoniques s'opposent à ce que le fils d'une femme non mariée soit nommé archevêque; alors, il se décide à conduire Gonnor à l'autel et l'obstacle est levé (1). Mauger, qui succède à Robert, était fils de Richard II et de sa seconde femme, l'obscure Papie (2). Mais ce prélat, fantasque, turbulent, adonné à toutes les débauches, qui spoliait les églises et se moquait des ordres du pape, ayant poussé son frère, Guillaume d'Arques, à se révolter contre le Bâtard, celui-ci le fit déposer au concile de Lisieux (1055) et mit à sa place un moine, Maurile, qui avait quitté le monastère de Florence pour venir à celui de Fécamp (3). On pouvait croire qu'il voulait, par ce choix, éviter le retour de scandales retentissants; en réalité, il espérait trouver en cet étranger plus de docilité que chez ses proches; de plus, il savait que les moines étaient les rivaux des évêques, à qui ils reprochaient leur faste, leur ignorance et les mauvais exemples qu'ils donnaient au clergé. A la mort de Maurile, il permit au petit-fils de Sprote et d'As-

(1) Guil. de Jum. continué, l. VIII, c. xxxvi. C'est par erreur ou par flatterie que Guil. de Jum. dit (l. IV, c. xviii) que le mariage religieux de Richard avait été célébré au début de leurs relations.

(2) Guil de Jum., l. VII, c. vii.

(3) Ord. Vital, l. V; t. II, p. 358, 359, 360. — Guil. de Poitiers, p. 370, 380, 381.

perlenc, qui, comme évêque d'Avranches, ne lui avait donné aucun sujet de plainte, de recueillir sa succession; mais, comme archevêque, Jean se montra arrogant, irritable à l'excès, même insubordonné. Le duc revint alors aux moines et appela à l'archevêché une de ses créatures, Guillaume Bonne-Ame, qu'il avait déjà fait abbé de Saint-Étienne de Caen et sur le dévouement duquel il pouvait compter (1079) (1).

Les moines sont pour les ducs des auxiliaires précieux dans leur lutte contre les évêques. Quand les successeurs de Rollon, encore à demi païens, enrichissent à l'envi les abbayes et en fondent de nouvelles, c'est peut-être autant par tactique que par religiosité. Que penser, en effet, de la piété de ces princes qui continuent à se marier à la danoise et vivent, aux yeux de l'Église, dans le concubinage? de la piété de ce Richard Ier, par exemple, qui ne demande la consécration religieuse de son union avec Gonnor que pour faire monter un de ses fils sur le siège archiépiscopal? Ce qui n'empêche pas Guil. de Jumièges de l'appeler « une perle du Christ revêtue de l'habit laïque (2). » Leur piété, a-t-on dit, est sincère, mais peu éclairée: qu'on ne s'y trompe point: elle est plus éclairée qu'on ne pense, mais par l'intérêt, et elle ne les empêche nullement de commettre des crimes utiles. De temps en temps, le fer et le poison font des éclaircies dans la famille ducale: Richard III meurt empoisonné; le pieux Robert, son frère, recueille sa succession: *is fecit cui prodest,* disent tout bas les gens bien informés. La piété du fameux Bâtard est non moins éclairée; il sait notamment que, si l'on veut être aidé par le ciel, il faut commencer par s'aider soi-même, et il

(1) Ord. Vital, l. V; t. II, p. 302, 305.
(2) Guil. de Jum., l. IV, c. xx.

lui laisse à faire le moins possible. Plusieurs de ses ennemis meurent par le poison : le moine de Jumièges dira de l'un d'eux que c'est Dieu qui a rendu vaines ses menaces ! (1) Guillaume, lui, sait à quoi s'en tenir. D'ailleurs, il n'est pas dupe de l'hypocrisie : à son chapelain, Samson de Bayeux, qu'il veut nommer à l'évêché du Mans et qui objecte son indignité, il répond, narquois : « Tu as de l'esprit et tu vois finement qu'il convient que tu te poses en pécheur (2). » Alors que les hommes les plus instruits du siècle croient à l'infaillibilité de ce qu'on appelait alors la justice de Dieu, c'est-à-dire des épreuves par le feu, Guillaume en parle en libre-penseur : un jour, cinquante Anglo-Saxons, accusés d'avoir chassé dans les forêts royales, furent soumis à l'épreuve du fer rouge ; on vint dire à Guillaume que leurs mains ne portaient pas de traces de brûlures : « Qu'est-ce que cela prouve ? repartit-il ; Dieu est-il bon juge de ces choses ? c'est moi qu'elles regardent et c'est à moi de les juger ! (3) »

Ce souverain si avisé, tout en prodiguant les largesses aux églises, a le souci constant d'empêcher les prélats d'empiéter sur le pouvoir temporel : aux plus fougueux il fait sentir le mors ; aux plus dociles il prodigue les caresses et les faveurs, surtout à ceux qui lui font le service militaire, qu'il n'exige point en fait, mais que, en dépit du concile de Reims, il prétend avoir le droit d'exiger. Guillaume de Poitiers, admirablement placé pour être bien renseigné, puisqu'il était son chapelain, nous apprend qu'il gouvernait en personne les abbés et les pontifes : « Il leur donnait d'habiles avertissements au sujet de la discipline ecclésiastique, les exhortait cons-

(1) Voir p. 89. — Ord. Vital. l. IV ; t. II, p. 250.
(2) Ord. Vital. l. IV ; t. II, p. 240.
(3) Eadmeri *Historia*, p. 48.

tamment et les punissait sévèrement. Toutes les fois que, par son ordre, le métropolitain et les suffragants s'assemblaient pour traiter de l'état de la religion, du clergé, des moines et des laïques, il ne voulait jamais manquer d'être l'arbitre de ces synodes (1). » Ainsi, c'est le duc qui convoque les synodes et les conciles, les préside et les inspire ! (2) Détail piquant : il fait des sermons aux prélats ; Ord. Vital nous a même conservé le thème, fort édifiant, ma foi ! d'un de ces sermons (3). Au fond, il cherche autant son intérêt que celui de la religion : non seulement il veut tenir les évêques dans l'obéissance, mais encore il veut faire d'eux les instruments de sa domination.

Un prélat selon son cœur et qui fut le type le plus accompli des évêques du moyen âge, ce fut Geoffroi de Montbrai, que nous avons déjà vu à l'œuvre comme administrateur de l'évêché de Coutances. Il devait cet évêché à la simonie : son frère l'avait acheté pour lui à son insu et l'avait forcé de l'accepter ; c'est du moins ce qu'il prétendit au concile de Reims en 1049. Mauger, qui était alors archevêque de Rouen, ne s'était fait aucun scrupule de le consacrer (1048) (4). Aussi brave guerrier que pontife zélé, il se battait avec la même ardeur qu'il priait ; même, il savait mieux, dit Ord. Vital, disposer des hommes d'armes pour combattre qu'instruire des clercs vêtus de soutanes à chanter des psaumes (5) : figure curieuse et pleine de contrastes, qui se détache en un puissant relief dans la galerie des évêques de Coutances et retient l'attention. Il est d'une activité débordante.

(1) Guil. de Poitiers, p. 377.

(2) Voir O. Vital, l. V ; t. II, p. 306 et Rob. de Tor., t. I, p. 59 et 64.

(3) Ibid., l. IV; t. II, p. 228.

(4) D. Bessin, II, p. 531.

(5) Ord. Vital, l. VIII ; t. III, p. 356.

Il fait un voyage dans l'Italie méridionale et visite les fils de son voisin de Hauteville-la-Guichard, qui sont devenus là-bas riches et puissants; il en rapporte des subsides considérables pour l'achèvement de la cathédrale (1). Il répond avec enthousiasme à l'appel de Guillaume le Conquérant se préparant à passer en Angleterre, et l'accompagne avec ses chevaliers. Il emploie la nuit qui précède la bataille de Hastings à confesser des seigneurs normands. Le matin, il célèbre la messe en présence de l'armée, sous la voûte du firmament, où s'était montrée quelques mois auparavant,comme un présage de victoire, la comète dite depuis de Halley (2). Puis il quitte la mitre pour le heaume et le rochet pour le haubert, saute sur son cheval et se lance dans la mêlée, où il se comporte, dit Ord. Vital, en vaillant champion et en consolateur (3), c'est-à-dire en guerrier et en prêtre. Deux mois et demi après la sanglante bataille qui changea les destinées de l'Angleterre, le jour de Noël 1066, Geoffroi assista au couronnement du Conquérant: ce fut lui qui demanda aux chevaliers normands s'ils consentaient à reconnaître Guillaume pour roi (4). Quelques années plus tard, vers 1069, il reparait en Angleterre, pour marcher, à la tête des garnisons de Winchester, Londres et Salisbury, contre les Saxons de l'ouest, qui s'étaient révoltés; il les bat dans plusieurs rencontres et, par une cruauté trop fréquente dans ces temps barbares, fait mutiler ses prisonniers (5). Il devait être un habile capitaine, car Ord. Vital dit qu'il fut heureux dans tous les combats qu'il livra, non seulement aux indigènes, mais encore aux étran-

(1) *Gallia christ.*, t. XI, Instrum., col. 219.
(2) *Tapisserie de Bayeux*, 32e tableau.
(3) *Hist. Norman. script.*, p. 523.
(4) Ord. Vital, l. III ; t. II, p. 149.
(5) Ibid., l. IV ; t. II, p. 184.

gers. En récompense de ses services, Guillaume le nomma maître des chevaliers et lui donna, en Angleterre, 280 manoirs, qu'il laissa, en mourant, à son neveu, Robert de Montbrai (1). Après avoir assisté, à Caen, en 1087, aux funérailles du Conquérant, il repassa la mer avec l'évêque de Bayeux, le comte de Mortain et quelques autres grands seigneurs, intéressés comme lui au maintien de l'unité anglo-normande, pour soutenir les droits de Robert Courte-Heuse contre Guillaume le Roux. Il détruisit les villes de Bath et de Berkeley et dévasta les pays environnants (2), ce qui n'empêcha pas l'entreprise d'échouer (1088). Il rentra alors dans le Cotentin, où une autre déception l'attendait : on sait que le duc Robert céda à son jeune frère, Henri, le Cotentin et l'Avranchin, sous le nom de comté de Coutances, avec la suzeraineté sur les deux évêchés ; Geoffroi, on l'a vu, refusa hautement de reconnaître le nouveau suzerain (3). Il mourut quelques années après, en 1093, après avoir gouverné l'Église de Coutances pendant 45 ans.

L'esprit encore plein de son souvenir, on passe presque sans s'arrêter devant les figures un peu effacées de ses successeurs : Raoul, qui assista au concile de Rouen, en 1096, et mourut de la peste en 1109 ; Roger (1110-1123), qui vit presque périr son fils Guillaume, chapelain de Henri Ier, dans le naufrage de la *Blanche-Nef;* Richard de Brix (1123-1131) ; Algar (1132-1151), qui, d'abord partisan d'Étienne, se soumit à Geoffroi Plantagenet, après la prise de Saint-Lô et de Coutances; Richard de Bohon (1151-1179); Guillaume de Tournebut, nommé en 1179 et consacré seulement en 1185, l'archevêque Rotrou ayant,

(1) Ord. Vital, l. IV ; t. II, p. 214.
(2) Rob. de Tor., t. I, p. 71.
(3) Voir p. 23.

sous prétexte de maladie, refusé de procéder à sa consécration ; il mourut en 1102, et fut remplacé par Vivien, qui vit, sans trop de regrets, le Cotentin passer, avec le reste de la Normandie, sous la domination de Philippe-Auguste (1204).

L'histoire des évêques d'Avranches offre, au moins au XIIe siècle, plus d'intérêt que celle des évêques de Coutances, parce qu'elle nous montre aux prises les trois pouvoirs qui se disputent à cette époque la nomination effective des évêques : le duc, le pape et les chanoines soutenus par le clergé.

Commençons par rappeler les noms des évêques d'Avranches depuis Norgot, le premier qu'on trouve cité après les invasions normandes, qui assista à la dédicace de l'église de l'abbaye de Fécamp, en 990, et se fit moine au Mont-Saint-Michel, peu après 1017. A sa suite, nous voyons défiler successivement dans la pénombre de ce passé lointain : Mauger, qui signa la charte octroyée par Richard II à l'abbaye du Mont, en 1022 ; Hugues (1028) ; Jean (1060), qui devint archevêque de Rouen en 1067 et dont il a été question à plusieurs reprises ; Michel (1068), qui assista aux funérailles de Guillaume le Conquérant, à Caen ; Turgis (1094), sous l'épiscopat duquel fut bâtie et consacrée (1122) la cathédrale d'Avranches, qui s'écroula sous la Révolution. Ces prélats avaient sans doute été nommés, selon l'usage, sur la proposition ou sur l'ordre des ducs. Il en fut de même de Richard de Beaufou, chapelain de Henri Ier, qui lui donna l'évêché d'Avranches le même jour où il donnait celui de Bayeux à son petit-fils, Richard (1134) (1). Ce dernier, qui avait pour père un bâtard du roi, Robert de

(1) D. Bessin, II, 220. — Rob. de Tor., t. I, p. 193. — Ord. Vital, l. XIII ; t. IV, p. 457.

Glocester, n'entra pas dans l'épiscopat sans difficulté : l'archevêque de Rouen, partageant les sentiments du pape et du clergé sur le droit d'investiture, saisit le prétexte de sa naissance illégitime pour lui refuser la consécration, jusqu'à ce que, disait-il, le roi, par la crainte qu'il inspirait, eût obtenu la sanction du pape (1), ce qui, d'ailleurs, ne tarda guère. Quant à Richard de Beaufou, il prit sans opposition possession de l'évêché d'Avranches, ce qui prouve que la défense faite aux laïques de disposer des évêchés, quoique renouvelée par Calixte II au concile de Reims de 1119, était restée lettre morte pour les princes puissants, peu accessibles aux scrupules religieux.

Le *Gallia christiana* dit que Richard de Beaufou mourut en 1142 ou 1143, et Robert de Torigny, que Richard de Subligny devint évêque d'Avranches en 1142 ou 1143 (2). Ce dernier dut être choisi ou tout au moins agréé par Geoffroi Plantagenet, qui était en passe de conquérir la Normandie occidentale. Ce prince, en effet, bien que vanté pour sa modération, n'était pas homme à laisser méconnaître ses droits, légitimes ou prétendus : ayant appris que le chapitre de Séez avait osé nommer un évêque sans son consentement, il condamna l'élu et tous les électeurs à une mutilation dégradante, et se fit apporter dans un bassin la preuve que son arrêt avait été exécuté (3).

A Richard de Subligny, mort au cours d'un voyage à Rome, succéda Herbert (1153), qui fut sans doute désigné

(1) Ord. Vital, l. XIII ; t. IV, p. 457.

(2) Rob. de Tor., t. I, p. 229.—Mentionnons, sans chercher à expliquer ce fait, qu'un Hébert ou Herbert figure, à la date de 1130, dans deux chartes du *Cartul. de Marmoutier*, avec le titre d'évêque d'Avranches. (Voir *Gallia christ.*, t. XI, col. 478 et 479.)

(3) Fitz Stephen, p. 44.

par Henri II, dont il était le chapelain (1). Il mourut en 1160, d'après Robert de Torigny; en 1161, d'après le *Gallia christiana*. La nomination de son successeur, Achard, fut le résultat d'un conflit qui durait depuis quelques années entre Henri II et le pape: Achard, en effet, avait été élu évêque de Séez, en 1157, par le chapitre, qui, fort de l'approbation du pape Adrien IV, avait cru pouvoir se passer du consentement du roi. Celui-ci annula l'élection, doublement mécontent et de ce qu'il n'avait pas été consulté et de ce que le pape l'avait été. On ne céda ni d'un côté ni de l'autre. Toutefois, sous le successeur d'Adrien, Alexandre III, une transaction eut lieu, aux termes de laquelle Henri II consentait à agréer Achard comme évêque d'Avranches (1161) (2). Elle fut conclue à la suite d'une entrevue que le nouveau pape eut, en 1160, avec les rois de France et d'Angleterre, au château de Torcy: les deux monarques allèrent au-devant de lui, mirent pied à terre, puis prirent la bride de son cheval, l'un à droite, l'autre à gauche, et l'escortèrent ainsi jusqu'au château (3).

Achard mourut en 1171 et fut remplacé par Richard, archidiacre de Coutances. Ce fut peu de temps après qu'eurent lieu, dans sa ville épiscopale, les événements mémorables qui consacrèrent la victoire de la papauté sur la royauté. Le 21 mai 1172, devant la porte de la cathédrale, au pied des légats du pape et des prélats de Normandie, tous rayonnants de la joie du triomphe, un homme était à genoux sur une pierre, baissant humblement la tête: cet homme était Henri II lui-même, le plus puissant monarque du monde. Pour la foule, il était un

(1) Rob. de Tor., t. I, p. 279.
(2) *Gallia christ.*, t. XI, col. 481.
(3) Trivet, vol. I, p. 48.

pénitent, venu là pour recevoir l'absolution du meurtre de Thomas Becket; aux yeux des plus clairvoyants, il était un vaincu, et, s'il avait été donné de voir ce qui se passait sous ce crâne auquel les légats imposaient les mains, on y aurait démêlé plus de dépit et de colère que de contrition. Le clergé avait fait preuve d'une discipline admirable : tous les évêques s'étaient groupés autour des légats et, malgré l'or et les intrigues du roi, pas une défection ne s'était produite. Ils se rendaient compte des progrès de la papauté depuis un siècle ; ils sentaient que l'évêque de Rome était devenu le souverain pontife et qu'il eût été dangereux de lui désobéir. Puisqu'il leur fallait reconnaître son autorité, ils caressaient le projet de n'avoir plus d'autre maître que lui. Se soutenant l'un l'autre, le pape et le clergé voient croître rapidement leur influence. Le premier intervient à chaque instant dans la politique des États, suscitant aux souverains qui ne se montrent pas assez dociles des difficultés intérieures et extérieures, imposant sa médiation pour le règlement des conflits internationaux; il rêve de réaliser à son profit la monarchie universelle. En même temps, le clergé obtient de nouvelles prérogatives : la juridiction ecclésiastique devient entièrement indépendante de la juridiction royale. En 1190 ou 1191, pendant que Richard Cœur-de-Lion est à la croisade, une assemblée de prélats et de barons normands décide qu'aucun clerc ne pourra être arrêté par les autorités laïques qu'en cas d'homicide ou de quelque autre crime relevant des plaids de l'épée, et que, même dans ce cas, le coupable devra, à la première réquisition des juges ecclésiastiques, leur être livré pour être jugé par les tribunaux de l'Église (1).

Après son humiliation, Henri II, qui se déclarait le

(1) D. Bessin, I, p. 100.

vassal du pape, ne pouvait plus guère prétendre à la nomination des évêques. Et, en effet, nous voyons, en 1177, les chanoines de Dol choisir pour archevêque Rolland, doyen du chapitre d'Avranches, en présence des évêques de Bayeux et d'Avranches et de l'abbé du Mont, Robert de Torigny (1). A la mort de Rotrou, archevêque de Rouen, Henri II se hasarda à présenter au chapitre un candidat, Gautier de Coutances; il commença par dire: *volo*, je veux qu'il soit nommé; mais le chapitre, qui avait aussi son candidat, Robert du Neubourg, refusa d'obéir à cette injonction. Des négociations furent engagées: le roi dut ajouter *et precor*, et je prie..., et solliciter pour son favori l'approbation du pape Lucius III (2).

On ne sait au juste comment Guillaume Burel fut appelé à succéder à Richard, en 1182, sur le siège épiscopal d'Avranches: *electus est*, disent Robert de Torigny et D. Bessin, ce qui peut s'entendre aussi bien d'un choix arbitraire que d'une élection. Mais, après sa mort, arrivée au plus tard en 1194, Richard Cœur-de-Lion ayant voulu lui donner pour successeur Guillaume de Chemilly, archidiacre de Richemond, l'archevêque Gautier, oubliant qu'il devait lui-même sa haute dignité au favoritisme, refusa de le consacrer. Quelques années après, en 1197, Guillaume, qui assistait comme témoin à la transaction entre le roi et l'archevêque au sujet du domaine d'Andeli, est cité dans le contrat, non comme évêque, mais simplement comme *electus Abrincensis* (3). Enfin, en 1198, pendant qu'il s'acquittait d'une mission dont le roi l'avait chargé en Allemagne, l'archevêque de Rouen s'entendit avec celui de Tours pour le transférer à l'évêché d'An-

(1) Rob. de Tor., t. II, p. 72.

(2) *Hist. Norman. script...*, p. 1056 et 1057. — Rob. de Tor., t. II, p. 127 et note 4.

(3) Rymer, *Fœdera...*, vol. I, pars I, p. 69.

gers. Mais ils avaient eu le tort d'oublier que, s'ils pouvaient maintenant braver le roi, ils dépendaient plus que jamais du pape : ce dernier, qui n'avait pas été consulté, vit là une atteinte à son autorité et, pour affirmer sa suprématie par un exemple éclatant, il enleva aux deux métropolitains le droit de consacrer les évêques (1).

La nomination du successeur de Guillaume de Chemilly, en 1198, donna lieu à un nouveau conflit, cette fois entre le chapitre et le pape. Les chanoines avaient élu Guillaume de Tolmé, un débauché qui n'avait même pas reçu les ordres, mais qui avait la bourse bien garnie : les candidats comptaient plus maintenant sur la vertu de l'or que sur la protection du roi. Guillaume de Tolmé s'était donc vu attribuer 17 voix, tandis que son concurrent, le doyen du chapitre, n'en avait obtenu qu'une, la sienne ; or, les deux tiers seulement des chanoines avaient assisté à l'élection et on avait fait voter un enfant de 14 ans. Le candidat malheureux alla se plaindre au pape Innocent III, qui annula cette élection scandaleuse et écrivit aux chanoines d'Avranches de faire un nouveau choix : « Ne craignez-vous pas, leur disait-il, d'être accusés de faux ? Et votre élu n'est-il pas indigne de l'honneur que vous lui avez fait ? On dit même qu'il a des enfants de tous les côtés... (2) » Mais Guillaume de Tolmé s'empressa de se faire conférer les ordres et il fut réélu par les honnêtes chanoines, qui voulaient gagner leur argent, peut-être aussi protester contre l'immixtion du pape dans l'élection de leur évêque. Guillaume de Tolmé administra le diocèse jusqu'à sa mort (1210).

Il n'en est pas moins vrai que les chapitres, qui avaient

(1) *Gallia christ.*, t. IX, col. 483.
(2) Bessin, II, p. 368 et 369.

réussi à s'affranchir de la tutelle des rois, durent subir de plus en plus celle des papes. Philippe-Auguste, devenu maître de la Normandie, leur reconnut le droit d'élire les évêques, mais sous réserve de l'approbation du pape : il ne faisait que consacrer un état de choses qui existait déjà.

CHAPITRE V

Les abbés et les moines.

Voir le sommaire à la Table des Matières.

Les abbayes se multiplièrent rapidement sous les successeurs de Rollon, dans le Cotentin et l'Avranchin; il reste de plusieurs d'entre elles des ruines souvent imposantes, presque toujours dans des sites pittoresques (1). En voici la liste :

L'abbaye du Mont-Saint-Michel, fondée en 708 par saint Aubert, évêque d'Avranches, qui y établit douze chanoines. Leurs successeurs se relâchèrent jusqu'à faire du Mont un lieu d'orgies et de débauches; en 966, ils furent chassés et remplacés par des bénédictins, sur l'ordre de Richard Ier, qui fit restaurer et agrandir l'abbaye. Au XIIIe siècle, elle renfermait une quarantaine de moines, jouissant d'un revenu de 8.000 livres.

L'abbaye de Cerisy-la-Forêt (Bénédictins), fondée vers l'an 1030 par le duc Robert le Magnifique (2).

L'abbaye de Lessay (Bénédictins), fondée en 1056 par Richard Turstin Haldup, sa femme et leur fils, Eudes au

(1) Voir *Le Cotentin et l'Avranchin depuis les origines*, p. 209 et suiv.

(2) Ord. Vital, l. III; t. II, p. 10.

Chapel ; elle fut enrichie par les seigneurs de la Haye-du-Puits, de Saint-Jean, de Bohon, etc.

L'abbaye de Saint-Sauveur-le-Vicomte (Bénédictins), fondée vers 1080 par le vicomte Néel (1).

L'abbaye de Saint-Sever (Bénédictins), fondée par Hugues, vicomte d'Avranches et comte de Chester (1085) (2).

L'abbaye de Montebourg (Bénédictins), fondée par le moine Roger sur une terre donnée par Guillaume le Conquérant. Henri Ier la céda à Richard de Roviers pour la protéger et l'augmenter, comme sa propre abbaye, ce qu'il fit avec beaucoup de zèle (3). C'est sans doute pour cela qu'il est cité comme le fondateur de cette abbaye, dans une charte de son petit-fils, appelé également Richard de Roviers (4). L'église ne fut consacrée qu'en 1152.

L'abbaye de Savigny (Cisterciens), fondée par l'ermite Vital, ancien chapelain du comte de Mortain, qui vint, avec quelques cénobites, chercher une retraite à Savigny et se mit à bâtir un monastère dans un bois voisin (1112). Le monastère ne tarda pas à être achevé, grâce aux libéralités de Raoul de Fougères, qui reçut le titre de fondateur. L'église fut consacrée en 1124 par les évêques d'Avranches et de Coutances.

L'abbaye de Saint-Lô, fondée par Algar, évêque de Coutances, qui, en vertu d'une lettre du pape Innocent II, datée du 2 mars 1132 (5), remplaça les chanoines séculiers de Saint-Lô par des chanoines réguliers de l'ordre de saint Augustin.

(1) Voir p. 120 et 121.
(2) *Gallia christ.*, t. XI, col. 913. — Rob. de Tor., t. II, p. 202.
(3) Rob. de Tor., t. II, p. 203 et 204.
(4) Ibid., t. I, p. 338 et note de M. L. Delisle.
(5) Ibid., t. I, p. 257 et note 5.

L'abbaye de la Lucerne (Prémontrés), qui eut pour origine un petit monastère fondé vers 1142 par Hascoul de Subligny, dans le bois de Courbefosse ; les moines le quittèrent bientôt pour les rives du Thar, où ils ne réussirent pas à s'installer définitivement. Une abbaye digne de ce nom put enfin être construite grâce à Guillaume de Saint-Jean, qui prit le titre de fondateur. L'église fut consacrée en 1178 par Richard, évêque d'Avranches.

L'abbaye du Vœu, à Cherbourg, ainsi appelée d'un vœu fait par Guillaume le Bâtard, lors d'une maladie grave dont il fut atteint à Cherbourg. Bien qu'il eût déjà fait bâtir lui-même une église en accomplissement de ce vœu, sa petite-fille, Mathilde *l'emperesse*, crut bon d'y ajouter un monastère, qu'elle fit construire dans un terrain marécageux appelé l'île du Holm, là où est aujourd'hui l'hôpital de la marine, et où elle mit des chanoines réguliers (1145).

L'abbaye de Hambye (Bénédictins), fondée en 1145 par Guillaume Payenel.

L'abbaye de Blanchelande (Prémontrés) fondée, vers le milieu du XIIe siècle, par Richard de la Haye et sa femme, Mathilde de Vernon, dans un site qui dépendait autrefois de Varenguebec et qui est aujourd'hui en Neufmesnil. L'église fut dédiée en 1185.

L'abbaye de Montmorel, à Poilley (chanoines de saint Augustin), fondée, dans la seconde moitié du XIIe siècle, par le moine Raoul de Montmorel, aidé de Guillaume de Ducey, de Jean de Subligny et de Ruallon du Homme.

Comme abbayes de femmes, citons l'abbaye du Neubourg, près de Mortain, qui fut fondée par Guillaume II, comte de Mortain, en 1105, et donna naissance à l'Abbaye Blanche; celle de Mostons, dans la forêt de la Lande-Pourrie, à Saint-Clément, qui eut pour fondateur Henri Ier.

A la tête des abbayes, où seuls pouvaient être admis des clercs et des laïques libres, étaient des abbés, qui, en principe, devaient être élus par les moines. Ils étaient assistés de nombreux dignitaires : le prieur et le sous-prieur, le bailli, dit capital ou principal, l'aumônier, le cellerier, le chantre, l'infirmier, le sacristain, le trésorier, etc. A l'abbaye du Mont-Saint-Michel, il y avait, de plus, douze bénédictins qui avaient le titre de chanoines; ils n'avaient que de maigres prébendes et fatiguaient les pèlerins de leurs demandes : c'est pourquoi l'abbé Robert de Torigny réduisit leur nombre à trois (1).

Les abbés étaient à la fois des prélats et des barons. Comme barons, ils ne relevaient que du duc; mais, en tant qu'ecclésiastiques, ils étaient subordonnés aux évêques. Le contrat passé entre l'évêque d'Avranches et l'abbé du Mont en 1061, contrat que nous avons déjà cité (2), nous apprend que le premier avait droit de juridiction sur le second, sur les moines et les douze chanoines; qu'il nomma l'abbé son archidiacre au Mont avec le droit de juger les causes ecclésiastiques inférieures; mais celui-ci devait aller deux fois par an à Avranches pour les synodes et, de plus, toutes les fois qu'il y avait des causes importantes à juger. Les moines devaient s'y rendre eux-mêmes processionnellement, une fois par an, en portant le chef de saint Aubert : là, ils recevaient de l'évêque le chrême et les huiles; en échange, ils devaient lui offrir une chape, trois livres d'épices, trois livres d'encens, etc.

Cette transaction avait dû être précédée d'un long conflit entre l'évêché et l'abbaye. Les moines auraient voulu se gouverner eux-mêmes, sous la direction de

(1) Rob. de Tor., t. II, p. 312 et 313.
(2) Voir page 165.

leurs abbés, et ils voyaient d'un mauvais œil l'intrusion des prélats séculiers dans leurs affaires. Après la mort de l'abbé Jourdain, en 1212, l'évêque d'Avranches se rendit au Mont-Saint-Michel pour présider, selon l'usage, à l'élection de son successeur; les moines l'accueillirent fort mal; ils lui permirent d'entrer dans l'église pour y prier, mais non d'assister à l'élection. En général, les moines cherchaient à se soustraire à l'autorité des évêques, auxquels ils se croyaient et étaient bien souvent supérieurs par la science et les vertus; ils leur faisaient une guerre sourde, avec l'appui des ducs et des papes, et ne craignaient pas d'engager des instances contre eux.

En tant que baron, l'abbé du Mont-Saint-Michel, que nous prendrons comme exemple, tient du duc de nombreux fiefs. Voici, d'après la *Déclaration* présentée en 1172 au roi Henri II par l'abbé Robert de Torigny, la liste des fiefs de l'abbaye à cette époque, pour la Normandie seulement, car il n'est point fait mention de ses immenses possessions dans les autres provinces, ni dans les îles, ni en Angleterre (1). Ces fiefs formaient plusieurs baronnies : dans l'Avranchin, celles d'Ardevon et de la Croix, au sud de la baie; celle de Genet, au nord; dans le Cotentin, la baronnie de Saint-Pair, vaste territoire, qui comprenait au moins vingt-cinq de nos communes actuelles, sans compter des terres détachées et les îles de Chausey; enfin, dans le Bessin, la baronnie de Bretteville et Verson. Pour ces fiefs, l'abbé doit en tout sept chevaliers : trois pour l'Avranchin, autant pour le Cotentin et un pour le Bessin. Pour s'exonérer de cette charge, il rétrocède certaines parties de ce magnifique domaine à des tenanciers, qui deviennent ses vassaux ou vavasseurs

(1) Rob. de Tor., t. II, p. 296 et suiv.

et s'engagent à assurer le service des chevaliers à sa place. Ceux du Cotentin sont fournis, le premier, par Foulques Payenel, qui reçoit en compensation Bricqueville-sur-Mer et Annoville; le deuxième, par Guillaume de la Mouche, pour le Mesnil-Drey et Saint-Ursin; le troisième, par Robert du Bois, avec l'aide de Godefroi de Bricqueville, de Guillaume de Verdun, de Robert de Monte-Aquila et de Guillaume de Leseaux. Les trois chevaliers de l'Avranchin sont à la charge des vavasseurs suivants: le comte de Chester doit 1/2 chevalier, pour Bacilly; Guillaume de Saint-Jean, 1/2, pour Saint-Jean-le-Thomas; Raoul de Fougères, suppléé par Bertrand de Verdun, 1, pour Bouillon, Chavoy et une partie de Lolif; le même Raoul de Fougères, 1/3 pour Moidrey; Eudes de Tanis, 2/3 de 1/3 ou 2/9; Thomas de Beauvoir, 2/3 de 1/3 de 1/3 ou 2/27; Roger Baillard, 1/3 de 1/3 de 1/3 ou 1/27; Guillaume d'Avranches, 3/4 de 1/3 ou 3/12, pour Noant; Hamon et Ruallon de Marcey, 1/4 de 1/3 ou 1/12. Qu'on fasse le total: on verra que les trois chevaliers y sont bien; pas une oreille de moins! Si les seigneurs ne savaient pas lire, ils se connaissaient en fractions! Enfin, le septième chevalier était réparti entre les vavasseurs de Bretteville et de Verson.

A ces vavasseurs, dits libres, viennent s'en ajouter beaucoup d'autres, qui doivent le service militaire à l'abbaye et dont la liste serait trop longue. Parmi les uns et les autres, il y a de très grands seigneurs: deux comtes, celui de Chester et celui d'Arondel, qui tient le fief de Longueville; le vicomte Jourdain Taisson, qu tient le fief de la Colombe; des grands officiers du duc, comme les chambellans Guillaume et Alexandre de Tancarville, le maréchal Richard de Verson. De plusieurs autres sont sorties des lignées illustres: une partie de l'ancienne noblesse du Bessin, du Cotentin et surtout de l'Avranchin a dû son origine à l'abbaye du Mont-Saint-Michel.

Si l'on excepte les vavasseurs de la baronnie de la Croix, qui sont chargés de garder une des portes du château de Saint-James, quand l'armée de Normandie est en campagne, et quelques-uns de ceux qui doivent fournir les sept chevaliers, tous les vavasseurs de l'Avranchin et du Cotentin doivent le service militaire aux religieux pour la garde et la défense du Mont. Ceux de la baronnie de Saint-Pair peuvent être requis pour accompagner, armés de la lance et de l'écu, l'abbé du Mont dans ses tournées, prendre les nans et faire certains autres services, sous cette réserve toutefois qu'ils pourront être de retour chez eux dans la journée.

Il y a, en outre, une foule de petits vavasseurs, *minuti vavassores*, sans doute des tenanciers demi-libres, — car ils sont distingués des vavasseurs libres, — qui peuvent être convoqués pour contribuer à la garde du Mont et faire le guet. Ils accompagnent aussi les moines dans leurs voyages et portent leurs sacs et leurs vêtements. On voit que l'abbaye utilise, dans l'intérêt de sa sécurité, jusqu'aux petites gens; elle ne faisait, d'ailleurs, que suivre l'exemple de Henri II et l'usage du temps (1). Elle pratique même le système dit d'immédiatisation, ce qui signifie qu'elle exige le service militaire des hommes de ses vavasseurs. On en trouve la preuve dans une convention passée à Bayeux entre l'abbé du Mont et Guillaume Payenel, vers la fin du XIe siècle: « Si Payenel, y est-il dit, convoque les hommes des vavassories qu'il tient de l'abbé, soit pour garder son château, soit pour assister à ses plaids, ils ne devront se rendre à cette convocation

(1) Voir pages 61 et 62.

que s'ils sont libres du service de l'abbé (1). » Une autre convention, qui, comme la précédente, se trouve dans le cartulaire du Mont, est encore plus probante à ce sujet, à cause des détails qu'elle donne : Thomas de Saint-Jean, feudataire de l'abbaye, pour se bâtir un château, avait ravagé les bois de Neiron, de Crapout et de Bevais, qui appartenaient aux moines ; de plus, il avait dévasté ou usurpé les terres de plusieurs de leurs vavasseurs, dans les baronnies de Genet et de Saint-Pair ; le chapitre du cartulaire, intitulé *De perditis hujus ecclesiæ*, donne la liste de ces terres, parmi lesquelles se trouvait celle de Granville (2). On venait de traverser cette longue période de guerres civiles qui commença peu après la mort de Guillaume le Conquérant ; l'Avranchin en avait particulièrement souffert et beaucoup de vassaux en avaient profité pour briser les liens qui les rattachaient à leurs suzerains. D'autre part, Thomas était puissant et bien en cour : c'est à lui que Henri Ier avait confié le commandement du château de blocus qu'il avait fait construire à Tinchebrai, en 1106. Les moines étaient donc fort perplexes. Ils se tournèrent alors vers le ciel et, chaque jour, « élevèrent une pieuse clameur vers lui » pour appeler sa vengeance sur l'usurpateur. Thomas l'apprend et accourt furieux au Mont avec ses deux frères, Jean et Roger, et une nombreuse suite. Mais là, sa colère tombe et, sur le conseil de ses amis, il entre en pourparlers avec les moines : il s'engage à respecter les biens de l'abbaye ; mais il demande pour lui et ses frères le service militaire de ceux de leurs hommes qui leur sont unis par les liens du sang, sous cette réserve qu'ils continueront à faire aussi le service du Mont ; il laisse aux

(1) *Cart. du Mont*, f°s 95 et 96.
(2) *Ibid.*, f° 107, v°.

moines les droits de moulin, le tonlieu, les tailles, les aides, tout ce qui est dû légitimement au suzerain principal, et promet de rester l'homme de l'abbé. Il ajoute qu'il a eu jusque-là en sa garde la terre de Roger de Granville, parce que celui-ci était son écuyer, mais que, Roger ayant été fait solennellement chevalier à l'abbaye, il rendait sa terre à l'abbé, à qui seul le nouveau chevalier devait désormais ses services, comme les autres chevaliers feudataires du Mont (1). De ce qui précède il résulte que l'abbaye n'entendait se priver des services militaires d'aucun de ses vassaux ou arrière-vassaux et qu'elle admettait difficilement le partage ; elle avait ainsi, pour sa défense, de nombreux chevaliers, qui lui devaient chacun au moins quarante jours de service militaire, et autant d'hommes qu'elle en voulait pour faire le guet. En cas de danger, elle pouvait disposer d'une petite armée ; mais elle avait aussi à compter avec l'esprit d'insubordination, les défections et les révoltes.

En somme, une baronnie est en petit ce que le duché est en grand : l'organisation est la même, et cela est encore vrai au point de vue judiciaire. L'abbé a le droit de justice sur tous les fiefs de l'abbaye. Sa cour principale est au Mont : il est assisté et suppléé au besoin par un bailli, dit bailli capital, choisi parmi les moines, et qui correspond au sénéchal des grands seigneurs ; il a pour assesseurs ses moines et ses principaux feudataires. C'est là que sont jugées, entre autres, les contestations entre ses vavasseurs ; s'il a lui-même un différend avec l'un d'eux, il peut exiger que l'affaire vienne à sa cour du Mont, alors même que l'objet du litige serait sur les terres les plus éloignées (2). Il se rend, d'ailleurs, dans

(1) *Cartul. du Mont*, f° 37, r° et v°.
(2) Rob. de Tor., t. II, p. 241.

ses manoirs, de temps en temps, pour y tenir des plaids. En son absence, c'est-à-dire la plupart du temps, la justice y est rendue par des baillis choisis par lui, qui sont répartis sur les fiefs du monastère : un accord de 1186 entre l'abbé Robert de Torigny et Richard du Hommet, connétable de Normandie, au sujet des tangues de Saint-Germain-sur-Ay, mentionne que les hommes de Richard et d'autres prenaient de ces tangues « sans la permission et le consentement des baillis de l'abbé (1). » L'abbé de Saint-Ouen de Rouen avait un bailli pour les trois paroisses de Letteguives, Osonville et Martainville, un autre pour Quièvreville (2), etc.

Les baillis sont secondés par des prévôts, qui veillent sur les intérêts du seigneur, font respecter ses droits, procèdent au champartage, traduisent les délinquants devant le bailli et assistent aux plaids, où ils font l'office de greffiers et d'accusateurs. Ils recevaient généralement un fief en échange de leurs services et avaient quelques autres avantages : quand les prévôts de l'abbaye de Saint-Ouen assistaient aux plaids, ils avaient droit à un pain de couvent, un galon de vin, une portion de viande de bœuf ou de porc, etc... (3). Ils avaient sous leurs ordres des sergents et des bedeaux chargés d'exercer une surveillance incessante sur les vilains, de faire la police, de porter les assignations, les convocations, de prendre les nans, etc. Parfois les prévôts remplissaient eux-mêmes les fonctions de sergent : ainsi, on voit dans le *Livre des jurés de Saint-Ouen*, le prévôt de Letteguives recevoir « une franche prévôté de cent acres, laquelle il dessert par sa verge, c'est-à-dire en faisant les

(1) Rob. de Tor., t. II, p. 336.

(2) *Livre des jurés de Saint-Ouen*, f° LV, r°, et LXXXVII, r°.

(3) *Ibid.*, f° LXXX, v°.

services, les commandements et tous les offices qui appartiennent au sergent, pour l'abbé et le couvent de Saint-Ouen, dans toute la baillie qu'ils ont en la paroisse de Letteguives et en la paroisse d'Osouville et en la paroisse de Martainville (1). »

L'abbé du Mont-Saint-Michel n'a pas seulement le droit de basse et de moyenne justice; il a aussi, au moins avant le XIIe siècle, celui de haute justice, autrement dit les plaids de l'épée ou le droit du sang. Par sa charte de 1022, Richard II donne à l'abbé et aux religieux « toutes les coutumes du bourg du Mont sans exception, aussi bien celles appartenant à l'évêque d'Avranches qu'à lui-même, pour les posséder à perpétuité, de façon à ce qu'ils aient toutes les lois et toutes les forfaitures des clercs et des laïques, hommes et femmes, et qu'ils punissent tout ce qui mérite d'être puni (2). » Un peu plus tard, le duc Robert Ier donne à la même abbaye, dans le bourg de Beuvron, tout ce qu'il avait de droits avec huit moulins et le tonlieu, toutes les coutumes de ce bourg et toutes les terres environnantes (3). Or, le droit de haute justice était compris dans cette donation: la preuve en est dans ce fait que Guillaume le Conquérant, ayant ordonné la construction du château de Saint-James et voulant y annexer une partie des terres données par son père, racheta de l'abbé Renouf une lieue de terrain, avec le droit du sang, le tonlieu et le marché de la Croix, *cum sanguine et teloneo* (4). L'abbé avait donc le

(1) *Livre des jurés de Saint-Ouen*, fo LV, ro.

(2) *Cartul. du Mont*, fo 20, ro. — Il y avait, sur la pente du Mont, un monastère, dit de Saint-Pierre, qui fut donné aux moines par Richard II, à la condition que des clercs y seraient installés.

(3) *Ibid.*, fo 26, ro.

(4) D. Martène, *Thesaurus novus*.., t. I, col. 196.— Mabillon, *Annales*, t. V, p. 6.

droit du sang; Guillaume ne le lui reprit pas; il le racheta, ce qui prouve qu'il considérait ce droit comme légitime; bien mieux, il rétrocéda la moitié de *toutes les justices* de la nouvelle châtellenie aux moines de Fleury, qui y avaient précédemment des intérêts (1).

Quant aux moines eux-mêmes, ils relevaient, depuis la transaction de 1061, de la juridiction épiscopale. Mais ils cherchèrent à s'y soustraire et ils continuèrent, autant que possible, à faire la police parmi eux, comme ils l'avaient faite auparavant. Il y avait au Mont, dit l'abbé Desroches, une prison obscure et perpétuelle: « Ceux d'entre les religieux qui avaient eu le malheur de commettre de grandes fautes étaient descendus vivants dans ces oubliettes, dont l'entrée était en zigzag et le jour oblique. On ne leur donnait pour nourriture que du pain et de l'eau et on leur ôtait toute communication avec les vivants. Ces infortunés, las de leur pénible vie au fond de ces affreux cachots, mouraient presque toujours désespérés. Le pèlerin entendait parfois, dans les appartements déserts, leurs soupirs déchirants (2). » Beau thème d'inspiration pour un romantique!

La justice rapportait de belles rentes à l'abbaye: on peut s'en faire une idée par celles que le duc tirait de la même source et que nous avons énumérées précédemment. En général, elle percevait dans ses fiefs les mêmes droits et les mêmes contributions que le duc dans son domaine (3).

Parmi les vavasseurs libres de l'abbaye, ceux qui sont barons ou chevaliers ne doivent que le service mili-

(1) D. Martène, *Thesaurus novus...*, t. I, col. 196.

(2) *Hist. du Mont-Saint-Michel*, t. I, p. 401, 402.

(3) Elle tirait aussi des ressources importantes de la générosité des pèlerins: au XIVe siècle, leurs offrandes, de l'aveu des religieux, représentaient annuellement 1.100 livres tournois.

taire. Les autres doivent le cens, des redevances en nature et des services, particulièrement des services de cheval. Un vavasseur de Verson tenait son fief à charge de laver le linge du manoir et de plumer les volailles quand l'abbé y séjournait ; il avait pour lui les plumes et les abatis, y compris le cou et la tête. On voit que les plus petits détails sont minutieusement précisés. Certaines terres sont engagées, c'est-à-dire affermées pour un temps déterminé, moyennant un prix débattu d'avance. La plupart sont tenues par des vilains plus ou moins libres, qui doivent cens, redevances, tailles, aides et corvées de toute nature. Les moines exploitent directement certaines terres réservées autour des manoirs, comme à Genet, par exemple : tantôt, ils les travaillent de leurs propres mains ; tantôt, ils les font travailler à leurs frais (1), ou plutôt par les vilains et les bordiers, qui leur doivent des corvées. Des moines sont envoyés dans les manoirs pour surveiller les travaux et examiner la gestion des agents de l'abbaye.

Les religieux tirent aussi d'importants revenus de la chasse et de la pêche, qu'ils se réservent souvent, des droits de four et de moulin, des droits de reliefs, enfin du tonlieu et des péages. Richard II, par sa charte, leur accorda « le tonlieu de toutes les terres de l'abbaye et le péage de tous les marchands qui y venaient ou qui y passaient (2). » Enfin, ils peuvent lever des aides et la taille même sur les paysans des terres concédées en franches vavassories : ainsi, les habitants de Hocquigny, inféodé aux Payenel, continuaient à payer chacun cinq sols de rente aux moines. Dans la transaction citée plus haut, Thomas de Saint-Jean laisse aux moines, sur

(1) Rob. de Tor., t. II, p. 276 et 318.
(2) *Cartul. du Mont*, f° 21, r°.

les terres des hommes dont il obtient le service militaire, les droits de moulin, le tonlieu, les tailles et les aides.

Enfin, l'abbaye s'adjuge une grande partie des revenus attachés aux églises de son immense domaine. L'abbé a le droit de présentation aux cures, c'est-à-dire de proposer à l'évêque des desservants de son choix; il a même la prétention d'être, dans chaque paroisse, le prêtre principal, prétention que Robert de Torigny fit reconnaître par l'archevêque de Rouen, de sorte que les curés n'étaient que ses vicaires (1). Aussi les abbés les mettent à la portion congrue; ils se réservent la plus grande partie des dîmes, une partie des offrandes des fidèles et même du casuel. En 1157, l'abbé Robert de Torigny, en installant le prêtre Nicolas à l'église de Genet, retient pour l'abbaye la dîme des moissons, la sixième partie de ce que rapportaient en oblations les sept fêtes annuelles et, sur le produit des confessions du carême, 15 sous, au lieu de 10, qui étaient dus auparavant (2). « Nous vivons dans l'abondance et le luxe, disait l'abbé de Molême à ses moines, en prenant les dîmes et les oblations des églises, et nous enlevons aux prêtres, par la ruse et la violence, ce qui leur appartient légitimement (3). » C'est sans doute pour réagir contre ces abus que l'article 15 des statuts du concile de Lillebonne ordonna que, dans le cas où une église serait donnée à des moines, le prêtre en fonctions continuerait à jouir des mêmes revenus qu'auparavant : « car il ne devait rien perdre du fait d'être associé à des hommes plus saints (4). » Le concile, tout en encensant les moines, laisse voir sa défiance à leur égard; il croit même devoir leur recommander,

(1) Rob. de Tor., t. II, p. 239 et 256.
(2) Ibid., t. II, p. 252 et 253.
(3) Ord. Vital, l. VIII, apud *Hist. Norman. script....*, p. 711.
(4) Ibid., l. V; t. II, p. 310.

dans le même article, de fournir aux prêtres de quoi vivre convenablement et faire décemment le service de leur église. Il est regrettable pour les moines qu'un concile ait été obligé de leur faire de pareilles recommandations.

Si encore ils les avaient suivies ! mais ils s'en gardèrent bien. En 1164, Achard, évêque d'Avranches, confère la cure de Genet à Michel, clerc du Mont, présenté par l'abbé Robert de Torigny : or, de la lettre de l'évêque, il résulte que les moines laissent seulement au desservant la moitié des oblations et des autelages, et encore il n'en a que le sixième aux fêtes qui en rapportent le plus : Noël, l'Épiphanie, la Purification, Pâques, l'Ascension, l'Assomption et la Toussaint ; il n'a que la moitié des taxes sur les enterrements, le tiers des offrandes faites à l'occasion des relevailles, le tiers des dîmes des jardins et des agneaux, la moitié de la dîme de la laine, la moitié de celle des moissons, sauf sur les terres cultivées par les moines, où il n'a rien à prétendre ; c'est tout juste s'ils ne réclament pas une partie des dîmes de la terre de l'église (1). L'avidité des moines soulève parfois des protestations très vives de la part du clergé, comme à Saint-James, où un conflit violent éclata entre le prieuré de l'abbaye de Fleury et les prêtres, conflit qui nécessita l'intervention de l'abbé : pour ramener la paix, écrivait-il en 1165 à l'évêque d'Avranches, Achard, nous avons rendu le bien pour le mal et cédé aux prêtres le sixième des principales dîmes, qui se prélèvent sur les récoltes, la moitié des autres dîmes et des pains de Noël, de Pâques et de la Pentecôte, toutes choses sur lesquelles ils n'avaient aucun droit (2).

(1) Rob. de Tor., t. II, p. 269 et suiv.

(2) *Cartul. de Fleury-sur-Loire*, p. 403 et 404. — Cette lettre a été publiée par M. l'abbé Ménard dans son *Hist. de Saint-James*, p. 419 et 420.

Puissants et riches, comment les moines usent-ils de leur puissance et de leurs richesses ? D'abord, ils doivent protéger les faibles, faire l'aumône aux pauvres, donner l'hospitalité aux pèlerins, aux voyageurs, aux mendiants : il y a dans les abbayes une vaste salle qu'on appelle l'aumônerie et dont le nom indique la destination. Ensuite, ils ont souvent de lourdes taxes à payer au pape et au duc : pour l'expédition d'Angleterre, l'abbaye du Mont fournit six navires. Enfin, beaucoup d'abbés sont de grands bâtisseurs, comme Robert de Torigny, qui commença la construction de la Merveille. Il faut bien aussi que les moines vivent. Ce serait se tromper que de se les figurer, avec l'abbé Desroches, vêtus de guenilles et vivant de pain arrosé d'eau claire. Mais il est juste de dire que les moines du XIIe siècle mènent en général une vie plus régulière et plus digne que ceux des siècles précédents, types de ces moines bombanciers, au ventre rebondi et à la figure rubiconde, que l'imagerie nous représente tenant un verre d'une main et une bouteille de l'autre.

D'abord, les abbés ont un train de grands seigneurs ; ils appartiennent presque toujours, en effet, à des familles aristocratiques. Nous avons dit que, en principe, ils doivent être élus par les moines ; mais il arrive fréquemment que le duc impose ses créatures à leur choix et il n'est pas prudent de résister à sa volonté : les religieux du Mont-Saint-Michel l'apprirent à leurs dépens, quand ils voulurent écarter la candidature de Robert de Torigny, patronnée par Henri II. La dignité d'abbé était très recherchée, car, entre autres privilèges, elle donnait celui de disposer, presque sans contrôle, des revenus du monastère. Certains abbés rivalisent de luxe avec les évêques ; les abbesses elles-mêmes sont loin de donner l'exemple de la modération : quand celle de Caen se rendait dans sa baronnie de Quettehou, ses vavasseurs étaient tenus d'aller, montés sur des chevaux mâles ferrés des quatre pieds, l'épée au côté et des gants blancs aux mains, au-devant de Madame (1). Robert de Torigny, souvent cité comme un abbé modèle, a un équipage de chasse et va courre le cerf et le lièvre dans les forêts et les landes de l'abbaye : en 1172, il concède à Guillaume de Saint-Jean la foresterie de Bevais, à la condition que lui, le prieur et le bailli principal pourront y aller chasser, quand ils voudront (2). La table de l'abbé est bien servie et c'est un régal autant qu'un honneur pour ses vavasseurs les plus considérables de partager ses repas : Guillaume du Moutier, qui tient par hommage de l'abbé de Saint-Ouen le fief de Messay, doit aller une lieue au-devant de l'abbé, quand celui-ci vient à Saint-Martin-du-Bosc, demander ses gants et les apporter au manoir, et, pour ce service, il doit avoir « les premiers mès de quoi l'on sert à la table de l'abbé (3). » Les abbés du Mont traitent souvent les plus grands prélats et même les rois : Henri II dîna avec ses barons dans le réfectoire des moines, vers la Saint-Michel de l'année 1158, et il paya l'hospitalité des religieux en leur donnant les églises du château de Pontorson (4). Moins de deux mois après, le 23 novembre, il y revint avec le roi de France, Louis VII ; Robert de Torigny reçut les deux monarques en grande pompe, ayant à ses côtés un archevêque, un évêque et cinq abbés (5).

Les moines ont, eux aussi, une bonne cuisine et une

(1) L. Delisle, *Ét. sur la cond. de la classe agric.*, p. 78.

(2) Rob. de Tor., t. II, p. 304.

(3) *Livre des Jurés de Saint-Ouen*, f° LXXI, v°.

(4) Rob. de Tor., t. I, p. 313.

(5) Ibid., t. I, p. 314.

garde-robe bien garnie (1). Le pain de couvent, comme le pain de chanoine, faisait l'envie des paysans et, à l'occasion de certains services spécifiés, les vavasseurs, les prévôts, rarement les vilains, en recevaient une quantité déterminée ; parfois, ils avaient droit aussi au vin et à la cuisine des moines ; M. l'abbé Ménard rapporte, dans son intéressante *Histoire de Saint-James,* que Étienne de la Terregatte aumôna quelques biens au prieuré de Saint-James, à la condition qu'il viendrait s'asseoir, à certains jours, à la table des moines (2). On a vu plut haut qu'il y avait des moines qui allaient à la chasse ; on reprochait à d'autres de porter des étoffes teintes, de trop soigner la coupe de leurs vêtements, etc.

Du sein même des monastères, des protestations s'élevèrent, au XIe siècle, contre les nombreuses dérogations à la règle de saint Benoît. Cluny donna l'exemple d'une réforme que beaucoup ne trouvèrent pas assez sévère. Robert, abbé de Molème, en Bourgogne, voulut ramener ses moines à l'observation de la règle et leur persuader de vivre du travail de leurs mains, de laisser les dîmes et les autelages aux prêtres qui desservaient les églises, de s'abstenir de culottes, d'étamines et de pelisses (3). Une scission se produisit sur la question de l'habillement et de la nourriture. Les culottes surtout, proscrites par saint Benoît, donnèrent lieu à des débats très vifs et trouvèrent d'éloquents défenseurs : n'est-il pas légitime, objectaient-ils aux sans-culottes, que l'habillement varie avec les climats? (4) Cette raison ne convainquit pas les dissidents, qui allèrent fonder le monastère de Citeaux.

(1) Voir Ord. Vital, l. VIII ; t. III, p. 382.

(2) Page 40.

(3) Rob. de Tor., t. II, p. 185. — Ord. Vital, l. VIII; t. III, p. 382.

(4) Voir Ord. Vital, l. VIII; t. III, p. 381 et suiv.

De nombreuses abbayes adoptèrent la discipline des Cisterciens. L'abbé Serlon la fit triompher à Savigny, où Vital l'avait déjà établie partiellement (1). Mais cet exemple ne fut pas suivi par les autres abbayes bénédictines de l'Avranchin et du Cotentin ; il continua d'y régner une certaine liberté, qui dégénéra parfois en licence. Le *Registre des visites* d'Eudes Rigaud, archevêque de Rouen, qui les inspecta plusieurs fois vers le milieu du XIIIe siècle, mentionne qu'il dut faire des remontrances à l'abbé du Mont, qui laissait entrer dans le cloître des séculiers et des femmes, au prieur des Biards, qui aimait à aller boire dans le bourg avec les laïques, aux religieux du prieuré de Saint-James, qui recevaient à leur table des séculiers et des femmes (2).

Mais les moines libertins ou ivrognes ne sont pas la majorité : la plupart savent faire du temps qu'ils ne consacrent pas à la prière ou aux bonnes œuvres un meilleur emploi que le prieur des Biards. Les uns travaillent à défricher des terres : au bas d'une charte de 1048 environ constatant les engagements de Néel envers l'abbaye de Marmoutier, on trouve, du côté des moines, les signatures d'Arnoul, défricheur, de Robert, défricheur, de Hildouin, défricheur, d'Auger, défricheur, de Rainaud, cuisinier (3). D'autres copient des manuscrits, se livrent à l'enseignement ou à l'étude. Au milieu de la barbarie et de l'ignorance du moyen âge, les monastères sont, avec quelques écoles des villes épiscopales, les derniers asiles des lettres et des sciences. Presque tous les chroniqueurs et les poètes de cette époque sont ou des moines

(1) Ord. Vital, l. VIII ; t. III, p. 396 et suiv. — Rob. de Tor., t. II, p. 161.

(2) Voir l'abbé Desroches, *Annales de l'Avranchin*, p. 220 et suiv.

(3) *Hist. de Saint-Sauveur*, pièces justif., p. 25.

ou des chanoines, et les chanoines sont encore jusqu'à un certain point des moines. Parmi les premiers, il convient de citer Guillaume de Jumièges, Ord. Vital, Hugues de Fleury, Robert de Torigny, qui appartiennent tous les quatre à l'ordre de saint Benoît : leurs ouvrages sont écrits dans un latin facile et assez clair, malgré les incorrections, mais déclamatoire et trop émaillé de fleurs de rhétorique ; ils cherchent visiblement à imiter les historiens anciens ; mais il y a beaucoup de gaucherie dans leur imitation. Ils manquent de goût : Ord. Vidal met les poèmes d'Hildebert, évêque du Mans, au niveau de l'*Iliade* et de l'*Énéide,* et il compare à Salluste le chapelain Guillaume de Poitiers, l'historien ou plutôt le panégyriste du Conquérant ; pour nous apprendre qu'un clerc quelque peu lettré fut nommé abbé d'un monastère, il dit qu'il fut placé sur le chandelier pour éclairer ses frères. A côté de cela, il y a chez lui des images d'un réalisme brutal qui s'attachent à l'esprit, obsédantes, comme ces mouches imaginaires qui dansent devant les yeux des neurasthéniques. Au point de vue de la véracité, il faut se défier de tous ces chroniqueurs : de Guillaume de Jumièges, historien courtisan comme son devancier, le chanoine Dudon ; même d'Ord. Vital et de Robert de Torigny, prévenus, l'un, en faveur de Henri Ier et d'Étienne, l'autre, en faveur de Henri II. Parmi les poètes, citons Guillaume de Saint-Pair, qui composa, dans la seconde moitié du XIIe siècle, le *Roman du Mont-Saint-Michel,* riche en descriptions, et surtout Wace, chanoine de Bayeux, dont les récits sont pleins de vie et de détails pittoresques ou touchants, mais qui pousse parfois la naïveté au delà des limites permises, par exemple, quand il raconte, avec le plus grand sérieux du monde, que Guillaume le Roux, guerroyant dans le Maine, fit une fois un détour pour éviter de franchir deux ruisseaux qui portaient des noms obscènes (1). Or Guillaume était l'homme le moins accessible du monde à de pareils scrupules et jamais prince n'eut des mœurs plus libres.

De ce qui précède, il ne faudrait pas conclure que tous les moines et les chanoines étaient lettrés ou même savaient lire et écrire : il y en avait, et parmi eux des abbés, qui étaient d'une ignorance crasse ; un abbé de Savigny n'arriva jamais à savoir l'oraison dominicale ; il eut bien du mal à apprendre la salutation angélique et, pour ne pas l'oublier, il la ruminait, même en mangeant (2). Les chanoines de Coutances, dans la première moitié du XIe siècle, étaient tellement illettrés que l'évêque Herbert II, qui pourtant n'était pas un savant, en eut honte et les chassa. Les erreurs et les préjugés du temps ont, d'ailleurs, été partagés par l'immense majorité des moines, même par les plus éminents : en 1082, l'archevêque de Rouen Guillaume, un ancien moine, et Gilbert, abbé de Saint-Wandrille, ayant un différend à vider, eurent recours à l'épreuve judiciaire par le fer brûlant !

Les moines ont de la piété une conception qui n'est ni très élevée, ni même très désintéressée ; pour eux, un principe domine tous les autres : donner aux monastères, c'est donner à Dieu. Ord. Vital loue un de ses confrères d'avoir volé ses parents et ses frères pour enrichir l'église du monastère (3). Dans une charte au profit de l'abbaye d'Ouche, le donateur, évidemment inspiré par les religieux, s'exprime ainsi : « Ce que nous laissons à nos descendants par droit héréditaire, non seulement ne nous suit pas après la mort, mais nous est préjudiciable

(1) *Roman de Rou*, t. II, p. 332. Les deux ruisseaux, qui arrosent la commune de Neuville-sur-Sarthe, portent encore les mêmes noms, sauf que l'un s'est légèrement modifié.

(2) Thomas de Cantiprato, lib. II, c. XXIX.

(3) Ord. Vital, l. VI ; t. III, p. 15.

le plus souvent, parce que nous l'avons mal placé. (1) » Donc, le meilleur placement qu'on puisse faire de son bien, même quand on a des enfants, c'est de le donner à ceux qui combattent le bon combat contre Astaroth et Belzébuth! Persuadés que la fin justifie les moyens, les moines n'hésitent pas à s'approprier le bien d'autrui par des moyens illicites; écoutons cet aveu, dépouillé d'artifice, d'Orderic Vital lui-même: « J'ai fort étendu ma narration sur les biens donnés à l'église d'Ouche. Je n'ai pu toutefois les comprendre tous encore dans ce livre, car il y a de petites portions de biens qui ont été obtenues d'hommes d'un état médiocre par des caresses ou par la violence ou par de l'argent, ou encore ont été arrachées par d'autres moyens, et la plupart dispersées dans divers diocèses. (2) »

Les moines veulent être riches, sans doute parce que la richesse donne les moyens de faire l'aumône, mais aussi parce qu'elle procure le bien-être et la puissance. Aussi, ils circonviennent les grands, les flattent très habilement et les entretiennent dans cette idée que tous les crimes peuvent être rachetés par des donations aux abbayes: voilà le grand reproche qu'on est en droit de faire aux moines du moyen âge. On peut dire à leur louange qu'ils ont défriché des terres, qu'ils ont combattu l'ignorance, qu'ils ont contribué à affaiblir la puissance des évêques, que, malgré bien des scandales, ils ont beaucoup fait pour la moralisation du clergé, des grands et des masses; ils nous ont peut-être conservé plus de chefs-d'œuvre de l'antiquité qu'ils n'en ont laissé perdre ou détruit; ils ont rédigé des chroniques qui jettent sur cette époque un jour quelque peu faux, il est vrai, préfé-

(1) Ord. Vital, l. V; t. II, p. 409.
(2) Ibid., l. V; t. II, p. 454 et 455.

rable toutefois à la nuit complète. Mais ils ont leur part de responsabilité dans les violences et les brigandages de la féodalité, parce qu'ils en ont tiré profit, parce qu'ils les ont encouragés par leur funeste doctrine : ceux-là regardaient moins à commettre un crime qui croyaient pouvoir le racheter par une donation à un monastère.

On comprend facilement, après cela, que les moines aient excité autour d'eux autant de crainte et de défiance que de sympathie. Ils ne sont pas aimés des évêques : ils s'érigent en censeurs de leur conduite et minent le sol sous leurs pas ; ni des desservants : ils les méprisent, les exploitent et veulent les contraindre au célibat ; ni des laïques de toute condition : du haut d'une colline dominant l'abbaye de la Lucerne, les pâtres et les chasseurs lancent aux moines des quolibets (1). Exigeants et très jaloux de leurs droits, les moines du Mont-Saint-Michel sont mal vus de leurs vavasseurs et de leurs voisins, qui sont parfois leurs plus dangereux ennemis en temps de guerre civile ; le cartulaire énumère leurs griefs contre les de Saint-Jean et beaucoup d'autres, qui leur enlèvent des terres, des maisons, des salines, qui coupent les arbres de leurs forêts et se livrent à toutes sortes d'exactions sur leurs hommes (2). Les moines sont suspects aux héritiers présomptifs, pour lesquels ils sont une menace perpétuelle : il fallut, par une loi, interdire à quiconque d'aumôner aux abbayes et aux églises plus du tiers de ses biens (3). Ils sont en butte à l'hostilité de beaucoup de gens qui ne leur pardonnent pas d'avoir hérité à leur place. Certains leur intentent des actions judiciaires, et en sont le plus souvent pour leurs frais. La question de

(1) Rob. de Tor., t. II, p. 278 et 279.

(2) *Cartul. du Mont-Saint-Michel*, f° 107 et suiv.

(3) Tardif, *Coutum. de Norm.*, t. I, c. LVII.

droit fut tranchée, en 1157, dans une cour plénière du roi tenue à Caen : l'abbé du Mont, Robert de Torigny, avait porté plainte contre Jourdain de Secqueville, qui s'était avisé d'exiger certains services et certaines tailles des hommes d'une terre donnée à l'abbaye par ses ancêtres : là, il fut jugé que quiconque avait aumôné une terre à une abbaye ne conservait plus aucun droit sur elle et ne pouvait plus réclamer que des prières, à moins qu'il n'eût une charte spéciale du duc, de qui relevaient toutes les terres aumônées, à partir du jour de la concession (1). Il y a des héritiers frustrés qui ne craignent pas de recourir à la violence. Au mois d'août 1138, les Avranchinais, excités par quelques-uns d'entre eux, allèrent mettre le feu au Mont ; tout fut brûlé, sauf l'église et les ateliers des moines (2). Leurs vilains de Verson et de Bretteville se révoltèrent contre eux, à l'instigation du vicomte Osbert, seigneur de Fontenai-Payenel : il descendait de la duchesse Gonnor, qui avait donné Bretteville à l'abbaye, et, à la faveur des troubles, il espérait rentrer dans les biens de son aïeule (3).

Même entre les moines la concorde ne règne pas toujours : il y a des rivalités d'intérêts entre les monastères, des rivalités de toute sorte entre les religieux d'un même monastère : le moine noble traite de haut le moine affligé, selon le mot d'Ord. Vital, d'une origine roturière ; le moine lettré dissimule mal son mépris pour le moine défricheur ; il y a le moine calligraphe, très satisfait de lui, comme le scribe de l'ancienne Égypte ; le moine coquet qui a, suivant l'expression d'un abbé du temps, des allures de courtisane (4). Il y a le moine fanatique et

(1) Rob. de Tor., t. II, p. 251 et 252.
(2) Ibid., t. II, p. 234.
(3) Léchaudé, *Mém. de la Soc. des Antiq. de Norm.*, t. XII, p. 96.
(4) Richer, lib. III, par. XXXVII.

le moine malgré lui, le moine austère et le moine sensuel, le moine qui pleure et le moine qui rit, le moine qui va à la chasse et le moine qui reste entre les murs du cloître, le moine qui monte au pinacle et le moine qui descend dans les profondeurs de l'*in pace*.

Il faut du tact et de la fermeté aux abbés pour gouverner tout ce monde, souvent très orgueilleux et très ambitieux sous une humilité de parade, et ils se heurtent parfois à une opposition très vive, d'autant plus que beaucoup manquent d'autorité morale ; ce fut le cas pour plusieurs abbés du Mont-Saint-Michel, comme Suppon, accusé de concussion par ses moines, pour avoir vendu, malgré eux, le moulin le Comte à Renouf le monétaire, et forcé de résigner sa dignité, en 1048 (1) ; comme Raoul, son successeur, accusé de simonie ; comme Roger, qui succéda à Renouf en 1085, « non en vertu d'une élection régulière, mais par la volonté d'un puissant de la terre (2). » En 1106, ce Roger se plaignit de l'hostilité de ses moines à Henri Ier, qui ordonna de disperser une partie d'entre eux dans diverses abbayes de Normandie ; les autres ne craignirent pas d'aller trouver le roi et protestèrent vivement contre cette mesure ; mandé à Caen pour être entendu contradictoirement avec eux, l'abbé ne put justifier ses accusations et dut remettre sa démission au roi, qui lui choisit lui-même un successeur (3). Après la mort de l'abbé Godefroi, vers 1150, les moines se partagèrent entre deux candidats, Richard de la Mouche et Robert Hardi, qui se disputèrent la dignité d'abbé. Richard, évêque d'Avranches, n'ayant pu faire la conciliation, partit à Rome, avec les deux compétiteurs, pour

(1) *Cartul. du Mont*, f° 27, v°. — Rob. de Tor., t. II, p. 220.
(2) Rob. de Tor., t. II, p. 222.
(3) Ibid., t. II, p. 224.

soumettre le cas au pape ; tous les trois moururent au cours du voyage (vers 1153) (1).

Un autre abbé du Mont, Jourdain, fut l'objet de nombreuses accusations de la part des religieux auprès du pape Innocent III, ainsi qu'on le verra plus loin. Dans d'autres monastères, on faisait pis encore : Maurile, qui, avant de devenir archevêque de Rouen, était abbé d'un monastère de Florence, faillit être empoisonné par ses moines, qui lui reprochaient sa sévérité (2). L'abbaye de Cluny fut ensanglantée, au commencement du XIIe siècle, par les combats que se livrèrent les religieux divisés en deux camps, chaque parti voulant imposer l'abbé de son choix à l'autre (3).

(1) Rob. de Tor., t. I, p. 279 ; t. II, p. 231.
(2) Ord. Vital, l. V ; t. II, p. 360.
(3) Rob. de Tor., t. I, p. 152 et 153.

CHAPITRE VI

Les Seigneurs.

Voir le sommaire à la Table des Matières.

Les seigneurs sont des privilégiés qui tiennent des fiefs directement du duc, moyennant la foi, l'hommage et le service militaire, auquel il faut ajouter le service de cour. Ces services sont dits honorables ou nobles, et ceux qui les font sont aussi appelés nobles. Ils doivent faire personnellement quarante jours de service militaire, frais d'équipement et de nourriture à leur charge; dans certains cas, ils sont autorisés à se faire remplacer pour ce service; parfois même, ils en sont exemptés, moyennant le paiement d'une taxe appelée escuage. En principe, le duc peut les obliger à siéger à sa cour; mais dans la pratique, il se contente d'y appeler quelques-uns d'entre eux; ils peuvent aussi être convoqués pour assister à certaines assemblées générales et aux conciles.

Ils sont dits tantôt vassaux militaires, tantôt vassaux directs ou du premier degré. Théoriquement, ils ne sont cependant que des arrière-vassaux; car les ducs de Normandie, leurs suzerains, sont eux-mêmes sous la suzeraineté du roi de France. Mais cette suzeraineté est toute nominale, ainsi qu'on l'a vu. En réalité, les ducs de Normandie sont pour les rois de France des rivaux ou

14

des alliés, suivant les circonstances. Toutefois, il est à remarquer que, après la conquête de l'Angleterre, les seigneurs normands affectent de se dire vassaux de Guillaume, *roi d'Angleterre*, plutôt que de Guillaume, *duc de Normandie*, sans doute parce que, comme roi, il n'a aucun suzerain, même nominal.

Tous les vassaux directs s'intitulent volontiers barons: il y a cependant une distinction à faire entre ceux qui ne tiennent que de simples fiefs de chevalier ou de haubert, pour lesquels ils doivent seulement le service d'un ou deux chevaliers, et ceux qui tiennent les grands fiefs appelés baronnies, petits États dans le grand; ces derniers sont les vrais barons; ils doivent le service de plusieurs chevaliers; mais ils distribuent une partie de leurs terres, comme arrière-fiefs, à des vavasseurs qui s'engagent à faire ces services à leur place. Comme le baron peut généralement disposer de plus d'arrière-fiefs qu'il n'a de chevaliers à fournir, il lui reste, pour son service personnel, un certain nombre de chevaliers, qui ont à son égard les mêmes obligations que lui à l'égard du duc. Il peut les convoquer les uns et les autres: d'abord, pour l'aider à se défendre contre ses voisins et, au besoin, à les attaquer, car il a le droit de guerre, et c'est souvent, les armes à la main, que les seigneurs règlent leurs différends; ensuite pour siéger à sa cour, où sont jugés les litiges entre ses vassaux, les revendications exercées contre eux et aussi, jusqu'à une certaine époque, les affaires criminelles relevant de la haute justice, car les droits de juridiction des seigneurs n'avaient pas tout d'abord été limités, comme ils le furent sous Henri II: si les barons ecclésiastiques du Mont-Saint-Michel avaient, ainsi qu'on l'a vu, le droit du sang, pourquoi les barons laïques ne l'auraient-ils pas eu de même? Ils ont un sénéchal chargé de les suppléer, et sur leurs terres sont répartis des baillis, des prévôts, des sergents, des bedeaux, tout comme sur celles de l'abbaye du Mont-Saint-Michel : « A chaque instant, fait dire Wace aux paysans, on nous assigne pour des plaids..., tant il y a de prévôts, de bedeaux et de baillis aux ordres des seigneurs ! (1) » Leurs revenus sont en général de même nature que ceux du duc et des abbés : produits des terres qu'ils font exploiter pour leur compte, cens, redevances en nature, taille, aides, dîmes, reliefs, tonlieu, péage, droits de justice, forfaitures, confiscations, concordes, amendes de toute sorte.

A l'appui de ce que nous venons de dire des privilèges des seigneurs et, en particulier, du droit qu'ils avaient de se faire la guerre, nous citerons, comme exemples, les seigneurs de La Haye-Pesnel, parce qu'un acte du cartulaire du Mont-Saint-Michel, qui intéresse l'un deux, abonde en renseignements sur les usages et les droits féodaux au XIe siècle.

Guillaume Payenel (2), fils de Guimond, fut le premier seigneur de La Haye-Payenel. Comme nous le montrerons bientôt, il reçut cette terre, à laquelle il donna son nom, de Guillaume le Conquérant, après la conquête de l'Angleterre ; en même temps, le duc lui fit épouser Alice de Romilly, veuve d'un premier mari dont elle avait eu un fils, et qui lui apporta en dot une franche vavassorerie du Mont-Saint-Michel, celle de Bricqueville-sur-Mer, au nord de la baronnie de Saint-Pair. Il mourut en 1087 (3), la même année que son bienfaiteur. Il fut la souche d'un arbre généalogique très touffu, qui étendit ses rameaux sur toute la région, et le père de Guillaume

(1) *Roman de Rou*, t. I, p. 304 et 305.

(2) Et non *Pesnel*, ni même *Paynel ;* en latin *Paganellus*.

(3) Rob. de Tor., t. II, p. 251. — O. Vital, l. VIII ; t. III, p. 223.

Payenel II, fondateur de l'abbaye de Hambye, car un des fils de ce dernier, Foulques Ier, est cité par Robert de Torigny comme son petit-fils (1). Ce Foulques, qui épousa Lesceline de Subligny, dame du Grippon et de Marcey, et hérita de Gilbert d'Avranches, oncle maternel de sa femme (2), fut déjà un baron extrêmement riche et fort influent à la cour: on le trouve avec Henri II, à Fougères, où, le 13 juillet 1166, il signe une charte royale intéressant l'abbaye du Mont; à Saint-Lô, en 1172, où il souscrit la confirmation par le roi d'un accord entre l'abbé Robert de Torigny et Guillaume de Saint-Jean (3). En 1180, il est chargé de garder les châteaux d'Alençon et de la Roche-Mabille (4). Il mourut peu de temps après, en 1182, laissant cinq fils, dont l'aîné, Guillaume, ne lui survécut que deux ans; le second, Foulques II, fut seigneur de La Haye-Payenel, Hambye Bréhal Ouville, le Mesnil-Rogues, etc., et eut pour successeurs son fils, Foulques III, puis ses petits-fils, Foulques IV et Guillaume (5), etc.

Le rêve de tout seigneur était d'avoir un château fort: Guillaume Payenel Ier s'empressa d'en faire construire un sur son fief. On en voit encore les restes au Château-Ganne, à l'intersection des routes de Coutances et de Gavray à La Haye-Pesnel: c'est une sorte de large retranchement en forme de fer à cheval, donnant l'impression d'une moitié d'amphithéâtre, et qui n'est en réalité qu'une tranche circulaire de la motte. Celle-ci était

(1) Rob. de Tor., t. II, p. 254.
(2) Stappleton, I, *Observations*, LXVIII, XCII, CLVII.
(3) Rob. de Tor., t. II, p. 285 et 306.
(4) *Grands Rôles...*, p. 6.
(5) Stappleton, I, *Observ.*, CLX, CLXXIII; *Index*, CCXVII. — Rob. de Tor., t. II, p. 118. — *Grands Rôles...*, p. 168 et 169. — Le Conte, *Hist. de l'abbaye de Hambye*, p. 140 et 143.

entourée d'un fossé profond, qui est encore très apparent. Autour du fossé était une énorme levée de terre, dont il reste un tronçon, près de la route, du côté de l'ouest; elle était probablement plantée de pieux: c'était ce que les Normands appelaient une haie, d'où le nom de la Haye-Payenel, *Haya Paganelli*. Un ruisseau, qui coule tout près de là, venait remplir le fossé de ses eaux, de manière à en faire une douve. Le diamètre de la motte, entièrement artificielle, était d'une centaine de mètres.

Au commencement du XIIIe siècle, il y avait là un château très fort, car il était considéré comme l'une des principales forteresses de la contrée; il en reste encore un pan de muraille, d'une épaisseur d'au moins deux mètres et d'une solidité qui brave le pic. Sous la régence de Blanche de Castille, le comte de Bretagne, Pierre de Dreux, s'étant révolté, appela le roi Henri III d'Angleterre, qui vint débarquer en Bretagne. Foulques IV Payenel et son frère Guillaume se rendirent auprès de lui avec 60 chevaliers d'élite, lui offrirent leurs services et l'invitèrent à envahir la Normandie. Sur son refus, ils lui demandèrent 200 de ses chevaliers, se faisant forts de chasser les Français de cette province, et essuyèrent un nouveau refus (1230) (1). Le jeune Louis IX, qui se trouvait alors, avec son armée, sur les frontières de la Bretagne, eut connaissance de cette trahison et il envoya contre les rebelles un fort détachement, sous la conduite de Jean des Vignes; celui-ci arriva bientôt sous les murs du château de La Haye-Payenel, qui fut emporté d'assaut et détruit. La légende rapporte que Foulques prit la fuite sur un cheval ferré à rebours, que les arbres furent étêtés dans un rayon d'une lieue, et qu'une rue du bourg porta longtemps le nom d'Iscarioth. Ce qui est certain,

(1) Mat. Paris, p. 252.

et cela prouve les progrès qu'avait faits le patriotisme dans l'âme du peuple, c'est que les habitants flétrirent la trahison des Payenel en donnant au château ou plutôt à ses ruines le nom de Château-Ganne (château du félon), que porte encore aujourd'hui le village voisin.

Il est probable que le château primitif, celui que fit construire Guillaume Payenel, était beaucoup plus modeste; c'était sans doute un de ces donjons en bois, comme les Normands en élevèrent beaucoup au Xe et au XIe siècles et comme on en voit de représentés sur la Tapisserie de Bayeux: une tour carrée faite de poutres massives et de planches très épaisses, qui s'élevait de deux ou trois étages au-dessus d'une vaste cave creusée dans la motte et d'un de ces puits très profonds qu'on a souvent pris pour des oubliettes.

Guillaume Payenel avait donc fief et château. Il était vassal direct du duc et il était, en même temps, vavasseur de l'abbé du Mont pour l'arrière-fief de Bricqueville-sur-Mer. Un grand nombre de seigneurs, même des plus puissants, consentaient à se faire les vavasseurs d'une riche abbaye pour augmenter leurs ressources en argent et surtout en hommes. Ceux de La Haye-Payenel obtinrent bientôt de nouvelles vavassoreries dans la baronnie de Saint-Pair, limitrophe de leur fief: la *Déclaration des fiefs* de 1172 (1) nous apprend que Foulques Ier y tenait celles de Chanteloup, Saint-Martin-le-Vieux, Bréville (la moitié), Tortacavata, Le Teil, Fulbec, Hocquigny, dont il pouvait voir les collines de son château; il tenait toujours celle de Bricqueville avec Annoville en plus, à la condition de fournir un des chevaliers dus par l'abbé au roi, obligation dont il se déchargeait sur Godefroi de Bricqueville. Il devait en outre le service militaire à

(1) Rob. de Tor., t. II, p. 300.

l'abbé, comme il le devait au roi. Mais les vavasseurs qui se trouvaient déjà sur ces arrière-fiefs, quand ils lui avaient été concédés, étaient devenus ses hommes, sans cesser toutefois, comme on le verra bientôt, d'être ceux de l'abbé, et ils lui devaient, à lui aussi, le service militaire. Foulques Payenel pouvait ainsi disposer d'un certain nombre d'hommes d'armes, auxquels venaient s'ajouter ses propres feudataires ; ce qui faisait une petite troupe. Augmenter leur effectif, telle était la grande préoccupation des seigneurs qui avaient le droit de guerre.

Les historiens ne veulent pas reconnaître ce droit aux vassaux des successeurs de Rollon ; M. Ch. Seignobos, entre autres, dit que, en Normandie, le souverain avait été assez puissant pour forcer les chevaliers à observer la paix du duc ou du roi (1). Or, le droit de guerre est formellement reconnu au modeste seigneur qu'était le grand-père de Foulques dans l'acte du cartulaire du Mont-Seint-Michel dont nous avons parlé : c'est une convention passée entre l'abbé du Mont et Guillaume Payenel Ier, à Bayeux, en présence de la reine Mathilde ; la date n'en est pas indiquée ; mais elle se place entre les années 1070 et 1082, car, parmi les témoins, figure Robert de Ryes, évêque de Séez, qui monta sur le trône épiscopal en 1070 et mourut en 1082 (2). Voici ce qu'on y lit : « Si Guillaume Payenel a guerre pour la terre qui lui a été donnée avec sa femme par le *roi des Anglais*, Hugues de Bricqueville lui fera 40 jours de service militaire pour la garde et la défense de son château, avec six hommes à cheval, et il se nourrira à ses frais..... Guillaume pourra le convoquer de nouveau avec deux chevaliers, ou son fils s'il est libre

(1) *Hist. de la civilis.*, 4e édit., 1905, p. 106.
(2) *Cartul. du Mont*, fos 95 et 96. — Bessin, II, p. 426.

du service de l'abbé ; mais alors il les recevra à sa table ; en cas d'empêchement motivé par le service de l'abbé, il pourra avoir, dans les mêmes conditions, le neveu de Hugues et Robert de Chanteloup et Guillaume Béchet et le vavasseur de Scollant. » Voilà qui prouve clairement que, même sous le plus autoritaire des ducs et alors qu'il était à l'apogée de sa puissance, les seigneurs normands avaient le droit de guerre. Il est vrai qu'Ord. Vital dit que Guillaume le Conquérant fit proclamer la paix par un héraut dans ses États (1): mais l'auteur de l'*Histoire ecclésiastique* a sans doute voulu parler de la paix ou trêve de Dieu, que Guillaume imposa, en effet, et fit même imposer par le concile de Lillebonne (1080), ainsi qu'en témoigne l'article premier des statuts de ce concile : « La paix de Dieu, que l'on appelle vulgairement la trêve de Dieu, sera observée exactement de même que le prince Guillaume l'avait d'abord établie ; elle sera renouvelée dans chaque paroisse avec les excommunications. Ceux qui dédaigneront de l'observer ou qui l'enfreindront en quelque point que ce soit, seront remis, pour être jugés, à la justice de l'évêque, ainsi qu'il a été statué antérieurement... (2) » Il est évident que ces prescriptions n'auraient pas eu de raison d'être, si le duc avait interdit les guerres privées. Ce qu'on peut admettre, et c'est justement ce que dit Ord. Vital lui-même dans un autre passage, c'est que Guillaume exhorta les grands à régler pacifiquement leurs affaires (3). Les guerres privées n'étaient d'ailleurs pas près d'être abolies : plus d'un siècle après, lors des négociations qui eurent lieu sans résultat entre Richard Cœur-de-Lion et Philippe-Auguste,

(1) Ord. Vital, l. IV, *Hist. Norman. script...*, p. 609.
(2) Ibid., l. V; t. II, p. 306.
(3) *Hist. Norman. script...*, p. 527.

en 1194, le second demanda l'insertion dans le traité projeté d'une clause défendant aux barons des deux rois de se faire la guerre entre eux : Richard allégua que depuis longtemps les grands de ses États avaient l'habitude de régler leurs affaires particulières par les armes, que c'était un droit qu'il ne pouvait leur enlever (1). Mais ce droit dut être supprimé peu après, car le *Très ancien Coutumier de Normandie*, rédigé vers l'an 1200, contient un article qui interdit à tout homme de faire la guerre à un autre et lui enjoint, en cas d'attentat à sa vie ou à ses biens, de se plaindre au duc ou à sa justice (2).

De ce qui précède, il résulte que Guillaume Payenel a droit au service militaire des vavasseurs établis sur son arrière-fief. Mais l'abbé, qui a aussi sa petite armée, ne veut pas se priver de leurs services et se réserve même le droit de priorité ; Payenel ne peut les avoir à sa disposition que s'ils sont libres du service de l'abbé ; ils restent avant tout les hommes de l'abbaye, qui pratique ainsi le système dit d'immédiatisation. Au reste, tout est réglé minutieusement ; toutes les éventualités ont été prévues comme dans un bail de fermier normand. Ajoutons que Payenel doit désigner un homme qui sera chargé de recevoir les convocations de l'abbé et de les porter à leur destination.

Il est question, dans la convention de Bayeux, de la cour de Guillaume Payenel, qui tient des *vindictes* et des *plaids :* le premier mot doit sans doute s'entendre des affaires criminelles et le second, des affaires litigieuses. Mais avait-il, comme les barons ecclésiastiques du Mont-Saint-Michel, le droit de haute justice sur son fief ? Il ne serait pas téméraire de supposer ce droit à des seigneurs

(1) Roger de Hoveden, p. 741.

(2) Tardif, *Coutum. de Norm.*, t. I, c. XLI.

qui avaient celui de faire la guerre. Mais il est juste de dire que la convention de Bayeux ne contient rien de précis à ce sujet. Elle nous apprend seulement que Payenel a le droit de convoquer les vavasseurs de son arrière-fief pour siéger à sa cour, qu'ils devront s'y rendre, s'ils ne sont pas retenus au service de l'abbaye, et sous cette réserve qu'ils pourront être de retour chez eux dans la journée ; il avait le droit de juger certaines affaires les intéressant ; mais ceux-ci pouvaient faire appel de ses jugements à la cour de l'abbé, et de la cour de l'abbé il pouvait être fait appel à celle du roi.

Au sujet des revenus de Guillaume Payenel, on ne trouve dans la convention de Bayeux rien de particulier, sauf en ce qui concerne les aides. On sait que, en Normandie, les aides étaient dues dans trois cas principaux : quand le suzerain était fait prisonnier, pour sa rançon ; quand il faisait recevoir son fils aîné chevalier ; quand il mariait sa fille aînée (1) : or, Payenel a droit de lever des aides dans sa vavassorerie : pour sa propre rançon ; pour la rançon du fils de la femme qui lui a apporté ce fief en dot, s'il est fait prisonnier au service du roi ou de l'abbé ; pour le mariage de la fille qu'il a eue lui-même de cette femme, et enfin, dans un quatrième cas, qui se rencontre, je crois, assez rarement : pour sa terre (celle de Bricqueville), s'il vient à la perdre par suite de forfaiture envers le roi ou l'abbé : ce qui signifie évidemment que, si Payenel, pour avoir manqué à ses obligations envers son suzerain direct ou envers le suzerain dominant, était déclaré coupable de forfaiture et par suite déchu de ses droits, il pourrait, pour racheter sa faute et rentrer en possession de son arrière-fief, demander des subsides aux hommes de cet arrière-fief. Puisque nous

(1) Tardif, *Coutum. de Norm.*, t. II, c. XXXIII.

parlons des aides, disons que cet impôt pesait lourdement sur les tenanciers inférieurs, car il était levé aussi bien au profit du suzerain dominant que du suzerain direct. Parfois même, ils étaient obligés d'*aider* leur seigneur à payer le relief pour son fief, à s'équiper pour le service militaire ou à se racheter de ce service (aide de l'ost).

Par l'exemple de Guillaume Payenel, on voit que les seigneurs avaient de quoi s'occuper, même sans faire la guerre : outre le service militaire au duc et à l'abbé, il doit à l'un et à l'autre le service de cour ; il a ses propres plaids à tenir ; il faut aussi qu'il surveille ses agents et leur donne des ordres ; s'il lui reste du temps, il le consacre à la chasse. Les seigneurs du moyen âge ne sont donc pas, en temps de paix, ces désœuvrés qu'on nous représente bâillant d'ennui entre les murs de leurs donjons et attendant avec impatience la venue d'un jongleur.

Il ne faut pas les juger non plus d'après certaines chansons de gestes, qui nous montrent la chevalerie surtout par ses côtés séduisants: en réalité, ils sont rares, les chevaliers qui conforment leurs actes à leur profession de foi, qui protègent la veuve et l'orphelin, qui sont galants avec leurs dames et pleins de mansuétude pour leurs sujets, qui vident loyalement leurs querelles les armes à la main, qui aiment mieux mourir que de trahir un serment. La vérité, c'est que jamais on ne vit plus de dureté pour les faibles, d'injustices, d'exactions, de brigandages, de perfidies, d'assassinats et d'empoisonnements qu'à cette époque.

La plupart des seigneurs ont une fin tragique, victimes de la guerre, du crime ou de leurs propres passions. Guillaume Talvas, comte de Bellême, a quatre fils, beaux et braves, qui font sa force et son orgueil : l'aîné, Guérin, est étranglé, non par le diable, comme le dit

Guillaume de Jumièges, mais par les amis d'un chevalier qu'il avait tué traîtreusement; le second, Foulques, est percé de part en part, d'un coup de lance, à la bataille du Blavon; le trait qui l'a percé fait une autre victime, son père, qui tombe foudroyé par l'émotion en apprenant cette nouvelle; le troisième, Robert, qui avait été dangereusement blessé, est fait prisonnier bientôt après, dans une guerre contre les Manceaux, et abattu d'un coup de hache dans sa prison : de cette nombreuse et robuste famille il ne reste, au bout de peu de temps, que le plus jeune des fils, Guillaume, pour succéder à son père.

Mais rien ne saurait mieux montrer combien de dangers menacent la vie des seigneurs que l'effroyable série des attentats et des accidents qui désolèrent la plus puissante et la plus respectée des familles seigneuriales : la famille ducale elle-même. Guillaume Longue-Épée meurt assassiné. Son fils, encore enfant, n'échappe qu'à grand'peine, emporté dans une botte de fourrage, à la cruauté du roi de France, qui voulait lui faire brûler les jarrets, pour le rendre à tout jamais infirme (1). Plus tard, on voit se renouveler à Rouen une des plus sombres tragédies de la Rome impériale : à peine arrivé au pouvoir, Richard III boit une coupe empoisonnée. Devenu duc grâce au poison, son frère Robert meurt par le poison : il était allé chercher le pardon à Jérusalem et il trouva le châtiment à Nicée. Le trône de Guillaume le Bâtard s'élève sur des cadavres qui sentent le poison : celui de son tuteur, Alain de Bretagne; celui de son rival, Conan; celui de Robert de Giroie, un puissant vassal révolté; ceux de Gautier, comte de Pontoise, et de Biote, sa femme, attirés par lui à Falaise et empoisonnés par

(1) Guil. de Jum., l. IV, c. III et IV.

ses ordres (1). Ce monarque meurt des suites d'un accident : à peine a-t-il rendu le dernier soupir que son corps est abandonné par sa famille et ses courtisans; ses valets se livrent alors à un pillage honteux et s'enfuient, laissant son cadavre presque nu sur le plancher (2). Lors de ses funérailles, à Caen, un artisan dispute quelques pieds de terre à celui qui avait distribué tant de domaines; lorsqu'on le descend enfin dans la fosse, le cercueil se brise, son ventre, qui était énorme, crève, et, de ce foyer d'infection, se dégage une puanteur telle que les assistants s'enfuient en se bouchant le nez. Son fils Robert Courte-Heuse, qui lui avait succédé comme duc de Normandie, meurt en prison à Cardif, après une captivité de 28 ans; la femme de Robert était morte empoisonnée au bout de deux ou trois ans de mariage, et leur fils, Guillaume Cliton, dont la vie fut à peine aussi longue que la captivité de son père, périt des suites d'une blessure, où s'était mise la gangrène. Guillaume le Conquérant avait fait planter une forêt, qui fut appelée la Forêt Neuve, sur les ruines des églises, des bourgs et des fermes de soixante paroisses anglo-saxonnes : dans cette forêt fatale, périssent successivement: Richard, son fils aîné, qui, chassant à cheval, se cogne violemment contre un arbre et tombe pour ne plus se relever (3); un autre Richard, son petit-fils (4), tué par une flèche égarée (1100); son troisième fils, Guillaume le Roux, roi d'Angleterre, abattu également par une flèche destinée à un cerf, et dont le corps, abandonné par les courtisans, fut enlevé par quelques valets, moins cérémonieusement

(1) Ord. Vital, l. III; t. II, p. 67;— l. IV; t. II, p. 250.
(2) Ibid., l. VII; t. III, p. 214.
(3) Guil. de Jum., l. VIII, c. IX.— Ce Richard signa, avec son père, la charte de fondation du château de Saint-James.
(4) Fils naturel de Robert Courte-Heuse.

que celui d'un sanglier, puis placé, couvert de mauvaises hardes, sur un chariot de charbonnier, dont les ais mal joints laissèrent dégoutter son sang tout le long de la route (1). Enfin, le quatrième et dernier fils du conquérant, Henri Ier, roi d'Angleterre et duc de Normandie, n'échappe que par miracle à un trait lancé presque à bout portant par sa fille naturelle, Juliane de Breteuil (2); il meurt d'une indigestion d'anguilles, à Lions-la-Forêt. L'unique fils légitime de Henri, Guillaume Adelin, l'avait précédé dans la mort, englouti avec la *Blanche-Nef* et emportant sous les flots la responsabilité d'un naufrage qui fit périr 300 personnes. Étienne, successeur de Henri Ier, s'éteint tristement, après avoir vu mourir son héritier, Eustache. Henri II, trahi par sa femme et ses enfants, forcé de signer un traité humiliant, meurt de chagrin et de honte en maudissant le jour qui l'a vu naître. Il avait survécu à trois de ses fils: l'aîné, qu'il perdit encore enfant; le second, Henri le Jeune, qu'il avait fait couronner roi de son vivant et qui périt à 28 ans; le quatrième, Geoffroi de Bretagne, qui succomba à la suite d'un tournoi où il avait été renversé et foulé aux pieds des chevaux. Le troisième, Richard Cœur-de-Lion, qui lui succéda, atteint par une flèche au siège du château de Chalus, ne survécut guère à cette blessure, légère en soi, mais rendue incurable par ses débauches. De la postérité de Henri II, il ne reste plus, à ce moment-là, que son cinquième fils, Jean sans Terre, et son petit-fils, Arthur de Bretagne, fils de Geoffroi : Arthur est assassiné mystérieusement par son oncle, prince lâche et vil, dont un poète contemporain a dit que « son âme, après sa mort, alla souiller

(1) Ord. Vital, l. X; t. IV, p. 71 et suiv. — Guil. de Malm., p. 126.
(2) Ibid., l. XII, t. IV, p. 290.

la souillure même de l'enfer! » Ne semble-t-il pas que la fatalité des tragédies antiques s'acharne aussi sur la postérité de Rollon!

Ces ducs ou rois sont presque toujours en guerre avec des membres de leur famille, fils, frères, cousins: Robert Ier se révolte contre son frère; Robert Courte-Heuse, contre son père; ce dernier, une fois duc de Normandie, est constamment en guerre avec l'un ou l'autre de ses frères, ou avec les deux à la fois, jusqu'au jour où il est fait prisonnier. Devenu roi, Henri Ier a à lutter contre une de ses filles naturelles, contre son neveu, Guillaume Cliton, contre son gendre, Geoffroi d'Anjou; Étienne ne cesse de guerroyer contre sa cousine germaine, la fameuse *emperesse* Mathilde; les fils de Henri II trahissent leur père au profit du roi de France et lui font beaucoup plus de mal que ce dernier; Jean sans Terre, pendant la longue absence de son frère Richard, cherche à s'emparer de son trône; un peu plus tard, on voit, à Mirebeau, une vieille grand'mère assiégée par son petit-fils, qui est lui-même attaqué et fait prisonnier par son oncle.

La vie privée des successeurs de Rollon n'est guère plus édifiante que leur vie publique: ils ont des mœurs excessivement libres, se marient à la mode danoise ou délaissent leurs femmes légitimes pour des concubines. Ils ont des légions d'enfants naturels; Henri Ier, quoique marié deux fois, en a une quinzaine de reconnus. Henri II viole une jeune fille, sa cousine, confiée à sa garde comme otage, et un historien anglais insinue qu'il ne respecta même pas la fiancée d'un de ses fils, fille du roi de France (1). Les concubines de Richard Cœur-de-Lion

(1) Giraud le Cambrien, p. 784; dans le *Rec. des hist. de la France*, t. XIII, p. 214.

se chiffreraient par milliers, si on pouvait les compter: alors qu'il n'était encore que comte du Poitou, il enlevait les filles de ses vassaux, et, après les avoir outragées, les distribuait à ses chevaliers. Ces princes libidineux sont aussi grands mangeurs et grands buveurs. Forts et braves, ils aiment la guerre comme les plaisirs. Ils ont parfois des mouvements généreux et de beaux gestes; mais ils se laissent le plus souvent mener par leurs passions. Ils sont violents: Guillaume le Bâtard, dînant un jour à la hougue de Biville (Manche), s'emporta jusqu'à frapper d'une épaule de cochon un certain Hugues le Forestier, qui protestait contre des largesses qu'il voulait faire au prieuré de Héauville (1). De la violence à la cruauté il n'y a qu'un pas, et ils l'ont trop souvent franchi. Ils ne manquent ni d'habileté, ni d'esprit, ni même d'une certaine éloquence naturelle; mais ils sont pour la plupart ignorants, sans scrupules, et leur habileté dégénère facilement en perfidie.

Tel suzerain, tel vassal. Si les seigneurs n'ont pas toujours les mêmes qualités que leurs ducs, ils ont les mêmes défauts. Les mêmes désordres, les mêmes rivalités se retrouvent dans leurs familles. Ils aiment la guerre et surtout le pillage: Tancrède, modeste seigneur de Hauville-la-Guichard, qui habitait le lieu appelé aujourd'hui la Cave, avait eu de deux épouses douze fils et plusieurs filles; il lègue à l'un d'eux, Goisfred, les terres de son patrimoine et prévient tous les autres qu'ils aient à se procurer hors du pays, par la *force* ou par leur industrie, ce dont ils manqueraient (2). La plupart des seigneurs n'ont pas tant de scrupules: ils se livrent au brigandage dans leur pays même; ils se font la guerre de

(1) *Hist... de Saint-Sauveur*, pièces justif., p. 39.
(2) Ord. Vital, l. III; t. II, p. 83.

voisin à voisin, de parent à parent, de frère à frère, par convoitise ou par rancune; quand ils n'osent s'attaquer aux châteaux de leurs adversaires, ils ravagent leurs terres, tuent ou mutilent leurs paysans, emportant tout ce qu'ils peuvent, brûlant ce qu'ils ne peuvent emporter. La violence de leurs appétits et de leurs passions étouffe en eux les sentiments généreux et leurs bons mouvements ne durent pas plus qu'un feu de paille.

Ils sont d'une cruauté révoltante: à l'exemple de leur suzerain, Hugues d'Avranches, Robert de Mortain, l'évêque Geoffroi de Montbrai lui-même font mutiler atrocement les prisonniers de guerre: on leur coupe le pied droit, ou la main droite, ou les deux, ou même les deux pieds et les deux mains (1), pour pouvoir les reconnaître, dit Ord. Vital (2). Ils n'épargnent pas même leurs parents: on se rappelle le cruel supplice infligé par Henri Ier à son cousin Guillaume de Mortain, dans sa prison, et celui que fit subir Guillaume le Roux au comte d'Eu, à l'instigation du propre beau-frère de ce dernier, Hugues d'Avranches. Pour se faire une idée de la barbarie de ces temps, il faudrait lire l'histoire des Talvas de Bellême, qui dépasse en horreur celle des pires tyrans de l'antiquité: l'un d'eux, Guillaume, étrangle sa femme, Hildeburge, pour prendre une nouvelle épouse; il invite à ses noces un grand seigneur des environs, Guillaume de Giroie, qui s'y rend sans défiance, ne se doutant guère du traitement qui lui était réservé: Talvas, en effet, ordonne de lui crever les yeux, de lui couper le nez et les oreilles, et de lui faire subir une mutilation plus odieuse encore (3). Un autre, Robert,

(1) Voir Guil. de Jum., l. VII, c. XVIII.
(2) Ord. Vital, l. IV; t. II, p. 254.
(3) Ibid., l. III; t. II, p. 13. — Guil. de Jum., l. VII, c. X.

se plaisait à faire empaler des hommes et des femmes jusqu'à ce que la pointe de l'épieu leur sortît par la bouche (1). Et les Talvas ne sont pas des exceptions. La *Chronique saxonne* fait une effrayante énumération des tortures que les seigneurs normands faisaient subir à leurs sujets d'Angleterre, pour en tirer de l'or et de l'argent : ils suspendaient les uns par les pieds, de manière à ce qu'ils eussent la tête dans la fumée, au-dessus d'un brasier ardent, les autres, par les pouces, avec du feu sous les pieds. Ils leur comprimaient la tête avec une courroie jusqu'à faire éclater le crâne. Ils les faisaient jeter dans des fosses remplies de reptiles, parfois dans des coffres de dimensions trop étroites, garnis de pierres aiguës, où on les serrait jusqu'à leur faire craquer les os. Dans un grand nombre de châteaux, il y avait un épouvantable appareil de chaînes, d'un poids si lourd que deux ou trois hommes pouvaient à peine les soulever : ils en chargeaient le patient, qui avait le cou pris dans un collier de fer scellé à un poteau et qui était ainsi maintenu debout, sans pouvoir ni s'asseoir ni se coucher (2). Aussi bien en Normandie qu'en Angleterre, ils inventent des supplices inconnus des enfers eux-mêmes, supplices lents et savamment gradués, afin d'extorquer à leurs victimes une plus forte rançon : l'un d'eux, Ascelin Goël, avait imaginé de placer des prisonniers, et parmi eux son propre suzerain, Guillaume de Breteuil, à la fenêtre d'une tour élevée, exposés, pendant les plus grandes rigueurs de l'hiver, à la bise mordante du nord et vêtus seulement d'une chemise mouillée qui se raidissait comme un linceul de glace

(1) H. Hunting., *Epist. de contemptu mundi*, ap. *Angl. Sacr.*, t. II, p. 696.
(2) *Chron. saxonne*, éd. Gibson, p. 238 et suiv.

autour de leur corps transi (1). Toutes ces atrocités sont révoltantes : mais que dire de l'épouvantable tragédie où le rôle le plus odieux fut joué par le monarque le plus lettré et le plus puissant de cette époque, Henri Ier Beauclerc ; en 1119, il promit à son gendre, Eustache de Breteuil, de lui rendre la tour d'Ivry ; en garantie de sa promesse, il lui remit comme otage le fils de Raoul Harenc qui gardait cette tour, et se fit livrer en échange les deux filles d'Eustache, qui étaient ses petites-filles. Eustache, ayant eu à se plaindre de Raoul Harenc, arracha les yeux à son fils et les lui envoya par dérision. Le père, fou de colère, alla se plaindre au roi, qui l'autorisa à se venger sur ses petites-filles : les innocentes fillettes eurent les yeux arrachés et le nez coupé ! (2)

Mais au moins ces bourreaux impitoyables sont esclaves de la parole donnée ! Gardons-nous de le croire : Henri Ier l'a violée lui-même dans bien des circonstances où il devait lui être infiniment moins pénible de la tenir. Sans doute, il y a, à cette époque, des âmes vraiment chevaleresques, éprises de gloire et d'honneur. Mais, par contre, combien de seigneurs trahissent leurs engagements les plus solennels d'un cœur aussi léger que Robert Courte-Heuse et Guillaume le Roux violent les traités ! Le spectre de la trahison plane sur les champs de bataille, et les chefs ont parfois presque autant à craindre de leurs vassaux et de leurs alliés que de leurs adversaires.

Ce que cherchent avant tout la plupart des seigneurs, c'est la satisfaction de leurs intérêts et de leurs appétits. Comme Hugues d'Avranches, ils sont sensuels et voluptueux. Quand le service militaire et la guerre leur laissent des loisirs, ils les consacrent plus volontiers au

(1) Ord. Vital, l. VIII ; t. III, p. 381.
(2) Ibid., l. XII; t. IV, p. 288.

plaisir qu'à l'administration de leurs domaines. Après leurs chasses fructueuses, ils se livrent dans leurs châteaux à des festins pantagruéliques; ils se gorgent avec délices de pâtés de venaison, de viandes de cygne, de cerf et de sanglier, de vins aromatisés d'épices. Les murs nus de la vaste salle retentissent du crescendo discordant des voix impérieuses qui cherchent à se dominer les unes les autres. Chacun veut raconter ses exploits, réels ou imaginaires, car ils sont volontiers vantards. Le matin, quand le jour pénètre lentement dans la salle morne, il laisse voir des corps étendus sur les dalles, secoués de temps en temps par des hoquets. Ces hommes ont des mœurs très licencieuses, parfois immondes, sacrifiant, dit Ord. Vital, à la Vénus de Sodome comme à celle de Cythère. D'ailleurs, aussi bien chez les femmes que chez les hommes, il y a, au moyen âge, une absence de pudeur, une *amoralité* à faire rougir Diogène lui-même : quand un chevalier reçoit l'hospitalité dans un château, dit M. A. Luchaire, c'est la fille du châtelain « qui est chargée de l'accueillir, de le désarmer, de préparer sa chambre, son lit, de lui faire prendre son bain, et même — nous avons sur ce point plusieurs textes irrécusables, notamment dans Girart de Roussillon — de le masser pour l'aider à s'endormir (1). »

C'est l'intérêt qui noue les mariages et non l'amour; on unit des fiefs et non des cœurs. Des héritières sont mariées à dix ans, parfois au berceau. Souvent elles sont achetées: aucune fille noble, orpheline et héritière, ne peut se marier sans le consentement du suzerain (2); quand elle est riche, elle est très recherchée, et le suze-

(1) Luchaire, *La soc. française au temps de Philippe-Auguste*, p. 376.

(2) Tardif, *Coutum. de Norm.*, t. I, c. XI.

rain l'accorde, ou plutôt la vend au plus offrant des prétendants. Robert du Tilleul donne au roi Jean sans Terre 100 livres d'Angers, pour obtenir comme épouse la fille de Pierre *de Reveria* avec son héritage, et le roi ordonne à son sénéchal, Guérin de Glapion, de mettre le prétendant en possession de la jeune fille et de l'héritage : que si sa mère Agnès ne veut pas la livrer, il devra lui intimer, à elle et à sa famille, de ne pas la garder plus longtemps (1). Richard de Reviers donne au même roi Jean 700 livres pour avoir en mariage la fille d'Ade de Port (2). Jusqu'à la fin du XIIe siècle, les veuves elles-mêmes étaient forcées de se remarier au gré du suzerain; on a vu dans la convention de Bayeux, que Guillaume le Conquérant donna, en même temps qu'une terre, une épouse à Guillaume Payenel: c'était une veuve, mère d'un fils, qui n'avait peut-être même pas été consultée. Ce fut Henri II qui fit cesser cet abus: dans sa *charte des franchises et libertés concédées aux Normands,* il décida qu'aucune veuve ne serait désormais forcée de se remarier, si elle voulait vivre sans mari, pourvu toutefois qu'elle s'engageât à ne pas contracter une nouvelle union sans l'assentiment du suzerain (3).

Ces peu chevaleresques maris laissent leurs femmes se morfondre dans leurs châteaux, tandis qu'ils vont faire la guerre, courir les aventures et chercher des amours faciles. Après la bataille de Hastings, un grand nombre restent en Angleterre, où ils se partagent les plus belles et les plus nobles des femmes et des jeunes filles, sans plus se soucier de leurs épouses que s'ils n'en avaient point. Quelques-unes de celles-ci, et non les

(1) *Grands Rôles...,* p. 103.
(2) *Ibid.,* p. 104.
(3) *Ibid.,* p. 130.

moins honnêtes, quoi qu'en dise le moine Ord. Vital, finissent par se fâcher et envoient dire à leurs maris qu'elles reprendront leur liberté, s'ils ne reviennent pas tenir leur place au foyer conjugal. En présence de cet ultimatum, Onfroy du Teilleul, qui avait la garde du château de Hastings, Hugues de Grentemesnil et d'autres reprennent le chemin du castel normand (1). Beaucoup de seigneurs ne se gênent point pour répudier leur femme, quand ils ont dissipé sa dot ou qu'ils trouvent l'occasion d'en épouser une plus riche, et, en cela encore, ils ne font que suivre d'illustres exemples : Baudoin, roi de Jérusalem, ayant appris qu'Adèle, fille de Boniface de Ligurie, possédait de grandes richesses, la fit demander en mariage, bien qu'elle ne fût ni jeune ni sans reproche ; Adèle accepta et se rendit à Jérusalem avec ses coffres pleins d'or : le roi l'épousa, disposa de ses trésors, puis la répudia (2). Et c'était un prince réputé parmi les plus chevaleresques, un gardien du Saint-Sépulchre qui se comportait ainsi ! Certains seigneurs font pis encore : Robert d'Avranches, qui avait épousé Havoise, fille de Gelduin, comte de Dol, fut condamné à payer une amende de 170 marcs d'argent, pour s'être livré sur sa femme à des sévices qui causèrent probablement sa mort (vers 1139) (3). Guillaume de Saint-Lô eut ses biens confisqués, après avoir pris la fuite, pour avoir tué ou, du moins, blessé grièvement sa femme (4). Aussi, en présence des perspectives peu rassurantes que leur offre le mariage, beaucoup de jeunes filles nobles entrent dans des abbayes de femmes.

(1) Ord. Vital, l. IV ; t. II, p. 177 et 178.

(2) Ibid., l. XIII ; t. IV, p. 419.

(3) Desroches, *Annales de l'Avranchin*, p. 93.

(4) *Grands Rôles...*, p. 9.

Il y a, dans l'histoire de la féodalité, une chose qui déroute et trompe les historiens : ce sont ces chartes par lesquelles tant de seigneurs fondent ou dotent des monastères, chartes débordantes de piété et de sentiments édifiants : ces seigneurs sont-ils bien les mêmes que ceux qui foulent aux pieds, chaque jour, toutes les lois divines et humaines? Et s'ils sont les mêmes, comme cela n'est pas douteux, n'ont-ils pas été calomniés? Nullement : ces chartes ont été rédigées par des moines et des clercs, non par les seigneurs, qui n'en comprenaient pas le latin et se bornaient à les signer d'une croix. Ce sont les chroniques du temps, c'est notamment l'*Histoire ecclésiastique* d'Ord. Vital, qui n'est pas prévenu contre eux, mais qui n'a pas peur de dire la vérité, qu'il faut lire pour savoir à quoi s'en tenir sur le compte de ces chevaliers qui ont des reliques dans le pommeau de leur épée et se servent du tranchant pour commettre les crimes les plus abominables. Leurs donations sont inspirées moins par la piété que par la crainte du diable et de l'enfer, qui vient les tourmenter quand une maladie un peu grave les amène à faire un retour sur eux-mêmes. Ils se figurent alors que la meilleure des pénitences est de faire des largesses aux abbayes, et trop souvent, comme on l'a vu, ils sont entretenus dans cette idée par les moines, qui y trouvent leur compte; il y en a qui croient méritoire d'enlever une terre à un voisin pour la donner à un monastère. Les grands seigneurs ont des chapelains, qu'ils chargent du salut de leur âme; ils font entrer dans des abbayes des clercs pauvres, qu'ils dotent libéralement, et qui devront consacrer leur temps à prier pour eux, tandis qu'ils continueront leur vie désordonnée. Ils y cherchent eux-mêmes un refuge, quand, arrivés au bord de l'abîme, ils sentent qu'ils vont perdre pied, et, comme Hugues d'Avranches, endossent un froc de bénédictin; ils embrassent avec ferveur les reliques, auxquelles tout le moyen âge a une foi particulière; ils se font coucher sur des lits de cendres, donner la discipline, et leurs dernières paroles sont pour faire une dernière libéralité aux moines: peut-on appeler cela de la piété sans calomnier la religion?

Toutes ces donations n'étaient pas faites par écrit. Les seigneurs du moyen âge, qui pour la plupart ne savaient même pas lire, n'avaient guère confiance dans ces parchemins qui ne leur disaient rien et qu'il était si facile de détruire. Comme témoignage de leur parole, qu'il s'agit d'une donation ou d'une convention quelconque, ils donnaient leur couteau, leur bâton, leur chapeau, une pierre, une motte de gazon, une clef, parfois des coups de poing pour en imprimer plus profondément le souvenir. Un jour, Onfroi, fondateur de l'abbaye de Préaux, à propos d'une donation faite à cette abbaye par le duc Robert Ier, appliqua trois vigoureux coups de poing aux témoins: « Pourquoi, se récria l'un d'eux, pourquoi donc me frappes-tu ainsi? — Parce que, répondit Onfroi, tu es plus jeune que moi; tu as des chances de vivre plus longtemps, et tu conserveras mieux le souvenir de cette donation, afin d'en témoigner à l'occasion (1). » Voilà, pour les seigneurs du moyen âge, les *actes* véritables: ce sont, en effet, les actes, qui, répétés, créent les coutumes, le principal fondement du droit au moyen âge; s'ils se répètent rarement, il faut qu'ils soient sensationnels, comme on dirait aujourd'hui. C'est sans doute dans ce désir de frapper vivement les esprits qu'il faut chercher l'explication de certaines corvées bizarres, imposées même à des vassaux militaires, corvées qui ne rappor-

(1) *Hist. de Saint-Sauveur*, pièces justif., p. 13. — *Gallia christ.*, Instrum., c. 200 et 201.

taient rien au suzerain, mais qui, à cause de leur étrangeté, étaient particulièrement remarquées, comme celle des hommes du seigneur de la Haye, à Pierrepont, qui devaient atteler 21 bœufs à un char pour faire certains transports (1), comme l'obligation imposée au baron de Fougères de mettre en branle les cloches du Mont pour sonner vêpres et matines à la fête de Saint-Michel, et d'autres d'un goût plus douteux. Même lorsqu'ils octroient des chartes d'affranchissement, ils cherchent à perpétuer le souvenir des droits qu'ils abandonnent souvent de mauvais gré et non peut-être sans arrière-pensée : un évêque de Saint-Brieuc affranchit un jour les habitants de deux de ses maisons de la ville, à cette condition que chaque année, le jour de la Saint-Jean, à l'heure des vêpres, en présence du seigneur évêque, les propriétaires de ces deux maisons iraient battre les eaux d'un ruisseau voisin, en criant : « Grenouilles, taisez-vous ! laissez Monsieur dormir ! (2) »

(1) L. Delisle, *Ét. sur la cond. de la classe agr.*, p. 76, note 118.
(2) P. Viollet, *Les communes françaises au moyen âge*, p. 7.

CHAPITRE VII

Ceux qui travaillent.

Voir le sommaire à la Table des Matières.

Les clercs prient ou sont censés prier ; les seigneurs se battent ou s'amusent, les autres travaillent. Les travailleurs agricoles étaient de beaucoup les plus nombreux dans un pays où les villes avaient été détruites par les pirates norois. Les agglomérations qui se formèrent sur leurs ruines, puis autour des châteaux et des monastères, ne comprenaient guère à l'origine, en dehors des laboureurs, que des artisans et des marchands, dont la condition ne différait pas sensiblement de celle des habitants des campagnes ; car le sol sur lequel étaient bâties leurs maisons n'était pas leur propriété : il faisait partie du domaine ducal ou de quelque fief seigneurial. Nous verrons, d'ailleurs, que les premiers artisans, qui furent le noyau des nouvelles agglomérations, étaient des serfs et des bordiers. Outre les serfs et les bordiers, la population laborieuse comprenait des vilains, ou paysans proprement dits, *rustici*, des hôtes, des bourgeois et des vavasseurs libres, non nobles.

Tout à fait au bas de l'échelle sociale est le serf, qui est un esclave attaché à une terre. Le fief seigneurial est divisé en deux parties : le domaine réparti entre des tenanciers et le domaine réservé; ce dernier, qui comprend les terres situées autour du manoir, est exploité pour le compte du seigneur par des serfs. Chacun d'eux a reçu un lopin de terre sur lequel il a construit, pour lui et sa famille, une cabane souvent moins habitable que les wigwams des sauvages: c'est une misérable case, faite de planches et de boue, couverte de paille ou de glaïeuls; point de cheminée; pour fenêtres, une ou deux ouvertures sans vitres, où le vent, qui veut entrer, et la fumée, qui veut sortir, se disputent le passage. Quel contraste avec les superbes cathédrales et les châteaux forts, d'une architecture si puissante, que l'on construisait alors! les extrêmes se touchent! Le maigre produit de son champ permet tout juste au serf de ne pas mourir de faim, rarement d'amasser un petit pécule. Il le tourne et le retourne, aidé de sa femme, quand les corvées seigneuriales lui en laissent le temps. A tout moment, en effet, il doit être à la disposition de son maître. Si, dans la saison des récoltes, l'orage menace, il doit d'abord rentrer le blé du seigneur. Tant pis pour lui, si le sien reste à pourrir sous la pluie! Et il n'est pas astreint qu'à des travaux agricoles: il est corvéable à merci, forcé d'accomplir toutes les besognes, parfois périlleuses ou rebutantes, qui lui sont commandées, tandis que sa femme peut être requise pour le service intérieur du château. Certains serfs sont, suivant leurs aptitudes, plus particulièrement chargés de travaux de charronnerie, de menuiserie, de forge, etc. Ces malheureux ne sauraient songer à chercher la liberté dans la fuite; car le maître a contre eux le droit de poursuite, c'est-à-dire le droit de les réclamer partout où ils iraient chercher un refuge. Ils ne peuvent même se marier ni marier leurs enfants hors du fief auquel ils sont attachés. Comme leur personne, leur avoir est à la disposition du seigneur: ils sont taillables à merci, c'est-à-dire soumis à une taxe perpétuelle qui peut être augmentée arbitrairement; ensuite, ils sont mainmortables, c'est-à-dire que, à leur mort, leurs biens reviennent au seigneur, en vertu du droit dit de mainmorte: « Le père meurt, s'écriait le prédicateur Jacques de Vitry dans un sermon célèbre, et le seigneur enlève au malheureux enfant la vache qui aurait pu le nourrir! Ces gens qui vivent du droit de mainmorte sont des homicides, puisqu'ils condamnent l'orphelin à mourir de faim! »

Il est admis par tout le monde qu'il y eut des serfs en Normandie au Xe et au XIe siècles; mais quelques savants prétendent que le servage avait disparu de notre province dès le XIIe siècle: c'est une erreur, et en voici la preuve: l'abbé du Mont-Saint-Michel Jourdain, élu vers 1191, fut en butte à l'hostilité de ses moines, qui portèrent contre lui plusieurs accusations auprès du pape Innocent III (1198-1216); or, dit D. Bessin d'après un manuscrit du Mont-Saint-Michel, la neuvième portait sur l'affranchissement des serfs de l'abbaye, *de liberatione servorum*, qu'ils lui reprochaient comme une faute grave (1). Il y avait donc des serfs sur les terres de l'abbaye vers l'an 1200 et, qui plus est, les moines étaient opposés à leur affranchissement. Ce qui a induit ces savants en erreur, c'est que le mot *servus*, serf, ne se rencontre guère dans les chartes normandes du XIIe siècle; le seigneur ne dit pas: *mes serfs;* il dit dans le même sens: *mes hommes.* Il résulte, en effet, du chapitre xxx du *Très ancien Coutumier* que, dans la langue du temps, le mot *homme,* qui se disait d'ailleurs de tout vassal par rapport à son suzerain, était très souvent synonyme de *serf;* le titre de ce chapitre est: *De domino*

(1) D. Bessin, II, p. 369.

qui non vult facere rectum servo suo, et le début : *Si quis dominus homini suo in curia sua rectum facere noluerit...*, où *homini suo*, à son homme, est sûrement l'équivalent de *servo suo*, à son serf (1).

Mais, s'il y avait encore de véritables serfs au XIIe et même au XIIIe siècle, ainsi qu'il résulte de l'accusation portée contre l'abbé Jourdain, il est juste de dire que leur nombre avait sensiblement diminué. Le mouvement qui se produisait en faveur de leur libération et dont témoigne ce document, avait commencé depuis longtemps déjà. Toutefois, il ne faudrait pas croire que l'émancipation des serfs se soit faite sans transition. On se borna tout d'abord à déterminer plus ou moins nettement les taxes et les corvées auxquelles ils demeuraient assujettis et à supprimer la mainmorte, mais seulement dans les cas où ils avaient des héritiers directs : ils devinrent des bordiers et, comme tels, s'ils n'étaient plus des serfs dans le sens rigoureux du mot, ils n'étaient pas non plus des hommes libres.

Les bordiers étaient ainsi appelés du scandinave *bord*, mot qui existait probablement aussi dans le celtique, et qui signifiait *planche*. Comme les serfs, en effet, ils habitaient des cabanes de planches. Comme eux encore, ils étaient à la fois des colons et des domestiques. Le seigneur leur donnait à cultiver, pour leur nourriture et leur entretien, un peu de terre attenant à la borde, quelquefois un simple courtil, parfois même rien du tout (2), sauf à subvenir à leurs besoins. Il ne devait point leur prendre le petit pécule qu'ils avaient pu mettre de côté, et, après leur mort, il n'avait droit à leur héritage qu'autant qu'ils ne laissaient pas d'héritiers directs. Enfin, ils

(1) Tardif, *Coutum. de Norm.*, t. I, c. XXX.
(2) *Ibid.*, t. I, c. V.

savaient à peu près quelles corvées ils avaient à faire. Elles étaient, d'ailleurs, nombreuses et pénibles : il leur fallait nettoyer les granges, les fenils, les étables, les écuries, vider les latrines, curer les biefs, les étangs, les fossés, rentrer et tasser les bottes de foin et les gerbes de blé, faire les jardins, réparer les chemins et entretenir les chaussées, servir les maçons et les couvreurs, étendre la marne et le fumier, sarcler les blés, tondre les brebis, garder les porcs, conduire les bestiaux aux foires, accompagner les sergents qui allaient prendre les nans, faire toute sorte de commissions, etc., et cela à toute réquisition des agents du seigneur (1). Les plus adroits étaient spécialement chargés des travaux que font aujourd'hui les artisans. Les services auxquels étaient astreints les bordiers étaient dits serviles. Ils tenaient leurs bordages à titre héréditaire et ne pouvaient ni les vendre ni les engager (2).

Il en était de même pour les vilains, qui, aux premiers temps de la domination normande, furent, comme les serfs, taillables et corvéables à merci. Mais leurs ténements étaient beaucoup plus importants que les bordages : ils pouvaient être de vingt, trente acres et plus ; tandis que les bordiers ne pouvaient guère élever que des volailles, un porc, parfois une vache, les vilains avaient des bœufs et des chevaux. Mais il leur fallait payer un cens assez élevé et des redevances en nature pour leur terre, qui, avec les bâtiments d'habitation et d'exploitation, formait un vilainage ou une masure,

(1) *Registre des revenus du Mont-Saint-Michel*, extrait publié par M. L. Delisle dans ses *Ét. sur la cond. de la cl. agr.*, p. 678 et suiv. — *Livre des Jurés de Saint-Ouen*, f° XV, XVI, XXII, LII, LXXI, LXXIII, etc. — *Redditus Regisville*, aux Archives de la Manche, f° 65, v° et 67 r°.

(2) Tardif, *Coutum. de Norm.*, t. II, c. XXVI.

mansura ; ce dernier nom est resté à de misérables chaumières qui rappellent les maisons des vilains, plus misérables encore ; car elles n'avaient que des ouvertures sans vitres, et leur couverture de paille, trop rarement renouvelée, était le plus souvent réduite à une croûte verdâtre, dont les crevasses laissaient filtrer la pluie. Une bonne partie de leurs corvées consistait en charrois : transport des meules pour les moulins, des matériaux de construction et de réparations, du fumier, du bois de chauffage et des grosses provisions. Si le vilain doit le champart, c'est-à-dire une partie de sa récolte, il est tenu de répartir les gerbes en deux lots, que le champarteur vient vérifier minutieusement, puis de transporter celui du seigneur avant le sien : si la pluie survient, on s'en gaussera au château ! Le vilain doit charruer et herser les champs du maître, semer le froment en automne et l'orge à Pâques, faucher les prés, couper les blés et charrier les récoltes à la grange seigneuriale. Il doit enfin participer à d'autres travaux qui regardent plus particulièrement les bordiers, comme le curage des biefs et la réfection des chaussées (1).

Ce qui est peut-être plus pénible pour lui que ces corvées, ce qui attise la colère qui couve dans son cœur, c'est la surveillance étroite et incessante que les agents du seigneur, prévôts, sergents, bedeaux, messiers, exercent sur sa terre, de peur qu'il ne détourne ou dissimule une partie des produits soumis à des redevances ou à la dîme. Il ne peut couper un chou dans son courtil ou mettre une poule au pot, sans que son maître en soit informé. Pour un rien, le sergent le menace de le traduire devant la cour du seigneur. Si le cens, les rede-

(1) Voir les documents cités page 239, note 1.

vances, les taxes ne sont pas acquittés à temps, il saisit les bestiaux et les récoltes :

Alez, si les faites paier,
Bien se deivent mès aquitier ;
Alez, si prenez lor chevaus,
Prenez et vaches et véaus (1).

Si un vilain est surpris par le sergent portant son blé à un autre moulin que celui de son seigneur, tout est confisqué : le seigneur a le cheval, le meunier a le blé et le sergent a... le sac (2) ! Aussi, il arrive souvent que le paysan, ne voulant pas aller au moulin ou au four seigneurial, broie son grain entre deux pierres et fait cuire son pain sous la cendre de son foyer. On ne saurait taxer de déclamatoires les doléances que le trouvère Wace met dans la bouche de ces malheureux : « Les seigneurs, leur fait-il dire, ne nous font que du mal; ils nous enlèvent le fruit de nos durs labeurs... Toujours de nouveaux impôts et de nouveaux services... Jamais une heure de tranquillité : à chaque instant, nous sommes assignés pour des plaids..., tant il y a de prévôts et de bedeaux, de baillis anciens et nouveaux !... Ils nous font prendre nos bêtes de force et nous n'avons contre eux et leurs sergents aucune garantie juridique, aucun recours...

(1) *Conte des vilains de Verson*, v. 153-156, d'après le texte publié par M. L. Delisle, dans les *Ét. sur la cond. de la classe agric...*, p. 663 et suiv. Ce conte avait été publié antérieurement dans les *Mém. de la Soc. des Antiq. de Norm.*, t. XII, p. 105, par Lechaudé d'Anisy, qui l'avait trouvé dans un registre censier des Archives du Calvados. Il fut composé vers le milieu du XIIIe siècle par un certain Estout de Goz, probablement un moine du Mont-Saint-Michel.

(2) *Livre des Jurés de Saint-Ouen*, f. LXX, v°.

A nos justes réclamations ils répondent en nous traitant de fils à p..... ! (1) »

Leur seigneur était, en effet, leur juge; il n'avait même pas besoin, dans sa cour, de témoins contre un sujet qu'il accusait (2). Longtemps, les vilains n'eurent aucun recours contre ses jugements, aucun droit d'appel. Il leur fallait subir passivement ses exigences toujours croissantes et les vexations de ses agents : aucun moyen pour eux d'échapper à l'arbitraire et à l'injustice ! Poussés par le désespoir et la misère, au commencement du règne de Richard II, en 997, ils se mirent à tenir des conciliabules, la nuit, dans les clairières des forêts, s'excitant les uns les autres par l'énumération de leurs griefs et se liant par des serments. Ils élurent même des députés, qui devaient se rendre à une assemblée générale et organiser un mouvement révolutionnaire : au dire de Wace et de Guillaume de Jumièges, ils n'auraient visé à rien moins qu'à secouer le joug des seigneurs pour vivre à leur guise. Il est possible que quelques esprits avancés et hardis aient caressé ce rêve; mais la plupart avaient des vues plus bornées et plus positives : ils cherchaient surtout à se faire accorder certains droits d'usage dans les forêts et les landes, réservées pour les chasses seigneuriales, où tant de bois et d'herbe se perdaient tous les ans. Sans prendre dans toute son acception l'expression de Wace, *ils faisaient commune,* on peut dire qu'une certaine communauté d'intérêts avait rapproché et associé ceux qui habitaient dans le voisinage d'une même forêt et demandaient à y prendre le bois dont ils avaient besoin, à y faire pâturer leurs bestiaux. Quoi qu'il en soit, la tentative des paysans fut réprimée, avec

(1) *Roman de Rou,* t. I, p. 304 et 305.
(2) Tardif, *Coutum. de Norm.,* t. II, c. CXXIII.

une férocité qui témoigne des craintes qu'elle inspira à la féodalité, par l'oncle du duc, Raoul d'Ivry, et par les seigneurs, qui ne le secondèrent que trop bien. Ceux qui eurent simplement les dents arrachées durent s'estimer heureux, en songeant que d'autres eurent les mains coupées ou les yeux arrachés, furent empalés ou brûlés vifs. Les malheureux vilains retombèrent dans une servitude plus dure que jamais.

Il existait une autre catégorie de travailleurs ruraux, les hôtes, dont les tenures s'appelaient des hôtises. En 1202, l'Hôpital de Saint-Jean de Jérusalem installa cinquante hôtes sur une terre qui lui avait été donnée à Gourchelles, près d'Aumale, et, en 1230, dix-huit sur une autre terre, située à Pissi, près de Rouen (1). Il ne faudrait pas être tenté d'établir un rapprochement entre les mots *Hôpital* et *hôte :* je crois que ce dernier, en latin *hospitem,* doit s'entendre dans son sens primitif de voyageur, étranger, et s'appliquait à des travailleurs nomades, défricheurs et bûcherons, qui s'installaient dans les forêts d'un seigneur, avec son autorisation ou sur sa demande, pour abattre le bois et défricher le sol; ils finissaient souvent par s'y fixer, à certaines conditions. Les hôtes sont nettement distingués des hommes libres dans le *Livre Blanc* de Saint-Florent de Saumur, qui relate une donation de douze hôtes et de cinq hommes libres faite à ce monastère par Guillaume le Conquérant, dans la paroisse de Flottemanville (2).

Il y avait donc, au XIe siècle, des travailleurs agricoles qui étaient libres: tel était le cas des vavasseurs non nobles et des tenanciers de bourgages ou bourgeois,

(1) L. Delisle, *Ét. sur la cond. de la classe agr.* Append., p. 652.

(2) F. 95, v°. Voir L. Delisle, *Ét. sur la cond. de la classe agr...,* p. 9, n. 42.

ainsi appelés parce qu'ils habitaient autour des *burgs* ou châteaux forts — il y en avait au Grippon — et dans les villes. Les bourgeois étaient exempts de tailles et d'aides et n'avaient qu'à acquitter des redevances déterminées. De plus, leurs bourgages pouvaient être vendus ou transmis comme des biens meubles: point de droit de vente à payer au seigneur; point de reliefs (1).

Qu'est-ce donc qui faisait qu'un homme était libre ou ne l'était pas? C'était d'abord la naissance, c'est-à-dire la coutume: le fils héritait de la condition du père. Ensuite, c'était la terre, à laquelle étaient attachés certains services, tantôt honorables ou tout au moins compatibles avec la condition d'homme libre, tantôt serviles. Si, par une faveur spéciale du seigneur, un vilain passait de son vilainage dans un bourgage, il devenait un homme libre, puisqu'il n'avait plus d'autres obligations envers lui que celles qui étaient attachées à sa nouvelle terre. Le seigneur pouvait aussi exonérer une terre des charges serviles qui pesaient sur elle, ou encore exonérer directement ses hommes. Cette exonération se fit, en effet, mais très lentement. Ce ne fut qu'après de longues et pénibles étapes que la masse confuse des opprimés atteignit, sans autre guide que son instinct, par des routes semées de pièges et d'obstacles, la Terre Promise de la liberté. A l'aurore du XIIIe siècle, elle n'était encore qu'à la première étape. Même en admettant que les serfs eussent alors disparu, on ne pourrait en conclure à la disparition complète du servage. Sans doute, depuis Guillaume le Conquérant probablement, des coutumes plus favorables aux petites gens se sont établies et affermies: la taille abonnée a remplacé la taille arbitraire; les corvées sont limitées et mieux déterminées. Malgré cela,

(1) Tardif, *Coutum. de Normandie*, t. II, c. XXIX.

dans la seconde moitié du XIIe siècle, même après les réformes de Henri II, les vilains, qui forment la grande classe des paysans et qui sont moins à plaindre que les bordiers, ne jouissent encore que d'une demi-liberté tout au plus.

D'abord, ils ne sont jamais libres de leur temps. Si leurs corvées sont maintenant limitées, ils peuvent être appelés à tout moment à les accomplir; parfois, ils sont convoqués « à corz cornant et à cloche sonant ». Quand, de grand matin, la trompe envoie, du haut de la tour du manoir, ses sons rauques à tous les échos d'alentour, le paysan sait ce que cela signifie: il lui faut laisser ses travaux et aller faire ceux du seigneur, qui choisit toujours le temps le plus favorable pour ses labours et ses récoltes.

Ensuite, les vilains du XIIe siècle ne sont pas libres de leurs biens, surveillés nuit et jour par les agents du maître, ainsi qu'on l'a vu, à cause des dîmes et des redevances en nature. Les dîmes, en effet, sont perçues, en grande partie, au profit des seigneurs patrons des églises, et elles sont prélevées sur tous les produits qui se renouvellent chaque année. Quant aux redevances en nature, elles sont très variées : tantôt c'est le champart, *campus partitus,* c'est-à-dire une partie déterminée de la récolte; tantôt ce sont des têtes de bétail : si le vilain a huit porcs, dit le *Conte des vilains de Verson,* il en mettra deux de côté; puis le seigneur en choisira un parmi les six autres, et

Il ne prendra pas le pelor (pire) (1).

A Bretteville et à Verson, l'abbé du Mont-Saint-Michel prenait, à Pâques fleuries, la plus belle brebis de deux

(1) Vers 93 et suiv.

ans, après que le vilain en avait réservé deux. Tantôt enfin, ce sont les présents obligatoires, appelés regards : volailles, vin, œufs, gâteaux, viande de porc, etc. Ce n'est pas tout : le vilain peut être forcé de fournir au seigneur et à ses gens les vivres et les objets nécessaires, à un prix réduit ou à crédit : c'est ce qu'on appelait le droit de prise, droit qui a donné lieu à tant d'exactions au moyen âge ; le Cartulaire du Mont signale celles d'Hilger, à Ardevon, « où personne n'ose plus avoir ni pain, ni vin, ni lard, parce que, en vertu de son droit de prise, il leur prend tout de force (1). » De plus, les biens du vilain pouvaient être saisis pour le paiement des dettes de son seigneur. Ce ne fut qu'en 1177 que Henri II, étant à Verneuil, défendit de désintéresser les créanciers du seigneur avec les biens de ses hommes, à moins que ceux-ci ne se fussent portés garants de leur maître ou ne fussent ses débiteurs (2). Le vilain ne peut même pas disposer de son argent, car il peut être forcé, au moins dans certains fiefs, d'acquérir de son seigneur, à un prix fixé arbitrairement, une certaine quantité de denrées, notamment du vin, qu'il lui faut payer au-dessus de sa valeur (3). Il ne peut non plus disposer par testament de ce qu'il possède : s'il meurt sans héritiers directs, c'est le seigneur qui hérite. Ce ne fut que vers la fin du XIIe siècle que le droit successoral fut étendu aux collatéraux (4).

Le vilain est-il au moins libre de sa personne ? Peut-il quitter la terre de son seigneur sans l'autorisation de ce dernier ? Sans doute, il ne faut pas prendre au pied de la

(1) F. 110, v°.
(2) Roger de Hoveden, an. 1177. — Benoit, p. 248.
(3) L. Delisle, *Ét. sur la cond...*, p. 87.
(4) Voir Tardif, *Coutum. de Norm.*, t. II, c. XXIII.

lettre des expressions telles que celle-ci, qui se rencontrent à chaque instant dans les chartes : *je donne telle terre avec les hommes;* les hommes peuvent représenter dans ce cas des redevances et des services; il y a de nombreux exemples de chevaliers donnés dans ces conditions; en 1104, le duc Robert Courte-Heuse, pour acheter la paix, cède à son frère, Henri, le comte d'Évreux avec son comté et tous ses vassaux. Ord. Vital, qui rapporte ce fait, ajoute que « l'illustre comte, entendant qu'on le donnait comme un cheval ou comme un bœuf », protesta vivement (1). La comparaison de l'écrivain est ici entachée d'exagération : le comte pouvait résigner sa dignité; s'il préféra la garder, c'est qu'il y trouvait son intérêt. Mais il n'en était pas de même pour les vilains : personne ne les avait consultés pour savoir s'ils consentaient à cultiver leur terre; ils étaient là parce qu'ils y étaient nés, que leurs parents y avaient peiné avant eux et qu'ils devaient assurer la perpétuité de certains services; c'est exactement ce que dit l'auteur du *Conte des vilains de Verson :*

> Cest service font dès enfance :
> Issi firent lor anceisor (2);

ils font ce service depuis leur enfance, comme l'ont fait leurs ancêtres. Ils étaient liés par la coutume.

Dans presque tous les pays, les vilains étaient considérés comme la propriété de leur seigneur : on voit, dans le *Domesday Book,* Guillaume le Conquérant prêter le Saxon Edwige à Raoul Taillebois pour le garder tant qu'il voudrait (3). On dira peut-être que ce Saxon était

(1) L. XI; t. IV, p. 177.
(2) Vers 52 et 53.
(3) T. II, p. 211.

un serf. Mais c'est bien de vilains qu'il s'agit dans la charte, citée par Ducange au mot *villanus,* où un roi de Castille s'exprime ainsi : « Je vous donne 15 vilains, que j'ai sur mes terres d'Angonne et de Sai, avec tous les droits en vertu desquels ils m'étaient attachés héréditairement, pour que vous les possédiez à perpétuité et irrévocablement. » En Espagne, quand les seigneurs avaient à se partager à deux un nombre impair de vilains, ils prétendaient avoir le droit de couper le dernier par la moitié (1). En Normandie, on ne serait pas allé jusque-là : on l'aurait plutôt tiré à la courte paille ; l'intérêt du seigneur était encore la meilleure sauvegarde du vilain, dans un temps où sa vie était moins protégée que celle des lièvres et des cerfs. Mais, en Normandie pas plus qu'ailleurs, il ne pouvait quitter sa terre. Comment pourrait-on en douter, quand il n'avait même pas le droit de marier sa fille hors du fief, sans une autorisation du seigneur, ainsi que nous le prouverons plus loin?

Guillaume le Conquérant lui-même déclare, dans la charte de fondation du château de Saint-James, qu'il a fixé pour toujours dans le voisinage, les hommes qui jusque-là y habitaient volontairement (2). Dans une autre charte, que M. L. Delisle a reproduite dans ses *Études sur la condition de la classe agricole...* (p. 134), charte qui est du commencement du XIIIe siècle, on lit que l'abbé de Fécamp a fait avancer aux hommes de Boissi-Mauvoisin une somme de 900 livres parisis « pour les tirer des mains et les arracher au joug de Gui de Mauvoisin, de ses frères et de tous ses héritiers. » Si ces hommes avaient été libres de quitter leurs maîtres,

(1) Voir Ducange, au mot *villanus.*

(2) D. Martène, *Thesaurus novus...,* t. I, col. 196.

aurait-on employé une expression comme *eripere manu et subjectione,* qui, au fond, signifie *tirer de la servitude?* Aurait-il été nécessaire de les racheter? car c'est bien leur personne qui est rachetée, *ut nos eriperet;* sans quoi, ils seraient restés, eux et leurs descendants, les hommes de Gui et de ses héritiers. Pour exprimer le droit du seigneur sur le vilain, on employait le mot *manutenere* (1), qui signifie proprement *tenir en laisse* et qui est juste le contraire de *manumittere,* terme consacré chez les Romains pour exprimer l'affranchissement d'un esclave. Mais, dira-t-on, le vilain ne pouvait-il pas rompre sa chaîne? échapper par la fuite à un maître trop dur? Il faut songer qu'il a une femme, des enfants, peut-être de vieux parents infirmes: les abandonnera-t-il? abandonnera-t-il ce qu'il peut posséder, son mobilier, ses bestiaux? Et, s'il veut emporter son bien, pourra-t-il déjouer la surveillance des Argus du seigneur? Et où irait-il? sur les terres des seigneurs voisins? Mais, ou bien ceux-ci le rendront à son maître, ou bien ils le garderont; et, pas plus dans un cas que dans l'autre, sa condition ne sera améliorée, au contraire. Il n'aura d'autre ressource, s'il a le triste courage de sacrifier les siens, que de s'enrôler dans une de ces bandes de routiers, qui devinrent si nombreuses au XIIe siècle, justement pour cette raison.

Il est vrai que, si le vilain ne peut quitter sa terre, il ne peut non plus en être expulsé, sauf dans certains cas. Mais, si le seigneur veut se débarrasser de lui, en admettant qu'il recule devant la violence, scrupule rare à l'époque féodale, il ne manque pas de moyens détournés pour arriver à son but. Ses agents sont toujours prêts à se faire les instruments de ses desseins; il peut abuser de

(1) Voir Rob. de Torigny, t. II, p. 251.

son droit de justice. Ruiné par les amendes, en butte à toutes sortes de vexations, le vilain sera bien forcé de vider les lieux, à moins qu'il ne se laisse réduire à l'état de serf, comme ce vigneron, nommé Drogul, qui, « cité à la cour de l'abbaye de Sainte-Catherine et déclaré débiteur de sept livres qu'il n'avait pas moyen de payer, fut pris comme serf, lui, sa femme et ses enfants, par l'abbé Régnier (1). »

En réalité, le vilain devait être à la merci de son seigneur et ne pouvait espérer d'amélioration sérieuse à son sort, tant qu'il n'aurait pas obtenu de garanties juridiques, tant qu'il n'aurait pas le droit d'appeler des sentences de son maître, qui était à la fois juge et partie. Nous voyons bien, à la fin du XIe siècle, sous Guillaume le Conquérant, les hommes de Chanteloup autorisés par l'abbé du Mont-Saint-Michel à revendiquer en commun la pâture d'une lande contre un puissant vavasseur de l'abbaye, Guillaume Paycnel, dans la cour de ce dernier, avec droit d'appel à la cour de l'abbé (2); mais le droit d'appel à la cour du duc était un privilège réservé aux seuls chevaliers, tout au plus aux vavasseurs libres. Les vilains et les bordiers devront attendre jusqu'à la fin du XIIe siècle pour obtenir le droit, quand leurs maîtres réclamaient d'eux des services non dus et voulaient créer des « mauvaises coutumes », de porter plainte aux baillis royaux, qui faisaient juger l'affaire en assise (3). Mais là encore, ils étaient l'objet de toutes sortes de vexations de la part des gens de loi, qui étaient souvent d'intelligence avec les seigneurs. Le sénéchal de Normandie dut faire un règlement interdisant, sous les

(1) L. Delisle, *Ét. sur la cond....*, p. 17.
(2) Charte du *Cartul. du Mont*, f° 95 et 96.
(3) Tardif, *Coutum. de Norm.*, t. II, c. CXIV.

peines les plus sévères, de leur infliger des amendes pour des motifs dérisoires, tels que ceux-ci : « Li pleedeur (gens de loi) voulaient mettre en merci (confiscation à laquelle on pouvait échapper en payant une amende) les simples homes, qui, sanz le commandement à la justice, s'agenolloient à fere leur seremenz. et quant ils ooient (entendaient) que il estoient accusé de ce que il s'estoient agenollié, si se levoient, e li pleedeur les accusoient derechief de ce que il s'estoient levé sanz le commandement à la justice e einssi les escrivoit li clercs en merci (1). » Ainsi donc, s'ils se mettaient à genoux pour faire le serment, on leur infligeait une amende pour n'avoir pas attendu le commandement de la justice; en entendant cela, ils s'empressaient de se relever, et on leur en infligeait une autre pour la même raison.

Il viendra un jour où le vilain pourra vendre sa terre, sauf à payer au seigneur un treizième du prix de vente (2). En est-il de même au XIIe siècle? En tout cas, il ne faut pas s'exagérer l'importance de ce prétendu droit. D'abord, le vilain ne peut pas vendre la terre qu'il exploite et qui ne lui appartient pas, mais simplement la suite de son exploitation, sous réserve des droits du seigneur. Ensuite, il lui faut l'autorisation de son maître, car nul ne peut donner, vendre ou engager la terre qu'il tient de son suzerain sans le consentement de celui-ci, pas même les barons : c'est ainsi que les donations de terres qu'ils font aux églises ne sont définitivement valables qu'autant qu'elles ont été confirmées par le duc (3). Le seigneur pouvait, d'ailleurs, trouver son compte à accorder au vilain l'autorisation de vendre, s'il se rencontrait un

(1) Tardif, *Coutum. de Norm.*, t. I, c. LXV.
(2) *Conte des vilains de Verson*, v. 116 et 117.
(3) Tardif, *Coutum. de Norm.*, t. II, c. CXV.

acquéreur, car la terre restait grevée des mêmes redevances et des mêmes services, et il y gagnait le droit du treizième.

Le fils succède au père, dit le *Coutumier*, et le seigneur à son homme, si celui-ci n'a pas d'héritier direct ou collatéral (1). Il en était ainsi à la fin du XIIe siècle, et c'était un progrès, car un siècle auparavant, il suffisait qu'il n'y eût pas d'héritiers directs pour que le seigneur succédât au vilain. Mais, même quand c'est le fils qui succède à son père, il ne recueille pas la succession intégrale. En vertu du droit de relief, le seigneur en prend une partie, qui peut être relativement très importante, non seulement en argent, mais en nature : ainsi, à Daubeuf, près du Neubourg, l'abbé de Saint-Ouen de Rouen prenait une bête pour relief; si c'était un homme qui héritait, il mettait de côté la plus belle et l'abbé ne choisissait qu'après; si c'était une femme, l'abbé choisissait le premier entre toutes les têtes de bétail sans exception; s'il n'y avait qu'une tête, elle était pour Monseigneur l'abbé (2). A ce droit de relief, il convient d'en ajouter un autre, qui avait un caractère parfaitement odieux: c'était le droit sur la sépulture. Le concile de Rouen, de 1096, avait statué qu'aucun laïque ne pourrait prétendre à des droits de sépulture (3) : évidemment cette interdiction s'étendait aux abbés, en tant que seigneurs de leurs fiefs; malgré cela, l'abbé de Saint-Ouen prenait, à Saint-Martin-du-Bosc, une vache ou un veau pour droit de sépulture (4). Il ne faut point voir là une rémunération : l'abbé n'assistait même pas à l'enterrement; il donnait

(1) Tardif. *Coutum. de Norm.*, l. II, c. xxiii.
(2) *Livre des Jurés de Saint-Ouen*, f. cxlvi.
(3) Ord. Vital, l. IX; t. III, p. 416.
(4) *Livre des Jurés de Saint-Ouen*, f. lxx, r°.

un tiers de la valeur de l'animal au prêtre qui avait officié et bénéficiait de la différence : c'était un droit sur la mort, le droit du chacal ! Après ces prélèvements, le reste de la succession passe entre les mains de l'héritier. Quand il y a plusieurs rejetons, et c'est le cas le plus fréquent, il est procédé à un partage. Il n'y a, en effet, outre les sergenteries de l'épée, que les comtés, les baronnies et les fiefs de haubert qui ne soient point partageables ; ce qui ne veut pas dire, d'ailleurs, que le fils aîné a toute la succession, car pour les autres enfants il reste les échoites, souvent beaucoup plus importantes que le fief indivisible. Quant aux terres pour lesquelles il est dû des rentes ou des services serviles, vavassoreries, vilainages, bordages, bourgages, ils sont partageables (1). Seulement, l'aîné doit avoir dans son lot l'habitation paternelle. Il peut arriver que les parts soient réduites au point de ne pouvoir nourrir leur homme ; c'est à lui de se préparer un logement et de se tirer d'affaire comme il pourra. Il va de soi que, quand le vilainage est partagé, les redevances et les services le sont aussi, et c'est l'aîné qui en répond auprès du seigneur ; en revanche, il a certains droits sur ses co-partageants ou parçonniers.

En principe, le vilain ne peut marier sa fille hors de la seigneurie ; au XIIe siècle, il y a de nombreuses dérogations à cette règle ; mais alors le seigneur fait payer un droit de formariage, *foris maritagium*, souvent appelé dans les chartes d'un mot grossier, qu'il répugne de citer. Voici comment s'exprime à ce sujet l'auteur du *Conte des vilains de Verson* :

> Se vilain sa fille marie
> Par dehors la seignorie,

(1) Tardif, *Coutum. de Norm.*, t. II, c. XXIV.

Le seignor en a le c.....:
III sols en a del mariage (1).

Mais le seigneur est-il forcé de donner son consentement à qui apporte de l'argent? Il semble que ce soit la règle au XIIe siècle. On lit dans le *Registre des revenus du Mont-Saint-Michel à Verson:* « Tous ceux qui tiennent un vilainage plein, s'ils marient leur fille hors de la terre de Saint-Michel, doivent acquitter 18 deniers, et ceux qui tiennent moins, proportionnellement à leur ténement (2) ». Il en était de même sur les fiefs de l'abbaye de Saint-Georges de Bocherville: « Si quelqu'un marie sa sœur ou sa fille sur un fief étranger, il doit donner 18 deniers (3). » A Carpiquet, près de Caen, il fallait payer trois sous pour marier sa fille hors du vilainage: « Si un vilain marie sa fille hors du vilainage, il donne trois sous à l'abbesse de Caen. » On remarquera que ces citations, tout en permettant de supposer au vilain le droit d'acheter la liberté du mariage, ne sont pas toutefois absolument concluantes.

Il est à noter que, dans la dernière, le formariage s'entend du mariage hors du vilainage, qui pouvait ne pas être d'une grande étendue; or, les unions entre jeunes gens du même vilainage, presque tous parents, devaient être des exceptions, de sorte que la taxe sur le formariage devenait presque une taxe sur le mariage. Il y avait, d'ailleurs, des fiefs où le droit de mariage était exigible, que les époux en fussent tous les deux originaires ou non. Ainsi, le comte d'Eu avait, à Saint-Martin-

(1) *Conte des vilains de Verson*, v. 161-164.

(2) N° XXV. Voir M. L. Delisle, *Ét. sur la cond.*, p. 680.

(3) Cette citation et les trois suivantes sont empruntées à l'ouvrage de M. L. Delisle, *Ét. sur la cond. de la classe agric.*, p. 69, notes.

le-Gaillard, « droit de c..., quand on se mariait. » D'après un aveu du fief de Torp, en 1455, les vassaux étaient tenus de « paier le c..... de mariages ». On voit que, dans ces extraits, il n'est fait aucune exception ni réserve : pour tous les mariages, il était dû une taxe en argent, à laquelle venaient souvent s'ajouter des regards, comme le montre l'extrait suivant, que M. L. Delisle a tiré d'un manuscrit des Archives Nationales : « Eu (au) dit lieu (de la rivière Bourdet), aussy ay droit de prendre sur mes hommes et autres, quand ilz se marient en ma terre, dix soulz tournois et une longe de porc tout au long de l'eschine jusqu'à l'oreille, et la queue franchement en ycelle longe, avecques un gallon de tel breuvaige, comme il (y) aura aux nopces (1). » Ici, une question vient sous la plume : si les taxes n'étaient pas acquittées, quelle était la sanction ? La suite de la citation va nous l'apprendre : « ou je puis et je dois, s'il me plait, aller couchier avec l'espousée, en cas où son mary ou personne de par lui ne me paierait à moi ou à mon commandement, une des choses ci-dessus déclarées. » (1419)

A l'origine de presque toutes les redevances en argent, on trouve des redevances en nature ou des services personnels : avant de payer des droits de moutonnage, de charriage, etc., le paysan s'était acquitté en moutons, en charrois. Les taxes qui y furent peu à peu substituées en gardèrent le nom et en rappelèrent la nature. Le droit sur le mariage était également une taxe de remplacement : dans un aveu du seigneur du demi-fief de Chauvigny, près d'Alençon (1373), ce seigneur, après avoir énuméré les regards que lui doivent tous ses tenanciers, hommes ou femmes, qui se marient, ajoute que ces redevances ont été établies par suite d'un accord

(1) *Ét. sur la cond...*, p. 72.

entre ses ancêtres et leurs hommes en compensation d'autres redevances (1). Quelle était la nature des redevances ou services remplacés ? Le nom grossier par lequel on désignait couramment les taxes de remplacement suffirait, à lui seul, à nous édifier à ce sujet, si nous n'avions à produire un passage du cartulaire de l'abbaye de Savigny, qui lève tous les doutes : après avoir exposé que Hascoul de Subligny a donné aux moines tout ce qu'il possédait à Vesval (en Montviron), tant en hommes qu'en terres seigneuriales, que les hommes payaient annuellement six deniers, monnaie du Mans, pour chaque acre du fief et cinq deniers par chaque vergée de masure, le cartulaire ajoute : « Et ils lui faisaient des services qu'il a jugés lui-même ne pouvoir être faits aux moines, comme étant contraires à la décence de leur ordre, et il a établi que les hommes leur paieraient pour chaque acre douze deniers par an, tant pour le cens que pour les services eux-mêmes (2). » Quel était ce genre de services absolument incompatibles avec la pureté de la vie religieuse ? Poser la question, n'est-ce pas la résoudre ? Qu'on cite un autre service, un seul, qui ait pu être fait à des seigneurs laïques et n'ait pu l'être à des seigneurs ecclésiastiques ? Ceux qui veulent des précisions n'ont, d'ailleurs, qu'à lire ces vers du *Conte des vilains de Verson*, où l'auteur expose l'origine du droit sur le mariage :

Jadis avint que le vilein
Ballout sa fille par la mein
Et la livrout à son seigneur ;
Jà ne fust de si grant valor

(1) Voir *Ét. sur la cond...*, p. 70.
(2) *Cartul. de Savigny*, f. XXXVII, v°, n° 147.

A faire idonc sa volonté,
Anceis qu'il li eust el doné
Rente, chatel (biens meubles) ou héritage
Por consentir le mariage (1).

L'auteur, très hostile aux vilains, voudrait faire croire que ce furent ceux-ci qui, de leur propre initiative, livrèrent leurs filles aux seigneurs. Mais il est facile de démêler la vérité, et c'est une niaiserie de vouloir faire retomber la responsabilité de ces pratiques odieuses sur des malheureux qui en souffraient cruellement, mais ne pouvaient que protester à voix basse : « Et pourtant, nous sommes hommes comme ils sont ! » Ce passage tendancieux prouve du moins que ces pratiques existèrent et que ce furent bien elles qui furent remplacées par des taxes en argent et des regards. Cette substitution se fit surtout au XIIe siècle, sous l'influence des monastères, qui prêchèrent d'exemple, servant à la fois la morale, la cause des opprimés et leurs propres intérêts. Ils eurent à lutter contre le libertinage et les préjugés des seigneurs, qui se croyaient, de bonne foi, tout permis avec des gens qu'ils considéraient comme leur chose, et qui pouvaient d'ailleurs s'autoriser d'exemples venus de haut. Voici, en effet, ce que rapporte le continuateur de Guillaume de Jumièges — qui n'est autre que Robert de Torigny — de Richard Ier, l'un des ducs les plus vantés pour sa piété et sa justice : « Le duc, informé par la renommée de la beauté de la femme d'un sien forestier, qui demeurait non loin du bourg d'Arques, dans un domaine appelé Sécheville, alla à dessein chasser de ce côté, voulant s'assurer par lui-même des rapports qu'on lui avait faits.

(1) V. 167-174.

S'étant donc logé dans la maison du forestier et s'étant épris de la beauté de sa femme, qui se nommait Sainfrie, il commanda à son hôte de la lui amener dans sa chambre pendant la nuit. Celui-ci, fort triste, rapporta ces paroles à sa femme. Mais elle, en femme honnête, consola son mari et lui dit qu'elle mettrait à sa place sa sœur Gunnor, jeune fille beaucoup plus belle qu'elle-même. Il en fut fait ainsi..... (1) » Ce qui frappe, dans ce récit touchant, c'est que le mari est plus affligé que surpris de l'ordre du duc ; c'est que l'historien paraît le trouver tout légitime : c'était la coutume, le droit du seigneur, c'est-à-dire le droit de la force, en face duquel se dressa enfin, au XIIe siècle, le droit naturel. Il laissa des traces, non seulement dans les taxes sur le mariage, mais encore dans certains usages, d'un symbolisme peu délicat, qui se perpétuèrent jusqu'à la Révolution : ainsi, au XVIIIe siècle, il y avait, à Rennes, un prieuré dont le prieur devait recevoir solennellement, chaque année, un baiser de toutes les nouvelles mariées (2).

Cet exposé des modestes conquêtes du paysan sur la tyrannie seigneuriale permet de se faire une idée de ce que pouvait être sa condition, en temps de paix, sous un maître juste et bon ; malheureusement, la guerre sévit presque sans interruption, et la plupart des seigneurs, même ecclésiastiques, sont durs et exigeants. Le paysan vit dans des craintes continuelles, tendant toujours le dos aux coups, courbé sur le sillon pour son dur labeur. Quand il se relève pour reprendre haleine, ses yeux rencontrent le donjon formidable, qui lui rappelle sa servitude, ou le gibet, toujours dressé comme un épouvantail sur la hauteur. Derrière la haie, il croit entrevoir la

(1) Guil. de Jum. continué, l. VIII, c. XXXVI.
(2) A. Babeau, *La ville sous l'ancien régime*, t. II, p. 255, note 3.

silhouette odieuse de quelque sergent aux aguets. De temps en temps, c'est le seigneur lui-même qu'il aperçoit, passant comme une trombe à travers ses moissons à la poursuite d'un cerf, ou chevauchant sur la route, raide dans son haubert, les traits plus durs que l'acier de son heaume. Puis, c'est la crainte perpétuelle des invasions, des guerres féodales et des horreurs qui les accompagnent : pillages, incendies, mutilations, peste, famine, etc.; la crainte de l'au-delà et des supplices qui attendent, dans l'enfer, le vilain qui ne remplit pas tous ses devoirs envers son maître; la crainte des sorciers, des revenants, des fantômes dont sa pauvre cervelle, vide de science et pleine de superstitions, peuple tous les coins de ses champs. A force de tout craindre, il en arrive à une sorte de fatalisme, qu'on retrouve encore chez plus d'un paysan de nos jours, à une résignation semblable à celle du chien qui lèche la main qui le meurtrit, mais qui mord parfois dans un irrésistible mouvement de colère.

Il n'en est pas moins vrai que, dans la seconde moitié du XIIe siècle, le paysan vit s'améliorer sa condition, grâce surtout à Henri II, qui prit des mesures efficaces pour protéger le peuple et réprimer les abus des grands : la loi se substitua peu à peu à l'arbitraire, la réglementation au bon plaisir, les contrats aux coutumes, établies trop souvent par surprise. Les habitants des campagnes, pour opposer un contrepoids à la puissance seigneuriale, s'associèrent, sinon en communes, du moins en communautés. Les guerres intestines elles-mêmes, qui n'avaient guère cessé depuis la mort du Conquérant, furent de ces maux féconds d'où sort le bien : les belligérants éprouvèrent le besoin d'augmenter leurs milices et firent appel aux roturiers; ils leur mirent des armes dans les mains et leur apprirent à s'en servir. Les paysans devinrent ainsi des adversaires ou des alliés qui n'étaient pas à dédaigner et qui firent payer leur concours. Enfin, du sein du clergé des voix s'élevèrent hardiment pour protester contre le despotisme et les exactions des privilégiés. Le peuple ouvrit son cœur à l'espérance : dans son ciel, jusque-là si sombre, il y avait maintenant un « coin d'azur » !

BIBLIOTHÈQUE NATIONALE R.F. IMPRIMÉS

TABLE DES MATIÈRES

BIBLIOTHÈQUE NATIONALE RF IMPRIMÉS

CHAPITRE Ier

Histoire politique et militaire.

CHAPITRE II

Guerres entre les Normands et les Bretons.

CHAPITRE III

Administration et Institutions.

CHAPITRE IV

Les évêques et le clergé séculier.

CHAPITRE V

Les abbés et les moines.

CHAPITRE VI

Les seigneurs.

CHAPITRE VII

Ceux qui travaillent.

Caen. — Imprimerie H. Delesques, rue Demolombe, 34.

DESACIDIFIE
à SABLE : 1994

www.ingramcontent.com/pod-product-compliance
Ingram Content Group UK Ltd.
Pitfield, Milton Keynes, MK11 3LW, UK
UKHW020111200726
13856UKWH00002B/494